MATERIALIEN ZUM AUSLÄNDISCHEN UND INTERNATIONALEN PRIVATRECHT

HERAUSGEGEBEN VOM MAX-PLANCK-INSTITUT FÜR AUSLÄNDISCHES UND INTERNATIONALES PRIVATRECHT

Direktor: Professor Dr. Konrad Zweigert

10

DIE ANWENDUNG AUSLÄNDISCHEN RECHTS IM INTERNATIONALEN PRIVATRECHT

Festveranstaltung und Kolloquium
anläßlich des 40jährigen Bestehens des
Max-Planck-Instituts
für ausländisches und internationales Privatrecht

vom

6.—8. Juli 1966

in Hamburg

Im Institut bearbeitet von Dierk Müller

1 9 6 8

WALTER DE GRUYTER & CO.
BERLIN

J. C. B. MOHR (PAUL SIEBECK)
TÜBINGEN

Printed in Germany
Druck: Buchdruckerei Eugen Göbel, Tübingen
Einband: Großbuchbinderei Heinr. Koch, Tübingen

INHALT

FESTVERANSTALTUNG

LÄNDERBERICHTE

FESTVERANSTALTUNG

ERÖFFNUNGSANSPRACHE

Prof. Dr. KONRAD ZWEIGERT, Direktor des Instituts

Vierzig Jahre Kaiser-Wilhelm/Max-Planck-Institut für ausländisches und internationales Privatrecht: das ist vielleicht kein Anlaß zu stürmischem Feiern, wohl aber Grund zu einer Rückbesinnung darauf, was in diesen 40 Jahren geleistet worden ist, um daraus erneut Ansporn und Schaffensfreude für Gegenwart und Zukunft zu schöpfen.

Ich danke Ihnen allen sehr, daß Sie diese Besinnungsstunde mit uns verbringen wollen, und begrüße Sie herzlich. Mein Gruß gilt dem Präsidenten der Max-Planck-Gesellschaft zur Förderung der Wissenschaften, Herrn Prof. Butenandt, er gilt Herrn Prof. Max Rheinstein, der eigens aus den USA zu uns gekommen ist, um als einer der allerersten Mitarbeiter des Instituts in diesen Tagen wieder mit uns zu sein und in dieser Stunde zu uns zu sprechen. Ich freue mich aufrichtig, hohe Richter und Justizbeamte und Vertreter der hamburgischen Verwaltung willkommen heißen zu können. Ebenso bin ich glücklich – im Bewußtsein wechselseitiger Beziehungen von idealer Harmonie – über die Anwesenheit einer Reihe von Kollegen aus der Hamburger Rechtsfakultät, an ihrer Spitze der Dekan, der gleichzeitig den Herrn Rektor der Hamburger Universität heute hier vertritt. Ich begrüße weiter die Mitglieder unseres Kuratoriums, an ihrer Spitze den Vorsitzenden Herrn Prof. Frey und als neues Mitglied Herrn Min.-Dir. Dr. Thierfelder, den Leiter der Rechtsabteilung des Auswärtigen Amtes. Ich begrüße die auswärtigen Gelehrten, die an unserem – die heutige Besinnungsstunde morgen fortsetzenden – Kolloquium teilnehmen und das Institut durch ihre Anwesenheit so sichtbar ehren. Ferner gilt ein herzliches Wort des Willkommens allen Förderern des Institutes aus der Wirtschaft, die uns die Freude machen, heute diese Feierstunde mit uns gemeinsam zu begehen. Und dann freut es mich natürlich besonders, eine ganze Reihe früherer Mitarbeiter des Instituts unter uns zu sehen.

Da diejenigen, die einst hier waren, in ihrer heutigen Position als Könner üblicherweise viel Arbeit und Verantwortung haben, konnten nicht alle kommen, die wir eingeladen hatten, obwohl alle, wo immer sie heute sein mögen, sich weiterhin mit dem Institut eng verbunden fühlen und wir uns mit ihnen. Ich begrüße schließlich mit besonderer, familiär getönter Herzlichkeit alle gegenwärtigen Mitarbeiter des Instituts, an ihrer Spitze unser Wissenschaftliches Mitglied Herrn Kollegen Dölle, meinen Amtsvorgänger als Direktor des Instituts. Sie alle spiegeln eben das wider, was das Institut in diesem Moment ist, mit all der Hoffnung, die in einem solchen Übergang von Vergangenheit und Zukunft für uns beschlossen liegt.

Der Gründer dieses Instituts, der geniale Ernst Rabel, schrieb einmal folgendes:

> „Der Stoff des Nachdenkens über die Probleme des Rechts muß das Recht der gesamten Erde sein, vergangenes und heutiges, der Zusammenhang des Rechts mit Boden, Klima und Rasse, mit geschichtlichen Schicksalen der Völker – Krieg, Revolution, Staatengründung, Unterjochung –, mit religiösen und ethischen Vorstellungen; Ehrgeiz und schöpferischer Kraft von Einzelpersonen; Bedürfnis von Gütererzeugung und Verbrauch; Interesse von Schichten, Parteien, Klassen. Es wirken Geistesströmungen aller Art – denn nicht bloß Feudalismus, Liberalismus, Sozialismus erzeugen jeder ein anderes Recht – und die Folgerichtigkeit eingeschlagener Rechtsbahnen, und nicht zuletzt die Suche nach einem staatlichen und rechtlichen Ideal. Alles das bedingt sich gegenseitig in sozialer, wirtschaftlicher, rechtlicher Gestaltung. Tausendfältig schillert und zittert unter Sonne und Wind das Recht jedes entwickelten Volkes. Alle diese vibrierenden Körper zusammen bilden ein noch von niemandem mit Anschauung erfaßtes Ganzes.“ [1]

Eine fast überwältigende Aufgabe, die er da stellt und der wir vielleicht mit der Enzyklopädie für Rechtsvergleichung, an der wir seit mehreren Jahren und noch auf lange hinaus arbeiten, näherkommen werden. Aber dieses Zittern unter Sonne und Wind gilt auch für Vergangenheit, Gegenwart und Zukunft des Institutes selbst, wenn wir an seine wechselvollen, bald still meditativen Epochen, bald abenteuerlichen Zeiten denken oder an die Menschen, die in einem Geben und Nehmen sich selbst im Institut und das Institut aus sich selbst heraus je wieder neu gebildet haben: jüngere und ältere Gelehrte aller Temperamente und aller Begabungs- und Charakterfärbungen, aber alle begeistert für eine Sache, die so unendlich viel Welt hat, wie die Welt wenig von ihr weiß.

Wir wollen diese Tage miteinander verbringen und dessen innewerden, was alles die Vergangenheit dieses Instituts uns für seine Zukunft an Intuition und Kraft einzugeben vermag.

---

[1] *Rabel*, Aufgabe und Notwendigkeit der Rechtsvergleichung: RheinZ 13 (1924) 279 ff. (283) = Gesammelte Aufsätze III (1967) 1 ff. (5).

VIERZIG JAHRE KAISER-WILHELM-INSTITUT UND MAX-PLANCK-INSTITUT FÜR AUSLÄNDISCHES UND INTERNATIONALES PRIVATRECHT

Prof. Dr. Max Rheinstein, Chicago

Ein Geburtstag ist ein Tag des Gedenkens, ein Tag des Erinnerns. Gestatten Sie mir, daß ich Ihnen einige persönliche Erinnerungen vortrage aus den langen Jahren meiner Mitgliedschaft im früheren Kaiser-Wilhelm-Institut wie in seinem Vorläufer, dem Institut für Rechtsvergleichung an der Universität München. Dieses heute unter der tatkräftigen Leitung von *Murad Ferid* stehende Institut hat im vorigen Jahr seinen 50. Geburtstag gefeiert. Gegründet wurde es 1915, als *Rabel* die Gestellung eines solchen Instituts zur Bedingung der Annahme seiner Berufung an die Münchener Juristische Fakultät machte. Das Institut war das erste sowohl der Lehre wie der Forschung in der Rechtsvergleichung gewidmete Institut in der Welt.

Die Erinnerung an meine eigene Verbindung mit dem Münchener Institut beginnt mit einer Tür, einer geheimnisvollen Tür, die immer geschlossen war. Sie war an der Endwand des Lesesaals der Münchener Universität, und über ihr war ein großes Schild mit der Inschrift „Institut für Rechtsvergleichung". Was konnte das sein „Rechtsvergleichung"? Eine Ahnung dessen, daß es sich dabei wohl um Beschäftigung mit ausländischen Rechten handeln würde, ergab sich aus dem an der Tür angebrachten Schild mit dem Namen des Direktors: *Dr. Ernst Rabel*. Unter den Koryphäen, die in den Jahren nach dem Ersten Weltkrieg der Münchener Juristischen Fakultät angehörten, nahm *Rabel* einen besonderen Platz ein. Daß er bei den Studenten besonders beliebt gewesen wäre, kann man nicht sagen; im Gegenteil, er war gefürchtet. Seine Vorlesungen galten als schwierig und unsystematisch. Wer von einer akademischen Vorlesung eine volle, schön systematisch gegliederte Übersicht über ein gesamtes Rechtsgebiet erwartete, mußte von Rabels Vorlesungen enttäuscht werden. *Rabel* ging von dem Grundsatz aus, daß es nicht Aufgabe der Vorlesung sei, das zu wiederholen, was in einem guten Lehrbuch zu finden sei. Womit er sich in seinen Vorlesungen und noch mehr in seinen Seminaren abgab, waren die Probleme, die ihn selber gerade beschäftigten, die Probleme, mit denen die Rechtswissenschaft der Nachkriegsjahre zu ringen hatte: Geldentwertung, Warenknappheit, Wohnungsmangel, politisch-sozialer Umsturz. Die Vorlesung war für ihn ein Mittel, *docendo* sich über solche Probleme Klarheit zu verschaffen. Für den Studenten, der dieses Anliegen erkannte, war jede Vorlesung Rabels ein Erlebnis. Hier war die einzigartige Gelegenheit, einen großen, schöpferischen Geist an der Arbeit zu belauschen und in gelegentlicher Diskussion selbst daran teilzunehmen. Rabels Kurse unterschieden sich noch in etwas anderem von all den anderen, die uns in München geboten wurden. Alle diese Kurse beschäftigten sich mit dem Recht des Deutschen Reiches und des Freistaates Bayern. Rabels Gedanken gingen über das Gebiet des deutschen Rechts hinaus. Zur Lösung der Probleme zog er sowohl römisches Recht heran wie Rechtsgeschichte im weitesten Sinne und vor allem die Rechte der modernen Welt. Hier hörten wir von den Gesetzen, den Entscheidungen und Lehrmeinungen Österreichs, der Schweiz, Frankreichs, Englands und anderer Länder. Und all dieses reiche Gut wurde eingebaut und verwendet für die Behandlung der in Deutschland so brennenden Probleme. Hier ergab sich denn das Anzeichen dafür, daß Rechtsvergleichung wohl die Beschäftigung und Auseinandersetzung mit den Rechten des Auslands darstellen würde.

Eines Tages war an der geheimnisvollen Tür ein Anschlag: „Bücherwart gesucht". Die Aufforderung war unwiderstehlich. Ich meldete mich und hatte das Glück, angenommen zu werden. Damit öffnete sich für mich eine neue Welt, die Welt der Rechtsvergleichung, der ich seit diesem Tage (ich glaube, er fiel in den Herbst 1920) treugeblieben bin. Das Institut war zunächst ein einziger, langgezogener Raum mit hohen Wänden, an denen oben eine Galerie entlanglief. Die Wände waren voll von Büchern. Hier waren die vornehmen hellen Lederbände der englischen Law Reports mit – wie John Galsworthy einmal so treffend sagte – dem Geruch feinen alten Käses, der die englische Justiz charakterisiere. Hier waren die dicken schwarzen Lederbände des Dalloz, die kleinen Bändchen der Entscheidungen des K. K. Obersten Gerichtshofs, die nüchternen grünen Leinenbände der Entscheidungen des Schweizerischen Bundesgerichts und eine, zwar nicht sehr umfangreiche, aber repräsentative Sammlung von Werken ausländischen Rechts. Die Bücherei war mit Geschick, ja, ich möchte sagen, mit Raffinement zusammengestellt. Rabel hatte sie selbst geplant und hatte zum guten Teil die Bücher selbst eingekauft.

Das Institut war vor allem eine Stätte der Lehre. Ein regelmäßiges Seminar wurde dort abgehalten, meistens besucht von Doktoranden und einer kleinen Schar Getreuer, die auch als Referendare oder junge Anwälte oder Assessoren Jahr für Jahr sich weiter an dem Seminar beteiligten. Die Namen zweier Teilnehmer seien hier erwähnt: mein alter Freund *Robert Neuner* und der im Dritten Reich so bekannt gewordene *Hans Frank,* der spätere Generalgouverneur der besetzten Ostgebiete. *Neuner,* ein Urbayer, war ein juristisches Genie, ein schöpferischer Geist, dazu Sportsmann und Hochtourist. Von München ging er als Professor an die deutsche Universität in Prag, von wo er unter Lebensgefahr und unter Anwendung hochtouristischer Technik über gewagte Bergpfade durch Österreich nach der Schweiz entkam, um die Kriegsjahre in den Vereinigten Staaten zu verbringen. Er schickte sich gerade an, im Stabe *Robert Jacksons* die Anklage für Nürnberg vorzubereiten, als ihn eine schwere Krankheit traf, an der er innerhalb weniger Tage verstarb. Ein junger Gelehrter ersten Ranges ging damit der Rechtswissenschaft der Welt verloren. Es wäre eine Ironie gewesen, wenn *Neuner* in dem Verfahren gegen seinen früheren Seminarkollegen *Hans Frank* als Ankläger aufgetreten wäre. In den Jahren, in denen Frank an Rabels Seminar teilnahm, erschien er uns als ein lebhafter, vielseitiger Geist, künstlerisch interessiert, dichterisch inspiriert, zu Schwärmerei und Fanatismus neigend.

Die Arbeiten des Münchener Instituts waren ähnlich denen, die dann in sehr viel größerem Umfange in Berlin weitergeführt wurden: Rechtsauskünfte und Gutachten für bayerische Gerichte und Anwälte, Redaktion einer Zeitschrift, der „Rheinischen Zeitschrift für Zivil- und Prozeßrecht", die, von *Joseph Kohler* begründet, zunächst der Pflege des seinerzeit im Rheinland wichtigen französischen Rechts gewidmet war. Unter dem Triumvirat *Rabel – Mendelssohn-Bartholdy – Pagenstecher* widmete sie sich der Pflege der Rechtsvergleichung. Die eigentliche Leitung lag in Rabels Händen, eben im Münchener Institut.

Die Aufgaben erweiterten sich beträchtlich, als *Rabel* zum deutschen Mitglied des Deutsch-Italienischen Gemischten Schiedsgerichtshofs ernannt wurde. Damit ergab sich die sich ständig intensivierende Beziehung zu den deutschen Staatsvertretungen bei den Gemischten Schiedsgerichtshöfen, deren geistige Führung bei *Joseph Partsch* in Berlin lag. Aus der Verbindung mit der Staatsvertretung und vor allem mit Partsch erwuchs der Gedanke einer Vergrößerung des Instituts und seiner Verlegung nach Berlin. Gerade als diese Pläne im Reifen waren, verstarb Partsch. So war es selbstverständlich, daß die alleinige Leitung des neuen Instituts Rabel übertragen wurde.

Als wir 1926 nach Berlin kamen, waren wir eine kleine Schar: *Rabel, Karl-Theodor Kipp,* der mit Partsch gearbeitet hatte, *Frau Bischof,* damals Frl. von Braumüller, und ich selber. Wir zogen in eine Flucht von Räumen im Berliner Schloß, im obersten Stockwerk an der Südseite gelegen. Die etwa 20 Räume waren leer bis auf schwere eichene Verschläge, die in den meisten Zimmern eingebaut waren und innerhalb deren sich Badeanlagen befanden. Offenbar hatten die Räume in früheren Zeiten Gästen Seiner Majestät gedient. Die Räume füllten sich bald mit Möbeln, Teppichen, Büchern und, vor allem, Menschen.

Wir standen in enger räumlicher Gemeinschaft mit dem unter der Leitung von *Viktor Bruns* stehenden Kaiser-Wilhelm-Institut für ausländisches öffentliches Recht und Völkerrecht, das die andere Hälfte unseres Stockwerks einnahm. Die Bibliotheken beider Institute wurden in beiderseitigem Einvernehmen so aufgebaut, daß Doppelanschaffungen vermieden wurden. Die großen Serien wurden entweder im einen oder im anderen Institut untergebracht. Alle Bestände standen den Mitgliedern beider Institute zur Verfügung. In der Mitte zwischen den beiden Instituten war der Speiseraum für den gemeinsamen Mittagstisch. Hier trafen sich Tag für Tag die Referenten beider Institute. Die Küche stand unter der Fürsorge von Frau *Fürst,* deren Gatte das Amt des Hausmeisters bekleidete. Beide waren „gebürtige Berliner" aus Pommern. Beide waren Originale. Herr *Fürst* schloß jeden zweiten Satz mit der Beteuerung „möcht' man sagen". Frau Fürst war Anhängerin des Propheten Weissenberg, der für fähig galt, Krankheiten aller und jeglicher Art durch eine Verbindung von Gebet und weißem Käse zu heilen. Leider konnte er nicht verhindern, daß eines Tages Herr Fürst im Institut tot umfiel.

Der Mittagstisch, bei dem niemals der Kartoffelbrei fehlte, war ein Forum lebhafter, ja, oft erregter Gespräche. Ich erinnere mich an die bewegten Auseinandersetzungen zwischen dem leidenschaftlich für eine neue, soziologisch orientierte Staatswissenschaft kämpfenden *Hermann Heller* und dem schon damals politisch engagierten *Carlo Schmid.* Die Diskussionen waren gewürzt durch eingestreute treffende, oft witzige Bemerkungen *Triepels,* kühle, sachliche Kritiken *Smends,* Bonmots *Martin Wolffs*; das alles nur mit Ungeduld ertragen von *Rabel.*

Martin Wolff, Beirat des Instituts, kam oft zur Benutzung der reichen Bibliothek. Die beiden anderen Beiräte, *Titze* und *Heymann,* waren seltenere Gäste. *Rabel* herrschte im Institut. Er herrschte vor allem über den Stab seiner Mitarbeiter, bei deren Auswahl er eine glückliche Hand hatte. Wie außerordentlich geschickt er in dieser Auswahl war, bezeugt die große Zahl früherer Mitglieder des noch von Rabel ausgewählten Stabes, die heute Stellungen von großem Einfluß und hoher Bedeutung bekleiden, in der Bundesrepublik wie im Ausland.

Ihrer Art nach war die im Berliner Institut betriebene Arbeit eine Fortsetzung der in München begonnenen, nur daß eben der Wirkungskreis größer, die Berührungspunkte reicher geworden waren. Hier in Berlin ergaben sich zahlreiche Kontakte mit obersten Reichsbehörden, vor allem dem Reichsjustizministerium, mit den Spitzenverbänden der Wirtschaft und mit den Führern der Anwaltschaft. Neu begonnen wurde die rasch anwachsende Reihe der Beiträge zum ausländischen und internationalen Privatrecht, und die bescheidene Rheinische Zeitschrift wurde in die große, rasch zu Weltbedeutung gelangende Zeitschrift für ausländisches und internationales Privatrecht verwandelt. Das Institut wurde bald von den Reichsbehörden zur Mitarbeit an gesetzgeberischen Aufgaben verschiedener Art herangezogen, so z. B. zur Vorbereitung der geplanten Aktienrechtsreform.

Aus dem Kreis der zahlreichen Aufgaben sei hier nur noch eine erwähnt: die Arbeit des Instituts an der Vorbereitung eines international einheitlichen Gesetzes über den Warenkauf.

Durch seine Richtertätigkeit am Deutsch-Italienischen Gemischten Schiedsgerichtshof war *Rabel* mit zahlreichen italienischen Gelehrten bekannt geworden, die sein Münchener und später sein Berliner Institut besuchten. Was sie sahen, ließ in ihnen den Wunsch wach werden, eine ähnliche Institution auch in Italien zu haben. Gewiß, dort bestand schon das von *Salvatore Galgano* begründete und mit vieler Hingabe geleitete Institut für gesetzgeberische Studien. Aber, wohl infolge nicht völlig harmonischer Kontakte mit den damaligen italienischen Regierungskreisen, kam dieses Institut nicht zur vollen Entfaltung. Die italienische Regierung *Benito Mussolinis* hatte einen ehrgeizigeren Plan: das neue italienische Institut sollte in der Welt eine führende Stellung einnehmen, vor allem, die führenden Rechtsvergleicher der Welt sollten seine Mitarbeiter sein. So entstand der Gedanke, ein Institut zur Vereinheitlichung des Privatrechts zu errichten, es dem Völkerbund zu übergeben und es einem Direktionsrat zu unterstellen, dessen Mitglieder die führenden Rechtsvergleicher der Welt sein sollten. Daß als deutsches Mitglied *Ernst Rabel* ernannt wurde, war selbstverständlich. Bei der Suche nach geeigneten Gegenständen zur weltweiten Vereinheitlichung, die der Direktionsrat in Angriff nahm, schlug Rabel sogleich das Recht des Warenkaufs vor, eine Materie, deren Vereinheitlichung dem Welthandel dienen sollte. Der Vorschlag wurde mit Freude aufgegriffen. Aber wie sollte das Projekt durchgeführt werden? Einer Vereinheitlichung mußte zunächst ein Studium vorausgehen, nicht nur der einzelstaatlichen Rechte, sondern vor allem auch der Bedürfnisse und Wünsche des Handels. Für eine solche Aufgabe hatte das römische Institut keinen Stab. Dem Völkerbund war es mit der Hoffnung übergeben worden, daß von da auch die nötigen Mittel kommen würden. Leider erfüllte sich diese Hoffnung nicht. So erbot sich Rabel, die Vorarbeiten in seinem Berliner Institut durchführen zu lassen. Für Jahre waren wir damit an Arbeit eingedeckt. Die Studien, die in *Rabels* großem zweibändigem Werk „Das Recht des Warenkaufs“ ihren späteren Niederschlag fanden, waren alle durch Berichte im Institut aufs eingehendste vorbereitet worden. Von Anfang an war es Rabels Idee, daß, im Gegensatz zu den damals gerade in Kraft getretenen Einheitsgesetzen über Wechsel- und Scheckrecht, das neue Kaufrecht nicht auf den Kreis der kontinentalen Rechte beschränkt sein, sondern auch eine Brücke zu den Ländern des Common Law darstellen solle. In diesem Bestreben wurde Rabel vom englischen Mitglied des Direktionsrates, *H. C. Gutteridge,* verständnisvoll unterstützt. Ein glücklicher Zufall wollte es, daß zur gegebenen Zeit auch ein hervorragender Kenner des amerikanischen Kaufrechts als Gastprofessor in Deutschland weilte, der geniale *Karl N. Llewellyn.* Rabel lud ihn zur Mitarbeit am Kaufrecht ein, und aus der Zusammenarbeit ergaben sich bedeutende Folgen, die sowohl in dem späteren Einheitlichen Kaufgesetz von 1964 ihren Niederschlag fanden wie in dem in späteren Jahren von Llewellyn bearbeiteten Kaufrechtsteil des neuen Uniform Commercial Code der amerikanischen Einzelstaaten. Vieles im Einheitlichen Kaufgesetz ist so gefaßt, daß es Gegensätze zum Common Law zu überbrücken geeignet erscheint. Auf der andern Seite, im Uniform Commercial Code finden sich Gedanken und Bestimmungen, die in Llewellyns Bekanntschaft mit den kontinentalen Rechten, vor allem dem deutschen, ihren, wenn auch nicht öffentlich eingestandenen Ursprung haben.

Das Wirken des Instituts hat sichtbaren Ausdruck gefunden in den zahlreichen von ihm ausgehenden Veröffentlichungen, wie auch in der beträchtlichen Zahl von Dissertationen und Habilitationsschriften, die von jungen Gelehrten, im Institut als Gäste aufgenommen, dort geschrieben wurden.

Von weittragender Bedeutung aber waren Einflüsse und Wirkungen, die einen weniger greifbaren, aber desto bedeutenderen Niederschlag gefunden haben.

Die Gründung der Institute, des Münchener wie des Berliner, fiel in eine Zeit, in der der deutschen Rechtswissenschaft neue Aufgaben erwuchsen. In den ersten zwei Jahrzehnten des 20. Jahrhunderts war die deutsche Zivilistik vor allem die Wissenschaft vom Bürgerlichen Gesetzbuch. Das Ziel der damals am Werk befindlichen Generation bedeutender Zivilisten war die Erschließung dieses großen Gesetzeswerkes. Sie war am Gesetz orientiert, dem BGB und seinen Nebengesetzen. Die Methode war dem verhältnismäßig statischen Charakter der Zeit angemessen. Mit Krieg, Revolution und Geldentwertung entstanden neue Probleme. Probleme solch einschneidender und solch raschen Veränderungen unterliegender Art, daß die gesetzgebenden Körperschaften nicht mehr voll Schritt halten konnten. Oft genug zeigte sich auch, daß im Reichstag widerstreitende Interessen so ausgewogen vertreten waren, daß keine parlamentarischen Entscheidungen zustandekommen konnten. Das prominenteste Beispiel war das Problem der Aufwertung.

Gläubiger- und Schuldnerinteressen standen sich im Reichstag gegenüber. Ein Beschluß über die allmählich unausweichlich werdende Aufwertung der Geldschulden konnte nicht zustandekommen. Die Lage war ähnlich wie 20 Jahre später in den Vereinigten Staaten in bezug auf das Rassenproblem. Die aus innen- und noch mehr aus außenpolitischen Gründen nicht mehr länger aufschiebbare Emanzipation der Neger konnte durch die Gesetzgebung weder in den zunächst damit befaßten Südstaaten noch im Kongreß durchgeführt werden. So mußte der Oberste Gerichtshof eingreifen. Ähnlich stand es in Deutschland, als im November 1923 das Reichsgericht seine berühmte Aufwertungsentscheidung fällte. Das war nur ein Beispiel, für das sich zahlreiche weitere anführen ließen. Die Gerichte sahen sich Problemen gegenüber, für die noch keine angemessenen neuen Gesetzesregeln zur Verfügung standen. Die Rechtsprechung mußte in einer neuen Art schöpferisch werden, und angesichts dieser großen Aufgabe blickte sie zur Rechtswissenschaft für Führung, Rat und Kritik. So ergab sich die Wandlung der Rechtswissenschaft, die mit einem etwas übervereinfachenden Schlagwort oft als die Wandlung von der Begriffsjurisprudenz zur Interessenjurisprudenz bezeichnet wird, die ich vielleicht eher die Wandlung vom gesetzorientierten zum problemorientierten Rechtsdenken nennen möchte.

Im Rahmen eines am Problem orientierten Denkens ergibt sich mit Selbstverständlichkeit das Interesse an fremden Rechten, denen die Lösung gleicher oder ähnlicher Probleme aufgegeben ist. Die Verwertung fremder Rechtsgedanken erscheint natürlich zum Ausbau des eigenen Rechts wie zur Vermeidung von Irrwegen. Die Rechtsvergleichung wird damit zur Notwendigkeit. Die deutsche Rechtswissenschaft mußte aus der der Kodifikation folgenden Isolierung heraustreten. Gerade in dieser Zeit traten die neuen Institute in Tätigkeit, übernahmen selbst einen Teil der Aufgaben und wurden zu Schulungsstätten der neuen Generation zivilistischer Gelehrter. Wie stark das Bedürfnis nach Schulung in der neuen Methode war, trat in der großen Zahl von Habilitanden zutage, die Verbindung mit dem Institut aufnahmen, dort als Gäste arbeiteten und sich auch in den Referentenbesprechungen methodische Schulung holten. Diese Art von Einfluß, die in Deutschland weit ausgreifende Wirkungen hatte, erstreckte sich auch auf ausländische Staaten, aus denen ebenfalls junge Juristen in stets steigender Zahl sich in den Instituten einfanden.

Meine Mitgliedschaft im Stab des Kaiser-Wilhelm-Instituts endete 1933. Dank der im Institut und in der langen Verbindung mit *Rabel* gewonnenen Schulung hatte ich, zusammen mit anderen Mitgliedern des Stabes, das Glück, in Amerika rasch Fuß zu fassen. 1939 kam Rabel selbst nach den Vereinigten Staaten. In den 30er Jahren fand sich die amerikanische Rechtswissenschaft in einer nationalen Isolierung, die der der deutschen Vorkriegswissenschaft ähnlich war, nur daß natürlich anstelle eines kodifizierenden Gesetzbuches die Masse der amerikanischen Präjudizien stand. Gewiß, eine kleine Zahl bedeutender Gelehrter bemühte sich, über das amerikanische Recht hinaus auf das Recht der Welt zu schauen; so *Roscoe Pound, John Henry Wigmore, Robert Guiness Millar, Ernst Freund* oder *Max Radin*. Aber sie waren Einzelgänger, die es nicht vermochten, die amerikanische Rechtswissenschaft aus ihrer nationalen Befangenheit herauszureißen.

Heute, in den 60er Jahren, bietet sich ein anderes Bild. Die amerikanische Rechtswissenschaft hat sich der Welt geöffnet. International Legal Studies sind Lehrfach an einer ständig wachsenden Zahl juristischer Fakultäten geworden. Die großen Law Schools haben sich umfangreiche Büchereien ausländischer Rechte zugelegt. Beschäftigung und Auseinandersetzung mit ausländischen Rechtsgedanken sind, wenn auch noch nicht zur Selbstverständlichkeit, so doch zu respektvoller Achtung und weiter Verbreitung gelangt. Der Wandel hat ähnliche Ursachen wie der seinerzeit in Deutschland vor sich gegangene: die Fülle der neuen Probleme, die Umwertung bisher als feststehend geltender sozialer und wirtschaftlicher Einstellungen, die wachsende Verknüpfung der amerikanische Wirtschaft mit der Welt. Es war ein glücklicher Zufall, daß gerade zu der Zeit, als der Wandel und damit der Blick zur Rechtsvergleichung notwendig wurden, *Rabel* und eine Anzahl seiner Institutsmitarbeiter in den Vereinigten Staaten lebten und wirkten. Wir konnten mithelfen, die neue Generation amerikanischer Zivilisten zu schulen, ihr Interesse an der Rechtsvergleichung zu wecken und die Wege zu öffnen. So hat das Institut auch in den Vereinigten Staaten von Amerika einen – ich darf wohl sagen, nicht unbedeutenden – Einfluß ausgeübt.

Persönliche Verbindung mit dem Institut selber ergab sich kurz nach dem Ende des Zweiten Weltkrieges. Schon im Herbst 1945 konnte ich wieder mit den damals auf Berlin und Tübingen verteilten Institutsresten persönliche Fühlung aufnehmen. Der Großteil der Bücherbestände war durch die Jahre des Krieges und der Bombenangriffe gerettet worden. Der Stab war zusammengeschmolzen, aber eine Zahl von Getreuen hatte das Institut und seine Bücher- und Aktenschätze auch durch die schwierigsten Zeiten hindurch beschützt. Aber der Bestand war gefährdet, ja, eine Zeitlang sah es so aus, als ob mit der durch den Alliierten Kontrollrat verfügten Auflösung der Kaiser-Wilhelm-Gesellschaft auch das Ende aller Kaiser-Wilhelm-Institute gekommen sei. Mit Zähigkeit und Tatkraft wurde die neue Max-Planck-Gesellschaft aufgebaut und in ihrem Rahmen das Institut für ausländisches und internationales Privatrecht. In der schwersten Zeit übernahm Prof.

Hans Dölle die Leitung. Die Raumverhältnisse in Tübingen waren beengt. Der Mitarbeiterstab mußte neu aufgebaut werden. Aber unter seiner ruhigen, tatkräftigen und weitausschauenden Leitung wurde das Institut rasch wieder auf den hohen früheren Stand gebracht. Große neue Möglichkeiten ergaben sich mit der Übersiedlung nach Hamburg, wo durch den Staat ein neues Heim zur Verfügung gestellt wurde in einem Einfachheit, Zweckmäßigkeit und Schönheit in hamburgischer Weise verbindenden Gebäude. Bedeutende Leistungen sind aus dem wiedererstandenen Institut hervorgegangen, zahlreiche Gutachten und Rechtsauskünfte, vor allem aber die tiefschürfende Vergleichung des deutschen und französischen Familienrechts und Prof. *Dölles* eigenes großes enzyklopädisches Standardwerk des Familienrechts mit seinen rechtsvergleichenden Ausblicken über die Welt.

Heute steht das Institut unter der Leitung von *Konrad Zweigert.* Welche Weltgeltung es wiedererlangt hat, zeigt sich darin, daß im Jahre 1964 Prof. *Zweigert* zum Präsidenten der Weltorganisation der Rechtswissenschaft gewählt wurde, des Comité International de Droit Comparé, und damit der Association Internationale des Sciences Juridiques, und weiter daraus, daß, ich möchte sagen als Selbstverständlichkeit, dem Institut und seinem Direktor die zentrale Leitung der größten bisher in der Rechtsvergleichung gestellten Aufgabe übertragen worden ist, die Herausgabe der Internationalen Enzyklopädie der Rechtsvergleichung.

Diese Enzyklopädie symbolisiert eine neue Phase in der Entwicklung der Rechtswissenschaft, eine Phase, die durch die Gründung der rechtsvergleichenden Institute in München und Berlin eingeleitet worden ist. Seit den großen Kodifikationen hat sich die Rechtswissenschaft in einer Lage befunden, die der der Theologie ähnlich war. Während des 19. Jahrhunderts war es unangemessen, von „Rechtswissenschaft" zu sprechen. Es gab nur Rechtswissenschaften im Plural, so viele voneinander verschiedene Rechtswissenschaften, als es nationale Rechtsordnungen gab. Ähnlich wie in der Theologie die des Protestantismus, des Katholizismus, des Islam, des Hinduismus usw. nebeneinander standen, so gab es nebeneinander die Wissenschaften vom deutschen, französischen, amerikanischen, uruguayischen usw. Recht. In der Theologie hat sich in den letzten Jahrzehnten eine neue, alle Religionen umspannende vergleichende Religionswissenschaft herausgebildet. Etwas Ähnliches ist heute in der Rechtswissenschaft der Fall. Die nationalen Rechtswissenschaften haben angefangen, zu einer umfassenden Weltrechtswissenschaft zusammenzuwachsen, in der jede der nationalen Rechtswissenschaften zusammen mit der allumfassenden Wissenschaft der Rechtsvergleichung Einzelzweige bilden. Die Heranbildung einer solchen Weltrechtswissenschaft ist heute notwendig geworden. Die gegenseitige Isolierung der nationalen Rechtswissenschaften war so lange möglich gewesen, als in jeder von ihnen die lange, gemeinsame, vom Altertum ausgehende und das Mittelalter umspannende „Große Tradition" lebendig war. Bis ins späte 18. Jahrhundert hatte die Rechtswissenschaft Europas ihre grundsätzliche Einheit bewahrt. Im 19. Jahrhundert drohte diese Einheit verlorenzugehen. Heute ist eine Gemeinsamkeit der Rechtswissenschaft wieder notwendig geworden mit dem Zusammenwachsen der verschiedenen Teile der westlichen Kultur und in der Einbeziehung der zu neuem Leben erwachten Länder Afrikas und Asiens in diese Kultur. Die Rechte der Welt werden in vielem verschieden bleiben; aber sie bedürfen doch einer einheitlichen Behandlung, wenn die Welt nicht wieder in verschiedene Kulturen zerfallen soll. Bis zu einem die Welt überspannenden einheitlichen Gerichtshof wird noch viel Zeit vergehen. Wieder, wie vor dem 19. Jahrhundert, wird die Rechtswissenschaft die Rolle des Wahrers der Einheit der Rechtskultur zu übernehmen haben. Die Gründung und das Aufblühen verschiedener übernationaler wissenschaftlicher Organisationen, vor allem der Association Internationale des Sciences Juridiques, spiegelt diese Entwicklung. Die Enzyklopädie wird ihr neuen Antrieb geben und die Rechtswissenschaftler der Welt zur Zusammenarbeit am Aufbau einer gemeinsamen Wissenschaft führen. Das Münchener Institut war bei seiner Gründung das einzige in der Welt. Unter den mehr als 200 heute bestehenden Instituten für Rechtsvergleichung nimmt das Max-Planck-Institut die unbestritten führende Stellung ein. Durch die Betreuung mit der Leitung der Enzyklopädie ist diese Stellung weithin sichtbar anerkannt worden. Damit ist aber auch dem Institut eine große Verantwortung übertragen worden, eine Verantwortung, der es in vollem Maße gewachsen ist.

Die Enzyklopädie wird nicht die einzige Aufgabe sein, die das Institut in den kommenden Jahren beschäftigen wird. Sein Leiter trägt sich mit dem Gedanken eines großen umfassenden Handbuchs des Internationalen Privatrechts, das, im vollen Einklang mit der neuen Rechtswissenschaft, den Ausgang von den Problemen nehmen soll und für dessen Abfassung daher umfangreiche Tatsachenforschungen notwendig sein werden. Von möglicherweise großem Umfang kann auch die Arbeit werden, die das Institut auf dem Gebiet der juristischen Entwicklungshilfe zu unternehmen gedenkt. In den Ländern Afrikas besteht noch weitgehend der Dualismus zwischen den aus primitiven Verhältnissen herausgewachsenen einheimischen Gewohnheitsrechten und den von den früheren Kolonialmächten mitgebrachten europäischen Rechten. Die Vereinigung dieser beiden, oft schroff einander gegenüberstehenden Rechts- und Gerichtssysteme erscheint in Afrika notwendig und mit ihr die Modernisierung der Wirtschafts- und Gesellschaftsordnung und damit der gesamten Rechtsordnung. Bei dieser Aufgabe ist vorsichtiges Vorgehen unumgänglich, wenn nicht schwere Erschütterungen hervorgerufen werden sollen. Die juristische Reformarbeit muß in Kenntnis der bestehenden sozialen und wirtschaftlichen Verhältnisse vorgenommen werden. Der Jurist allein ist kaum in der Lage, diese Verhältnisse zu kennen. Enge Zusammenarbeit mit Anthropologen, Wirtschaftswissenschaftlern und anderen Sachkennern wird erforderlich sein, vielleicht sogar die Hereinnahme der Vertreter solcher Wissenschaften in den Stab des Instituts.

Die Aufgaben sind groß. Das Max-Planck-Institut für ausländisches und internationales Privatrecht ist die ihnen angemessene Pflegestätte. Im Namen aller hier Anwesenden wünsche ich dem Institut und seinem Direktor alles Glück und Gelingen für die großen Aufgaben der Zukunft.

LÄNDERBERICHTE

FRANKREICH

Prof. Dr. Dr. Imre Zajtay, Paris/Mainz*

I. Einleitung

1. Die französischen Gesetze regeln die Stellung des durch den französischen Richter anzuwendenden ausländischen Rechts nicht. Sie enthalten nicht nur keine dem § 293 ZPO entsprechende Vorschrift, sondern nicht einmal einen indirekten Hinweis auf die einschlägigen Fragen[1].

Unter diesen Umständen wurde es zur Aufgabe der Rechtsprechung, die Stellung des ausländischen Rechts im französischen Recht zu bestimmen. Die von der Rechtsprechung ausgearbeiteten Grundsätze bilden kein logisch aufgebautes System, das auf eine einheitliche Konzeption vom ausländischen Recht zurückgeführt werden könnte. Die Regeln wurden von der Rechtsprechung aus praktischen Erwägungen, im Hinblick auf die im Prozeß zu lösenden konkreten Probleme und im Rahmen der Möglichkeiten des Verfahrens entwickelt.

2. Aus diesem empirischen Charakter der einschlägigen Grundsätze folgt u. a., daß die Stellung des ausländischen Rechts nach geltendem französischen Recht nicht mit dem angeblichen Tatsachencharakter des

---

* Abgekürzt werden angeführt: *Batiffol*, Droit international privé, 4. Aufl. 1967; *Bellet*, Anmerkung zur Entscheidung des Tribunal de grande instance d'Avesnes-sur-Helpe vom 25. 9. 1963: Rev. crit. 1965, 130–138; *Broggini*, Die Maxime „iura novit curia“ und das ausländische Recht: AcP 155 (1956) 469–485; *C. David*, La loi étrangère devant le juge du fond, 1965 (dazu unsere Besprechung: Rev. int. dr. comp. 1965, 250–254); *Loussouarn*, Le contrôle par la Cour de cassation de l'application des lois étrangères: Travaux du Comité français de d. i. p. 23–25 (1962–1964), 1965, 133–171; *Marty*, La distinction du fait et du droit – Essai sur le pouvoir de contrôle de la Cour de cassation sur les juges du fait, 1929; *Marty*, Rôle du juge dans l'interprétation des contrats: Travaux de l'Association Henri Capitant pour la culture juridique française 5 (1950) 84–106 (*Marty*, Rôle); *Maury*, La condition de la loi étrangère en droit français: Travaux du Comité français de d. i. p. 9–13 (1948–1952), 1953, 97–135; *Motulsky*, L'évolution récente de la condition de loi étrangère en France: Mélanges Savatier, 1965, 681–706; *Neuhaus*, Die Grundbegriffe des internationalen Privatrechts, 1962; *Zajtay*, Zur Stellung des ausländischen Rechts im französischen internationalen Privatrecht, 1963.

[1] Dazu *Zajtay* 1 ff., 36 ff.

ausländischen Rechts erklärt werden kann. Der Tatsachencharakter des ausländischen Rechts erscheint also wie ein fiktiver Grund, der erfunden wurde, um gewisse tatsächlich vorhandene Wirkungen zu rechtfertigen[2]. Außerdem sind die Regeln des geltenden französischen Rechts, die sich auf die Ermittlung und auf die Revisibilität des ausländischen Rechts beziehen, den Regeln der Ermittlung und der Revisibilität von Tatfragen zwar in mancher Hinsicht ähnlich, mit ihnen jedoch nicht identisch[3].

3. Trotzdem fand die Lehre vom Tatsachencharakter des ausländischen Rechts in der französischen Rechtswissenschaft zahlreiche Anhänger. Sie drang sogar in die französische Rechtsprechung ein. Der Kassationshof, der in den ersten Jahrzehnten des 19. Jahrhunderts die Auslegung ausländischen Rechts noch ausdrücklich als eine Rechtsfrage bezeichnet hatte, übernahm später diese Lehrmeinung und führte sie eine Zeitlang in seinen Entscheidungen an. Jedoch ist zu betonen, daß die französischen Gerichtsentscheidungen, in denen die Formel vom Tatsachencharakter des ausländischen Rechts verwendet wurde, diese nie begründet und deren Inhalt in keiner Weise präzisiert haben. Die Formel wurde wie ein Gemeinplatz benutzt, als handele es sich um eine Feststellung, deren Richtigkeit offenbar ist und daher keines Beweises bedarf.

Auch diese Rechtsprechung gehört indessen heute der Vergangenheit an. Der Kassationshof beruft sich nicht mehr auf den angeblichen Tatsachencharakter des ausländischen Rechts. Er begnügt sich mit der – dem *Grundsatz* der geltenden Regelung entsprechenden – Erklärung, daß die Entscheidung von Fragen der Auslegung ausländischen Rechts zu den souveränen Befugnissen des Tatrichters gehört und der Kontrolle des Kassationshofs nicht untersteht.

II. Die Ermittlung des ausländischen Rechts

a) Die Anwendung des ausländischen Rechts von Amts wegen

1. Während der letzten Jahre wurde die Frage, ob das ausländische Recht von Amts wegen angewandt werden müsse, von den französischen Gerichten wiederholt geprüft und in verschiedenem Sinne beantwortet.

Das Appellationsgericht Paris hat zwischen 1952 und 1957 in einer Reihe von Entscheidungen den Standpunkt vertreten, daß der Richter

---

[2] So *Niboyet*, Rev. dr. int. lég. comp. 1928, 763; vgl. dazu *Loussouarn* 136 f.

[3] Vgl. *Maury* 112.

das zuständige ausländische Recht „nötigenfalls von Amts wegen anzuwenden hat"[4].

Zu dieser Auffassung schien sich auch der Kassationshof in zwei Entscheidungen aus den Jahren 1958 und 1959 bekannt zu haben. In der ersten (Fall *Peugeot*) betonte er:

„Dans leur interprétation souveraine d'une loi étrangère, les juges recourent librement aux moyens d'information dont ils peuvent disposer; que notamment la référence par un tribunal à l'avis, qu'il estime autorisé, d'un jurisconsulte étranger ne saurait lui être reprochée."[5]

In der zweiten Entscheidung führte er aus:

„La loi applicable aux contrats, en ce qui concerne leur formation, leurs conditions ou leurs effets, est celle que les parties ont adoptée; qu'à défaut de déclaration expresse de leur part, il appartient aux juges du fond de rechercher, d'après l'économie de la convention et les circonstances de la cause, quelle est la loi qui doit régir les rapports des contractants."[6]

2. Zwei Monate vor dieser zweiten Entscheidung erklärte indessen der Kassationshof in der seither berühmt gewordenen Entscheidung *Bisbal:*

„Les règles françaises de conflit de lois, en tant du moins qu'elles prescrivent l'application d'une loi étrangère, n'ont pas un caractère d'ordre public, en ce sens qu'il appartient aux parties d'en réclamer l'application, et qu'on ne peut reprocher aux juges du fond de ne pas appliquer d'office la loi étrangère et de faire, en ce cas, appel à la loi interne française laquelle a vocation à régir tous les rapports de droit privé."[7]

Über den genauen Sinn dieser Formulierung des Kassationshofs ist man sich nicht ganz einig. Wir sind der Meinung, daß der Kassationshof nur den Grundsatz bestätigt hat, wonach die Tatrichter zur Anwendung ausländischen Rechts von Amts wegen *nicht verpflichtet sind*[8]. Die Wendung „qu'il appartient aux parties d'en réclamer l'application" wurde indessen auch so ausgelegt, daß die Tatrichter das ausländische Recht von Amts wegen gar *nicht anwenden dürfen*[9].

3. Gegen diese Auslegung – es sei denn, man wollte einen wiederholten vollkommenen Umschwung der Rechtsprechung des Zivilsenats

---

[4] Zu dieser Rechtsprechung ausführlich *Zajtay* 136 ff.; ein Vorläufer dieser Rechtsprechung ist die Entscheidung desselben Appellationsgerichts vom 17. 12. 1920, Clunet 1921, 521.

[5] Civ. 17. 6. 1958, Rev. crit. 1958, 704 (709).

[6] Civ. 6. 7. 1959, Rev. crit. 1959, 708.

[7] Civ. 12. 5. 1959, Rev. crit. 1960, 62 (63).

[8] In diesem Sinne auch *Batiffol* in seiner Anmerkung zu der Entscheidung *Bisbal,* Rev crit. 1960, 63 ff. (64).

[9] *Bellet* 132; ebenso *David* 46, anders dagegen ebd. 43 und 47.

annehmen – sprechen ebenso die im vorangehenden angeführten Entscheidungen vom 17. 6. 1958 und vom 6. 7. 1959, wie auch die kaum zehn Monate nach dem Fall *Bisbal* gefällte Entscheidung *Chemouny*[10]. In dieser erklärte der Kassationshof:

„Il est vainement reproché aux juges français, saisis d'une demande d'exequatur, de faire application d'office d'une loi étrangère dont les parties n'avaient pas fait état devant eux et qui n'intéressait pas l'ordre public; ... il était loisible à la Cour d'appel de procéder elle-même à la recherche et de préciser les dispositions du droit libanais compétent en ce qui concerne la décision judiciaire litigieuse rendue par défaut avant de se prononcer sur la demande d'exequatur, dont elle était saisie."

4. Der heutige Stand der behandelten Frage kann also folgenderweise zusammengefaßt werden: Die Tatrichter sind zwar nicht verpflichtet, aber sie sind berechtigt, das ausländische Recht vom Amts wegen anzuwenden[11].

Die ein Jahr nach dem Fall *Chemouny* ergangene Entscheidung *Bertoncini*[12] hat die Gültigkeit dieser Schlußfolgerung nicht berührt. In der Entscheidung *Bertoncini* geht es nicht um die Befugnis der Tatrichter, das ausländische Recht von Amts wegen anzuwenden, sondern allein um den Grundsatz, daß ein Vorbringen, das auf die Zuständigkeit ausländischen Rechts gestützt wird und in dem Rechts- und Tatfragen vermengt sind, nicht erstmals vor dem Kassationshof geltend gemacht werden kann[13].

b) Die Beweislast

5. Die Beantwortung der Frage nach der Beweislast ist scheinbar einfach. Nach geltendem französischen Recht obliegt es der Partei, die sich auf das ausländische Recht beruft, dieses zu ermitteln[14]. Weniger einfach ist indessen die weitere Frage, welche Partei sich auf das ausländische Recht „berufen" hat.

C. David unterscheidet in diesem Punkt drei Lösungen[15]. Nach der ersten beruft sich auf das ausländische Recht die Partei, welche eine Frage aufwirft, die normalerweise einem ausländischen Recht untersteht. Nach der zweiten obliegt die Ermittlung des ausländischen Rechts der Partei, die behauptet, daß sich das ausländische Recht von der lex

---

[10] Civ. 2. 3. 1960, Rev. crit. 1960, 97.

[11] So auch *David* 43, *Bellet* 133; vgl. *Motulsky* 682 ff.

[12] Civ. 11. 7. 1961, Rev. crit. 1962, 124.

[13] Zur Lehre des Kassationshofs vom neuen Vorbringen, in dem Rechts- und Tatfragen vermengt sind, s. *Zajtay* 163 ff., 170 ff., insbes. 176 f. Zur Bedeutung der Entscheidung *Bertoncini* vgl. unsere Besprechung des angeführten Werkes von *C. David,* Rev. int. dr. comp. 1965, 250 ff., insbes. 251 f.

[14] *Batiffol* 375; *David* 145.

[15] *David* 147 ff.

fori unterscheide. Nach der dritten ist dagegen jene Partei beweispflichtig, die sich auf ein Recht beruft, das im Ausland entstanden ist.

Wie die von *David* angeführten Entscheidungen zeigen, fanden vor den französischen Gerichten je nach den Umständen des Falles alle drei erwähnten Verfahren Anwendung. *Bellet* bemerkt zur Frage der Beweislast im Bereich des ausländischen Rechts, daß jeder Richter

„détermine à sa manière celui qu'il considère comme demandeur chargé de la preuve",

ja, daß

„les juges baptisent demandeur sur ce point, l'une ou l'autre des parties, suivant le résultat auquel ils veulent aboutir" [16].

Jedenfalls kann festgestellt werden, daß es in der französischen Rechtsprechung zur Zeit keine festen Regeln gibt, durch die der Inhalt des Grundsatzes „beweispflichtig ist die Partei, die sich auf das ausländische Recht beruft" konkretisiert werden könnte.

6. Wir sind der Meinung, daß die Ermittlung des ausländischen Rechts wesensmäßig etwas anderes ist als der Beweis von Tatsachen [17] und nur auf dem Wege einer engen Zusammenarbeit des Richters und der Parteien erfolgen kann. Für die Entwicklung einer solchen Zusammenarbeit kann sich der erwähnte Mangel von festen Regeln über die Beweislast als förderlich erweisen.

c) Die Beweismittel

7. Der Inhalt des ausländischen Rechts kann nach geltendem französischen Recht durch alle Beweismittel nachgewiesen werden, so durch Vorlegung von ausländischen Gesetzestexten oder von Zeugnissen *(certificats de coutume)*, in denen der Inhalt der betreffenden Vorschriften von zuständigen ausländischen Juristen bestätigt wird [18]. Die *certificats de coutume* sind in Frankreich sehr verbreitet, aber gegen ihre Verläßlichkeit wurden bereits von verschiedenen Seiten scharfe Einwendungen erhoben [19].

Hervorzuheben ist, daß nach geltendem Recht der Richter in der Beurteilung des Wertes der von den Parteien erbrachten Beweise vollkommen frei ist [20]. So erklärte das Appellationsgericht Aix, daß die

---

[16] *Bellet* 134.

[17] Vgl. *Broggini* 481 f.; *Maury* 115; *Neuhaus* 224 f.; *Motulsky* 690 ff.

[18] *Batiffol* 375; *Maury* 112 mit zahlreichen Hinweisen auf die Rechtsprechung. Zur Unzulässigkeit einzelner Beweismittel (Geständnis, Eid) im Bereich des ausländischen Rechts s. *Maury* 115.

[19] So neuestens *Bellet* 134.

[20] *Batiffol* 377.

certificats de coutume, selbst wenn sie von maßgebender Seite *(d'une personnalité compétente)* herrühren, vor den französischen Gerichten nur den Wert einfacher Auskünfte besitzen, die zur Aufklärung der Richter dienen[21]. Aber eben weil der Beweis des ausländischen Rechts durch alle Beweismittel erbracht werden kann und es kein System von gesetzlichen Beweisen gibt, muß der Richter sich über den Wert der von den Parteien erbrachten Beweise deutlich aussprechen; er setzt sich sonst der Gefahr aus, daß seine Entscheidung wegen mangelnder gesetzlicher Grundlage *(défaut de base légale)* vom Kassationshof aufgehoben wird.

d) Die Folgen der Beweisfälligkeit

8. Wenn der Beweis des zuständigen ausländischen Rechts nicht erbracht worden ist, stehen dem Gericht grundsätzlich drei Wege offen.

9. Der erste besteht darin, daß der Richter die Klage abweist, so als sei eine für die Begründung der Klage erhebliche Tatsache nicht bewiesen worden. Da aber die Rolle, die dem ausländischen Recht im Prozeß und im richterlichen Urteilsakt zukommt, sich grundlegend von der Rolle von Tatsachen unterscheidet, ist diese Lösung ungerecht und eigentlich einer Rechtsverweigerung gleichzustellen.

Nach *David,* gegenüber dessen Auffassung allerdings Zweifel angebracht sind, haben die französischen Gerichte diese Lösung bisher nicht angewandt[22].

10. Weiter kann der Richter zur Lösung des Problems auf Vermutungen zurückgreifen.

Er kann die anzuwendende Regel in der Rechtsordnung suchen, die dem zuständigen, aber unbekannten ausländischen Recht am nächsten steht. In diesem Fall wird er vermuten, daß die Regel, die er in dem verwandten Rechtssystem gefunden hat, der Regel gleicht, die er hätte anwenden sollen.

Er kann vermuten, daß das unbekannte ausländische Recht den Grundsätzen entspricht, die sich in den Rechtssystemen aller zivilisierten Völker finden.

Er kann schließlich vermuten, daß das unbekannte ausländische Recht mit der lex fori identisch ist.

In der Rechtsprechung der französischen Gerichte werden diese Vermutungen nur selten herangezogen[23].

---

[21] Aix 10. 11. 1947, S. 1948. 2. 81. Dazu *Maury* 112 f.

[22] *David* 102; *Bellet* 135 mit Hinweisen auf die Rechtsprechung. – Die Entscheidung des Tribunal de grande instance d'Avesnes-sur-Helpe vom 25. 9. 1963, die nach dem Erscheinen des Werkes von *David* veröffentlicht worden ist, scheint sich jedenfalls auf diesen Grundsatz zu stützen.

[23] S. jedoch *David* 110 N. 43.

11. Die französischen Gerichte bevorzugen eine dritte Lösung. Sie wenden die lex fori als solche an. Kann der Inhalt des zuständigen ausländischen Rechts nicht ermittelt werden, so halten wir diese Lösung für am zweckmäßigsten. Die lex fori hat eine natürliche *vocation subsidiaire* zur Regelung jener Fälle, in denen das zuständige ausländische Recht nicht festgestellt werden kann. Die subsidiäre Anwendung der lex fori bietet auch wesentliche praktische Vorteile, vor allem eine gewisse Einheitlichkeit im weiteren Verfahren, die für die Parteien ohne Zweifel von großer Bedeutung ist[24].

III. Die Revisibilität des ausländischen Rechts

1. Bei der Erörterung der Frage der Revisibilität ausländischen Rechts ist im französischen Recht, ebenso wie in vielen anderen Rechtsordnungen, zwischen der Kontrolle der Anwendung der französischen Kollisionsnormen und der Kontrolle der Anwendung des durch sie für zuständig erklärten ausländischen Rechts zu unterscheiden[25].

Der Kassationshof überprüft die richtige Anwendung der französischen Kollisionsnormen. Das bedeutet, er kontrolliert, ob die Tatrichter die Anordnung der Kollisionsnorm berücksichtigt und dementsprechend gegebenenfalls ausländisches Recht angewandt haben. Auf diese Frage brauchen wir nicht ausführlicher einzugehen. Es sei lediglich darauf hingewiesen, daß die Kassationsbeschwerde nur dann auf die Verletzung der französischen Kollisionsnorm durch Nichtanwendung des zuständigen ausländischen Rechts gegründet werden kann, wenn die Zuständigkeit des ausländischen Rechts spätestens in der Berufungsinstanz geltend gemacht worden ist.

In der zweiten Frage hat die Rechtsprechung des Kassationshofs mehrfach geschwankt. Seit dem Ende des 19. Jahrhunderts scheint sich jedoch der Grundsatz gefestigt zu haben, daß der Kassationshof die tatrichterliche Auslegung des ausländischen Rechts nicht revidiert. Auf die Ausnahmen von dieser Regel werden wir im weiteren zurückkommen.

2. Die strenge Trennung der Frage der Nichtanwendung und der Frage der richtigen Anwendung des zuständigen ausländischen Rechts ist logisch nicht haltbar.

Der Unterschied zwischen der Nichtanwendung und der fehlerhaften Anwendung eines Rechtssatzes ist nur quantitativer, nicht aber qualitativer Art. Je fehlerhafter die Auslegung ist, desto mehr entfernt sich der Richter von der Rechtsnorm, zu deren Anwendung er verpflichtet

---

[24] Vgl. *Neuhaus* 272.

[25] Vgl. *Marty* 119 ff.; *Batiffol* 384–387.

ist. Der Irrtum über den Inhalt und den Sinn der anzuwendenden Rechtsnorm kann einen solchen Grad erreichen, daß die Regel, die der Richter tatsächlich anwendet, von der, die er anzuwenden hat, gänzlich verschieden ist. In diesem Fall steht die fehlerhafte Anwendung der Vorschrift ihrer Nichtanwendung gleich. Wenn aber die fehlerhafte Anwendung eines Rechtssatzes bei einem überaus schweren Irrtum der Nichtanwendung gleichgesetzt werden kann, dann gibt es eben zwischen den beiden Fällen nur einen quantitativen, nicht aber einen qualitativen Unterschied.

Diese Ausführungen treffen selbstverständlich auch für die Anwendung ausländischen Rechts zu. Wenn die französische Kollisionsnorm die Anwendung ausländischen Rechts vorschreibt, so genügt der französische Richter diesem Befehl nur dann, wenn er das ausländische Recht *richtig* anwendet, d. h. so wie es tatsächlich ist. Er verletzt die französische Kollisionsnorm nicht nur dann, wenn er ihren Befehl, das ausländische Recht anzuwenden, gar nicht ausführt, sondern auch dann, wenn er diesem Befehl nur scheinbar gehorcht, indem er das anzuwendende ausländische Recht fehlerhaft anwendet.

3. Vom rein logischen Standpunkt aus ist also die vom Kassationshof vorgenommene Unterscheidung nicht gerechtfertigt. Praktisch gesehen gibt es indessen sehr wesentliche Unterschiede zwischen der Nachprüfung der richtigen Anwendung der französischen Kollisionsnormen und der Nachprüfung der richtigen Auslegung aller ausländischen Rechtssätze, welche die französischen Gerichte anzuwenden haben. Wir haben den Einfluß praktischer Erwägungen auf die Entwicklung der richterrechtlichen Regeln erwähnt, die die Stellung des ausländischen Rechts nach geltendem französischen Recht bestimmen. Die strenge Trennung der Kontrolle der Nichtanwendung und der Kontrolle der richtigen Anwendung des zuständigen ausländischen Rechts durch den Kassationshof ist ein überzeugendes Beispiel für diesen Einfluß.

4. Von dem Grundsatz der Irrevisibilität der tatrichterlichen Auslegung des ausländischen Rechts hat der Kassationshof mehrere Ausnahmen zugelassen [26].

Die verschiedenen Fälle, in denen der Kassationshof die tatrichterliche Auslegung des ausländischen Rechts revidiert hat, können wohl kaum als die Bestandteile eines methodisch aufgebauten Systems betrachtet werden. Der empirische Charakter der die Anwendung des ausländischen Rechts betreffenden Regeln kommt auch in diesen Ausnahmen, deren wirkliche Gründe in jeder Fallgruppe verschieden sind, klar zum Vorschein.

So hat der Kassationshof die tatrichterliche Auslegung des ausländi-

---

[26] Zu diesen Fallgruppen ausführlicher *Zajtay* 76 ff.

schen Rechts kontrolliert, wenn es um die Rechtsnatur gebührenpflichtiger Verträge ging. Er hat die Auslegung des ausländischen Rechts nachgeprüft, das in den von Frankreich annektierten Gebieten in Kraft blieb, in einigen Fällen auch die Auslegung des Rechts, das in diesen Gebieten vor der Annexion in Geltung war. Manchmal hat der Kassationshof auch ausländische Gesetze, die mit den französischen Gesetzen inhaltsgleich sind, ausländische Kollisionsnormen, die eine Rückverweisung auf das französische Recht enthalten (Fall *Forgo*), sowie ausländische intertemporale Kollisionsnormen ausgelegt. Der Kassationshof kontrolliert, ob die Tatrichter ihrer gesetzlichen Pflicht, die Entscheidungen zu begründen, genügt haben; die Ausübung dieser Kontrolle bringt in gewissem Maße auch eine – indirekte – Kontrolle der Auslegung des ausländischen Rechts mit sich. Schließlich gibt es Einzelfälle, in denen der Kassationshof von seiner Rechtsprechung abgewichen ist und ausländisches Recht ausgelegt oder die tatrichterliche Auslegung des ausländischen Rechts nachgeprüft hat, ohne daß es jedoch möglich wäre, aus den betreffenden Entscheidungen eine deutliche prinzipielle Stellungnahme des Kassationshofs abzuleiten.

5. Eine prinzipielle Stellungnahme scheint indessen zwei Ausnahmen zugrunde zu liegen, die der Kassationshof in seiner neueren Rechtsprechung bestätigt hat. Beide haben ihre Wurzeln in der Rechtsprechung des Kassationshofs zur Auslegung von Verträgen.

6. Der Kassationshof überprüft die tatrichterliche Auslegung von Verträgen nicht[27]. Aber er behält sich die Kontrolle vor, ob der Tatrichter unter dem Vorwand der Auslegung des Parteiwillens nicht den von den Parteien vereinbarten Sinn des Rechtsgeschäfts völlig entstellt hat. Ist der Irrtum des Tatrichters so bedeutsam, daß er den Sinn des Vertrages ins Gegenteil verkehrt, dann hebt der Kassationshof die fehlerhafte Entscheidung wegen Denaturierung des Vertrages auf. Neben dieser Kontrolle, die der Kassationshof schon seit dem 19. Jahrhundert ausübt, erscheint in seiner neueren Rechtsprechung ein weiterer Gedanke. Auch in Fällen, in denen dem Tatrichter keine Denaturierung der klaren Vereinbarungen der Parteien vorgeworfen werden kann, revidiert der Kassationshof die tatrichterliche Auslegung, wenn es sich um Verträge oder Vertragsklauseln handelt, die sich in einer großen Anzahl von Fällen wiederholen und infolge ihres typischen Charakters geeignet sind, auch anderen Parteien als Regel zu dienen. Hier geht die Bedeutung der tatrichterlichen Auslegung über den konkreten Rechtsstreit hinaus, und voneinander abweichende Auslegungen würden die Rechtseinheit beeinträchtigen.

Diese Ausnahmen von dem Grundsatz der Irrevisibilität der tatrich-

---

[27] Zu diesen Fragen *Marty* 293 ff.; *Marty*, Rôle 96 ff.; *Zajtay* 91 ff., 149 ff.

terlichen Auslegung hat der Kassationshof auch im Bereich der Auslegung des ausländischen Rechts angewandt.

7. Der Kassationshof hat eine Denaturierung des ausländischen Rechts durch den Tatrichter erstmals in einer Entscheidung vom 18. 7. 1876 festgestellt[28]. Er hob in diesem Rechtsstreit eine Entscheidung des Appellationsgerichts Aix auf, in der das Gericht eine Verordnung des Bey von Tunis ausgelegt hatte,

„dénaturant le caractère de ce décret... sous prétexte d'interprétation".

Nach mehreren Entscheidungen, in denen der Kassationshof den Begriff der Denaturierung des ausländischen Rechts heranzog[29], hat sich in der neuesten Rechtsprechung wieder ein Fall zugetragen, in dem der Kassationshof die tatrichterliche Entscheidung ausdrücklich wegen Denaturierung des ausländischen Rechts aufgehoben hat. Es handelt sich um den Fall *Montefiore*[30]. Der Kassationshof hob eine Entscheidung des Appellationsgerichts Paris auf, weil

„l'arrêt attaqué a méconnu et dénaturé le sens clair et précis d'un document législatif consacrant la distinction de l'Etat belge et de sa Colonie, comme de leur passifs, et définissant la Colonie comme seule débitrice de l'emprunt envers les porteurs de titres".

8. Auch der Gedanke, daß der Kassationshof die tatrichterliche Auslegung – unabhängig von dem Fall der Denaturierung – dann revidiert, wenn der Sachverhalt einen typischen Charakter hat und infolgedessen die tatrichterliche Entscheidung allgemeine Bedeutung besitzt oder erlangen kann, hat im Bereich der Auslegung des ausländischen Rechts Boden gefaßt. Er liegt unseres Erachtens der Plenarentscheidung vom 20. 12. 1950 (Fall *Falk*) zugrunde.

In dieser im französischen Schrifttum viel kommentierten Entscheidung[31] ging es um die Auslegung des Gesetzes Nr. 1 des Alliierten Kontrollrats in Deutschland. Wir sind der Meinung, daß dieses Gesetz, das Fragen der deutschen Staatsangehörigkeit regelt, für den französischen Richter den Charakter ausländischen Rechts hat. Der Kassationshof hat die Auslegung dieses Gesetzes nachgeprüft und die Kassationsbeschwerde mit der folgenden Erklärung abgewiesen:

„Telles qu'elles ont été interprétées, notamment par le conseil de contrôle interallié les 24 juill. 1946 et 30 juill. 1947, les dispositions qui abrogent les

[28] Civ. 18. 7. 1876, S. 1876. 1. 451.

[29] Vgl. *Loussouarn* 139 ff.; *Zajtay* 150 f.

[30] Civ. 21. 11. 1961, Rev. crit. 1962, 329 mit Anm. *Lagarde* = Clunet 1962, 686 mit Anm. *Goldmann*; dazu *Loussouarn* 143 f.; *Zajtay* 150; *Batiffol*, La Cour de cassation de France et la dénaturation de la loi étrangère: Festschrift Dölle (1963) II 209 ff.; vgl. *Motulsky* 699 ff.

[31] Zusammenfassung der umstrittenen Fragen bei *Zajtay* 154 ff.

lois raciales n'ont pas eu pour effet d'imposer aux réfugiés apatrides d'origine allemande la nationalité allemande." [32]

Der Grund, aus dem der Kassationshof sich veranlaßt sah, diese Ausnahme vom Grundsatz der Irrevisibilität des ausländischen Rechts zuzulassen, geht aus dem Bericht des Kassationsgerichtsrats *Audibert*, Berichterstatter der Plenarsitzung, deutlich hervor:

„Mais je vous demande de ne pas oublier que l'affaire qui vous est aujourd'hui soumise est loin d'être la seule de son espèce. De nombreuses fois, des tribunaux, des Cours d'appel ont été appelés à dire si l'abrogation des lois nazies avait automatiquement restitué aux apatrides leur ancienne nationalité allemande. Certaines décisions ont statué dans le sens de l'arrêt du 28 novembre 1946 [33], – d'autres ont statué en sens contraire.

Si vous admettiez que cette question est une question de pur fait, relevant de l'appréciation souveraine du juge du fond et échappant à votre contrôle, vous seriez obligés de maintenir cette façon de voir, même si l'arrêt attaqué avait décidé que l'abrogation des lois raciales a automatiquement restitué la nationalité allemande aux personnes qui en avaient été déchues. Vous seriez obligés de maintenir votre principe dans tous les cas. Autrement dit, vous seriez obligés d'entériner indifféremment, à tour de rôle et au petit bonheur, deux solutions contradictoires, dont l'une, au moins, nécessairement, doit être fausse.

En cela, vous ne remplirez pas votre rôle, qui est de guider le juge du fait." [34]

Die Auslegung des Gesetzes Nr. 1 des Alliierten Kontrollrats in Deutschland hat sich also dem Kassationshof nicht als ein isoliertes Problem gestellt, das nur die Prozeßparteien interessierte. In mehreren Fällen hatten verschiedene französische Gerichte über diese Frage zu erkennen, und es war anzunehmen, daß dies auch in der Zukunft so sein würde. Die Frage, ob infolge der Aufhebung der nationalsozialistischen Gesetze durch das Kontrollratsgesetz Nr. 1 die emigrierten deutschen Juden automatisch wieder Staatsangehörige eines Feindstaates geworden waren, hatte somit allgemeine Bedeutung erlangt. Ihre Lösung berührte die Einheit der französischen Rechtsprechung und damit die des französischen Rechts.

9. Schließlich sei hier noch eine Ausnahme vom Grundsatz der Irrevisibilität der tatrichterlichen Auslegung des ausländischen Rechts erwähnt, die der Kassationshof eine Zeitlang zugelassen hat.

---

[32] Cass. plén. 20. 12. 1950, S. 1951. 1. 89 (91).

[33] Cass. soc. 28. 11. 1946, Rev. crit. 1947, 118. In dieser Entscheidung erklärte der Sozialsenat des Kassationshofs, daß das Kontrollratsgesetz Nr. 1 den ins Ausland emigrierten deutschen Juden ihre frühere deutsche Staatsangehörigkeit ipso iure zurückerstattet habe.

[34] Rev. crit. 1950, 589 f.

Im Laufe des 19. Jahrhunderts formulierte der Kassationshof in mehreren Entscheidungen, in denen er ausführte, daß die Verletzung eines ausländischen Gesetzes keinen Kassationsgrund bilde, folgende Ausnahme. Er erklärte, daß diese Regel nicht anzuwenden sei, „wenn die Verletzung des ausländischen Gesetzes zur Quelle eines Verstoßes gegen das französische Gesetz geworden ist".

Diese Lehre hat sich in der Rechtsprechung des Kassationshofs sogar während der ersten Jahrzehnte des 20. Jahrhunderts gehalten, in seinen späteren Entscheidungen hat sich indessen der Kassationshof auf den angeführten Grundsatz nicht mehr berufen[35].

10. Die französische Rechtswissenschaft hat diese Lehre scharf kritisiert und ihr vor allem mangelnde Klarheit vorgeworfen. Niemand konnte je erklären, wie z. B. *Batiffol* zu dieser Frage bemerkte, was eigentlich der genaue Sinn der vom Kassationshof zugelassenen Ausnahme sei[36].

Es fällt tatsächlich schwer, die erwähnte Ausnahme logisch zu erklären. Der französische Richter wendet das ausländische Recht an, weil dies durch die französische Kollisionsnorm angeordnet ist. Ordnet die französische Kollisionsnorm die Anwendung eines ausländischen Gesetzes an, so verlangt sie die richtige und genaue Anwendung dieses Gesetzes. Infolgedessen bildet die Nichtanwendung ebenso wie die fehlerhafte Anwendung des anzuwendenden ausländischen Rechts immer eine Verletzung der französischen Kollisionsnorm. Das bedeutet, daß die Nichtanwendung oder die fehlerhafte Anwendung des anzuwendenden ausländischen Rechts in jedem Falle zur Quelle eines Verstoßes gegen das französische Recht wird. Die vom Kassationshof formulierte Bedingung „wenn die Verletzung des ausländischen Gesetzes zur Quelle eines Verstoßes gegen das französische Gesetz geworden ist" scheint also der Lage, die bei jeder Verletzung des anzuwendenden ausländischen Rechts gegeben ist, kein neues Element hinzuzufügen.

11. Wahrscheinlich ist die vom Kassationshof verwendete Formel historisch zu erklären, und zwar vor allem mit der einschränkenden Konzeption des beginnenden 19. Jahrhunderts von der Rechtsnorm. Es handelt sich um die Auffassung, die den Begriff der Rechtsnorm mit dem des gesetzten Rechts verknüpfte[37].

Die Anwendung des ausländischen Rechts ist immer durch eine französische Kollisionsnorm angeordnet, diese Kollisionsnorm ist aber nicht in jedem Fall eine Vorschrift des gesetzten Rechts. So ist die Nichtanwendung oder die fehlerhafte Anwendung des durch die französische

[35] In dem im vorangehenden erörterten Fall *Falk* hat jedoch der Kassationsgerichtsrat *Audibert* in seinem der Plenarsitzung des Kassationshofs vorgelegten Bericht auch diesen Grundsatz herangezogen (vgl. Rev. crit. 1950, 590).

[36] *Batiffol* 386 N. 30; *Zajtay* 89 f.

[37] Dazu *Zajtay* 46 ff.

Kollisionsnorm für zuständig erklärten ausländischen Rechts immer eine Verletzung einer französischen Rechtsnorm, aber nicht notwendig ein Verstoß gegen das französische Gesetz *stricto sensu,* d. h. gegen das gesetzte Recht.

Der Kassationshof knüpft indessen sein Eingreifen grundsätzlich an eine Vorschrift der französischen Gesetze an. Mit dem Satz „wenn die Verletzung des ausländischen Gesetzes zur Quelle eines Verstoßes gegen das französische Gesetz geworden ist" drückte also der Kassationshof wahrscheinlich den Gedanken aus, daß er auch in diesen Fällen nach einer französischen Gesetzesvorschrift sucht, deren Verletzung er als die Voraussetzung seiner Intervention betrachtet.

Unsere Erklärung kann sich auf einige Entscheidungen stützen, in denen der Kassationshof die erwähnte Formel in einem Punkte präzisiert hat. In diesen Entscheidungen gebrauchte er nicht den oben angeführten Satz, sondern sprach von „einem das ausländische Recht betreffenden Irrtum, der aber zu keinem Verstoß gegen einen französischen *Gesetzesartikel* geführt hat" oder betonte die Notwendigkeit, daß die fehlerhafte Auslegung des ausländischen Gesetzes gleichzeitig auch „die Verletzung eines französischen *Gesetzestextes* mit sich bringt". Die so formulierten Entscheidungen erinnern ohne Zweifel an die einschränkende Auffassung, welche nur in dem „ausdrücklichen Verstoß gegen den Wortlaut des Gesetzes" die Verletzung einer Rechtsnorm sah[38].

---

[38] Vgl. *Zajtay* 49 ff., 90 f.

ITALIEN

Prof. Dr. Mauro Cappelletti, Florenz *

I. Das Gesetz

1. Der italienische Codice di procedura civile (C. p. c.) schweigt über die prozessuale Behandlung der Normen einer vom italienischen Kollisionsrecht berufenen ausländischen Rechtsordnung. Auch andere Rechtsquellen geben keine Auskunft über diese Frage [1].

---

* Dank für wertvolle Arbeit schulde ich *Kurt Siehr*, Assistent am Max-Planck-Institut, der auch die Übersetzung aus dem Italienischen besorgt hat. Für die italienische Originalfassung siehe *Cappelletti*, Il trattamento del diritto straniero nel processo civile italiano: Riv. dir. int. 1966, 299–341.

Abgekürzt werden zitiert: *Cappelletti*, Il valore delle sentenze straniere in Italia: Riv. dir. proc. 1965, 192 ff.; *Durante*, La prova del diritto straniero richiamato dalle norme di diritto internazionale privato: Ann. dir. comp. 29 (1953) 72 ff.; *Kegel*, IPR² (1964); *Lamberti Zanardi*, In tema di conoscenza del diritto straniero designato dalle norme di diritto internazionale privato: Riv. dir. int. 1946, 646 ff.; *Maury*, Règles générales des conflits de lois: Rec. des Cours 1936 III 325 ff.; *Micheli*, „Jura novit curia": Riv. dir. proc. 1961, 575 ff.; *Morelli*, Diritto processuale civile internazionale² (1954); *Pacchioni*, Diritto internazionale privato² (1935); *Rabel*, The Conflict of Laws I² (1958), IV (1958); *Riezler*, Internationales Zivilprozeßrecht (1949); *Venturini*, La prova del diritto straniero: Dir. int. 1962, 312 ff.

[1] Die in Staatsverträgen, in Art. 72 des vom königlichen Dekret Nr. 7087 vom 10. 8. 1890 bestätigten Konsulartarifs und in Art. 55 der Ausführungsbestimmungen zum Codice di procedura penale (C. p. p.) (königliches Dekret Nr. 602 vom 28. 5. 1931) enthaltenen Vorschriften über Amtshilfe begründen nur für verschiedene in- und ausländische Behörden Auskunftspflichten, besagen dagegen nichts über eine allgemeine Pflicht der Gerichte, Auskünfte einzuholen.

Vgl. zu den Staatsverträgen: *Cappelletti/Perillo*, Civil Procedure in Italy (1965) 410 f., 422 f.; *Cappelletti/Perillo*, in: International Co-operation in Litigation: Europe (hrsg. von H. Smit, 1965) 247, 280; *Bernardini*, Sulla richiesta di informazioni circa il diritto straniero: Riv. dir. int. 1961, 645, 649 f.

Vgl. zum Konsulartarif: *Bernardini* 650 f.; *Micheli*, La prova della norma giuridica straniera nel processo civile italiano, veröffentlicht unter dem Titel „L'assistenza giudiziaria internazionale" als italienischer Beitrag zu der vom Centro italo-statunitense di studi giudiziari vom 26.–29. 8. 1961 in Varese veranstalteten Konferenz, (1961) 9; *Del Grosso*, Foro it. 1964 I 999, 1004 (Entscheidungsanmerkung).

II. Die Lehre

2. Für die italienische Lehre zur vorliegenden Frage ist es kennzeichnend, daß sie sich nicht auf eine sachgerechte Lösung der verhältnismäßig eng begrenzten Problematik beschränkt, sondern meint, in diesem Zusammenhang eine allgemeingültige und stark öffentlich-rechtlich gefärbte Aussage zur Rechtsnatur der Kollisionsnormen im Rahmen der allgemeinen Rechtsquellenlehre machen zu müssen[2]. Auf diese Weise verlagerte sich die Problematik stark auf das umstrittene Gebiet der allgemeinen Rechtsquellenlehre und öffnete damit den verschiedensten Theorien Tür und Tor. Die Lehrmeinungen entfernten sich immer weiter vom eigentlichen Ausgangspunkt und belasteten damit das vorwiegend prozessuale Problem mit Fragen, die mit der Sache selbst wenig zu tun haben, sondern lediglich im Rahmen einer deduktiven Begriffsjurisprudenz geeignet sind, ein von reinem Rechtslogizismus getragenes Systematisierungsbedürfnis zu befriedigen.

Im wesentlichen werden drei Theorien mit verschiedenen Varianten vertreten, nämlich die des „rinvio formale", die des „rinvio recettizio stricto sensu" (oder besser „materiale") und die des „rinvio recettizio lato sensu" (oder besser „formale").

a) Die heute nur vereinzelt vertretene Theorie des rinvio formale hat zunächst das ausländische Recht auch im Inland als *Recht* angesehen und behandelt[3]. Später wurde sie jedoch auf Grund des sehr verbreiteten völkerrechtlichen Prinzips der unbeschränkten Allzuständigkeit (unicità ed esclusività) jeder staatlichen Rechtsordnung[4] aufgegeben, welches dazu zwingt, das ausländische Recht im Inland als eine res facti zu beurteilen, weil neben der allzuständigen italienischen Rechtsordnung kein Raum mehr bleibt für „rechtliche" Regelungen durch ausländische Rechtsordnungen[5].

Vgl. zu Art. 55 der Ausführungsbestimmungen zum C. p. p.: *Bernardini* 648 f.; *Del Grosso* 1003 f.; *Venturini/Pau/Bernardini/Sereni*, L'assistenza giudiziaria internazionale in materia civile con speciale riferimento alle relazioni italostatunitensi; ebenfalls, jedoch separat von *Micheli* veröffentlicht unter dem Titel „L'assistenza giudiziaria internazionale" (1961) 59.

[2] Vgl. z. B. *Ago*, Teoria del diritto internazionale privato (1934) 113; *Perassi*, Lezioni di diritto internazionale II (4. Neudruck 1962) 73 f.; *Morelli*, Elementi di diritto internazionale privato italiano[8] (1965) 23.

[3] Vgl. *Buzzati*, Il rinvio nel diritto internazionale privato (1898) 89; *Gemma*, Propedeutica al diritto internazionale privato (1899) 19; *Cavaglieri*, Diritto internazionale privato e diritto transitorio (1904) 12; und am bedeutendsten *Santi Romano*, L'ordinamento giuridico[2] (1945) 119, 141, 151 ff.

[4] Vgl. zu diesem Prinzip statt vieler: *Morelli*, Nozioni di diritto internazionale[6] (1963) 74 ff.; *ders.*, Limiti dell'ordinamento statuale e limiti della giurisdizione: Riv. dir. int. 1933, 382 ff. Zur Kritik dieses „ptolemäischen" Prinzips vgl. *Cappelletti* 230 mit weiteren Verweisungen.

[5] Vgl. z. B. *Ago* (oben N. 2) 106.

b) Die seit der Jahrhundertwende herrschende Lehre vertritt die Theorie des rinvio recettizio[6], wonach die italienischen Kollisionsnormen das ausländische Recht rezipieren und dadurch zu inländischem Recht „nationalisieren". Zunächst war die Theorie des rinvio recettizio materiale vorherrschend[7], die besagt, daß der Inhalt des ausländischen Rechts in italienisches Recht umgewandelt wird, jedoch mit der unvermeidlichen Folge, daß z. B. die Interpretation dieser rezipierten ausländischen Normen nach den italienischen Auslegungsgrundsätzen erfolgt[8].

c) Um dieser unangemessenen Folge zu entgehen, sind die Vertreter der Theorie des rinvio recettizio formale der Auffassung, daß die italienischen Kollisionsnormen die durch sie berufenen ausländischen Rechtsnormen zwar in eine inländische Rechtsquelle verwandeln, jedoch mit dem Inhalt und mit der Bedeutung, die ihnen im Rahmen der Rechtsordnung zukommen, für die sie im Ausland geschaffen worden sind[9].

Die beiden letzten Theorien führen trotz ihrer begrifflichen Begründung mehr oder weniger zur im Ergebnis zutreffenden prozessualen Gleichbehandlung des ausländischen Rechts mit dem inländischen Recht[10].

---

[6] Vgl. hierzu *Kralik*, Iura novit curia und das ausländische Recht: ZfRV 1962, 75 ff.; *Batiffol*, Traité élémentaire de droit international privé[3] (1959) 380 f.

[7] Vgl. *Anzilotti*, Corso di lezioni di diritto internazionale privato (1918) 162; *ders.*, Corso di diritto internazionale privato (1925) 57 f.; *Chiovenda*, Principii di diritto processuale civile[3] (1923) 303; *Pacchioni* 115 ff.; in gewissem Sinne auch heute noch *Balladore Pallieri*, Diritto internazionale privato[2] (1950) 23 ff.

[8] Dies ist der Haupteinwand, den die Vertreter der Theorie des rinvio recettizio formale (z. B. die in N. 9 genannten Autoren) gegen die Theorie des rinvio recettizio materiale vorbrachten. Vgl. hierzu *Batiffol*, oben N. 6; *Maury* 383 ff.; *Rabel* I 68 f.

[9] *Ago* (oben N. 2) 110 ff.; *Perassi* (oben N. 2) 64 ff.; *Morelli* (oben N. 2) 16 ff., und viele andere.

[10] Unter anderen *Morelli* 53–70; *Micheli*, Riv. dir. proc. 1961, 575–605; *Monaco*, L'efficacia della legge nello spazio[2] (1964) 110 ff.; *Arangio-Ruiz*, Il trattamento processuale del diritto straniero: Giur. compl. Cass. civ. 22 II (1946) 624, 629, 633 f. (Entscheidungsanmerkung); *Liebman*, Manuale di diritto processuale civile II/1 (1959) 79; *Andrioli*, Commento al codice di procedura civile[3] I (1957) 334; *Pacchioni* 142 f.; *Durante* 80 ff.; *Lamberti Zanardi* 651 ff.; *Bernardini* (oben N. 1) 645; *Franchi*, La perizia civile (1959) 104 ff.; *Sapienza*, Il principio „iura novit curia" e il problema della prova delle leggi straniere: Riv. trim. dir. proc. civ. 1961, 41 ff., 69 ff. mit weiteren Nachweisen. Ebenso, jedoch unter Verneinung einer richterlichen Nachforschungs*pflicht*: *Chiovenda* (oben N. 7) 812, und ihm folgend *Calamandrei*, Diritto consuetudinario in Cassazione, in: Studi sul processo civile V (1947) 191 ff.

Anderer Meinung, trotz Annahme der Rezeptionstheorie, *Quadri*, De la preuve du droit étranger: Rev. Egypt. Dr. Int. 1953, 1 ff. *Anderer Ansicht*, nämlich für eine Gleichstellung des ausländischen Rechts mit Tatsachen: *Satta*,

III. Die Rechtsprechung

3. Demgegenüber vertrat die herrschende Rechtsprechung bis zum Jahre 1959 die von der Praxis her verständliche, aber nicht weniger begrifflich begründete entgegengesetzte Meinung, das ausländische Recht sei eine res facti[11] und unterliege damit allen den hierfür geltenden Regeln der Darlegungs- und Beweislast[12]. Um nicht zu einer Klagabweisung zu kommen, hat sie jedoch die lex fori als subsidiär berufenes Recht angewandt[13] und damit wenigstens teilweise ihre anfäng-

---

„Iura novit curia": Riv. trim. dir. proc. civ. 1955, 380 ff.; ähnlich *Venturini*, Il principio „iura novit curia" e le leggi straniere: Ann. dir. int. 1951, 19, und mit teilweise geänderter Auffassung – auch hinsichtlich der Ergebnisse – Dir. int. 1962, 312 ff.

[11] Siehe hierzu Cass. 29. 7. 1941, n. 2430, Rep. Foro it. 1941, v. Legge n. 43; Cass. 4. 10. 1951, n. 2622, Giur. compl. Cass. civ. 30 (1951) III 903, 905; Cass. 16. 11. 1956, Dir. maritt. 1958, 429 f.; Cass. 11. 11. 1958, n. 3690, Giust. civ. 1958 I 1801 ff.; Trib. Genova 28. 10. 1950, Rep. Giur. it. 1950, v. Leggi, decreti e regolamenti n. 74; Trib. Firenze 8. 2. 1951, Mon. trib. 1951, 245 f.; App. Trieste 31. 5. 1952, Foro pad. 1952 I 973 ff., 980; Trib. Trieste 11. 4. 1954, Rep. Giur. it. 1954, v. Leggi, decreti e regolamenti n. 5; Trib. Napoli 4. 3. 1955, Dir. giur. 1956, 327 ff., 331 f.; App. Torino 25. 7. 1956, Rep. Giust. civ. 1956, v. Leggi, decreti e regolamenti n. 23; Trib. Napoli 12. 12. 1956, Dir. maritt. 1958, 224, 226; Trib. Minorenni Trieste 9. 12. 1958, Giust. civ. 1959 I 739 f. Siehe auch unten N. 15.

Zur älteren Rechtsprechung der Tatsachengerichte vgl. *Giuliano*, Le traitement du droit étranger dans le procès civil dans les systèmes juridiques continentaux: Rev. int. dr. comp. 1962, 5, 30 (in italienischer Sprache Riv. dir. proc. 1963, 178).

Dagegen früher schon gegen das Faktizitätsprinzip App. Milano 10. 6. 1908, Foro it. 1908 I 1220 ff., und Cass. (Vereinigte Senate) 1. 7. 1927, n. 2439, Riv. dir. int. 1928, 94 ff. Weniger klar Cass. 28. 6. 1940, n. 2130, Riv. dir. int. 1942, 212 ff.; App. Napoli 2. 5. 1958, Dir. maritt. 1959, 372, 377.

[12] Cass. Roma 25. 2. 1908, Rep. Foro it. 1908, v. Legge n. 11; Cass. 18. 10.–1. 12. 1930, n. 3455, Settimana Cass. 1931, 46; Cass. 22. 6. 1932, n. 2364, ebendort 1932, 1237; Cass. 19. 12. 1933, Foro it. 1934 I 402, 405; Trib. Firenze 8. 2. 1951, oben N. 11; Trib. Roma 5. 10. 1951, Foro it. 1952 I 386 ff., 390; App. Trieste 31. 5. 1952, oben N. 11; Cass. 30. 3. 1955, n. 934, Foro it. 1955 I 1486 ff., 1489 f.; Trib. Genova 6. 8. 1955, Dir. maritt. 1957, 221 ff., 228 f.; App. Cagliari 8. 11. 1955, Rep. Giust. civ. 1955, v. Leggi, decreti e regolamenti n. 22; Cass. (Vereinigte Senate) 27. 4. 1957, n. 1428, Giust. civ. 1957 I 1728, 1730; App. Roma 7. 6. 1957, Rep. Giust. civ. 1957, v. Leggi, decreti e regolamenti n. 44; Cass. 14. 6. 1957, n. 2261, Giur. it. 1958 I/1, 604, 615; Cass. 11. 11. 1958, n. 3690, oben N. 11.

[13] Cass. 13. 12. 1946, n. 1356, Foro it. 1947 I 8; Cass. 4. 10. 1951, n. 2622, oben N. 11; App. Trieste 31. 5. 1952, oben N. 11; Trib. Trieste 11. 4. 1954, oben N. 11; Trib. Napoli 4. 3. 1955, oben N. 11; Cass. 30. 3. 1955, n. 934, oben N. 12; Trib. Genova 6. 8. 1955, oben N. 12; App. Cagliari 8. 11. 1955, oben N. 12; Cass. 20. 10. 1956, n. 3775, Riv. dir. int. 1957, 415 f.; Cass. 16. 11. 1956, oben N. 11; Cass. (Vereinigte Senate) 27. 4. 1957, n. 1428, oben N. 12; App. Napoli 24. 5. 1957, Rep. Giust. civ. 1957, v. Leggi, decreti e regolamenti n. 45; Trib. Roma 4. 7. 1958, Giur. sicil. 1951, 65, 77; Trib. Minorenni Trieste 9. 12. 1958, oben N. 11;

liche Gleichstellung von Tatsachen und ausländischem Recht aufgegeben und sich der Auffassung der Lehre genähert[14]. Auf die Entwicklung dieser Kontroverse zwischen Rechtsprechung und Lehre soll hier nicht näher eingegangen werden, weil sie – so ist zu hoffen – der Vergangenheit angehören dürfte.

4. Seit dem Jahre 1959 nämlich hat die Corte di cassazione durch einige „grands arrêts" ihre alte Rechtsprechung so gut wie vollkom-

---

Trib. Napoli 9. 2. 1959, Banca e Borsa 1959 II 271, 272; App. Napoli 6. 5. 1961, Dir. giur. 1962, 164, 172; Trib. Udine 23. 6. 1962, Rep. Giust. civ. 1962, v. Leggi, decreti e regolamenti n. 47; Trib. Napoli 6. 3. 1964, Temi nap. 1964 I 233, 236.

[14] Die Annäherung erfolgte hauptsächlich in vier Punkten:

(a) Das ausländische Recht ist revisibel: Die Rechtsprechung begann im Jahre 1931: Cass. 30. 7. 1931, n. 3379, Settimana Cass. 1931, 1517; Cass. 22. 6. 1938, n. 2111, ebendort 1938, 1135; Cass. 12. 8. 1946, n. 1194, Giur. compl. Cass. civ. 22 I (1946) 619 ff. Hinsichtlich zweier Entscheidungen schon aus den Jahren 1904 (Cass. Torino) und 1905 (Cass. Firenze) s. *Cereti,* Il rinvio al diritto straniero – Prova, conoscenza e posizione della legge straniera richiamata: Riv. dir. proc. civ. 1936 II 100 ff., 107.

(b) Das ausländische Recht braucht nicht vorgetragen zu werden und unterliegt – was häufiger als ersteres entschieden worden ist – nur einer „beschränkten" oder „unvollkommenen" Beweislast. Der Richter ist nämlich befugt, jedoch nicht verpflichtet, das ausländische Recht von Amts wegen zu ermitteln: Cass. Torino 18. 5. 1908, Giur. Cass. Tor. 1908, 963, 972; App. Milano 10. 6. 1908, oben N. 11; App. Genova 11. 1. 1916, Rep. Giur. it. 1915–16, v. Procedimento civile n. 50; Trib. Siracusa 20. 5. 1916, Dir. commerciale 1917 II 294 ff.; Cass. (Vereinigte Senate) 1. 7. 1927, n. 2439, oben N. 11; Cass. 14. 4.–23. 5. 1930, n. 1821, Settimana Cass. 1930, 982; Cass. 29. 1. 1936, Riv. dir. proc. civ. 1936 II 101, 103 f.; Cass. 29. 7. 1938, n. 3036, Settimana Cass. 1939, 84; Cass. 28. 6. 1940, n. 2130, oben N. 11; Cass. 31. 7. 1941, n. 2497, Giur. it. 1942 I/1, 73 f.; Cass. 27. 7. 1942, n. 2208, Settimana Cass. 1943, 91; Cass. 30. 4. 1955, n. 1217, Giust. civ. 1955 I 1863 ff., 1866; Cass. 20. 10. 1956, n. 3775, oben N. 13; App. Napoli 24. 5. 1957, oben N. 13; Cass. 11. 3. 1959, n. 688, Rep. Giust. civ. 1959, v. Leggi, decreti e regolamenti n. 42; Trib. Roma 4. 7. 1958, oben N. 13. Ebenso *Chiovenda* (oben N. 7), *Calamandrei* (oben N. 10) und *Cereti* (diese N. unter a) 105 f.; kritisch hierzu *Broggini,* Die Maxime „iura novit curia" und das ausländische Recht: AcP 155 (1956) 469 ff., 478.

(c) Das Recht auf Anwendung ausländischen Rechts kann im Gegensatz zum Recht auf Berücksichtigung von Tatsachen nicht verwirkt werden: Cass. 29. 12. 1937, n. 3419, Settimana Cass. 1938, 158.

(d) Die Ermittlung des ausländischen Rechts unterliegt nicht den häufig Beschränkungen unterworfenen Regeln über den Tatsachenbeweis (vgl. *meinen* Aufsatz „Der italienische Zivilprozeß": RabelsZ 30 [1966] 254, 268 ff.), sondern erfolgt im Wege des Freibeweises, in der Praxis vor allem durch Sachverständigengutachten: Cass. 29. 5. 1929, Giur. it. 1929 I/1, 964 ff.; Cass. 29. 1. 1936, diese N. unter b; Cass. 4. 3. 1942, n. 600, Rep. Giur. it. 1942, v. Procedimento civile n. 16; App. Milano 8. 5. 1953, Mon. trib. 1953, 279; App. Napoli 1. 3. 1957, Temi Nap. 1958 I 30, 36 f.; App. Reggio Calabria 7. 12. 1957, Rep. Giust. civ. 1958, v. Leggi, decreti e regolamenti n. 33; Pretura Roma 31. 1. 1963, n. 394, Temi rom. 1963 I 270 ff. Vgl. zum Freibeweis in dieser Hinsicht *Morelli* 59 f.; *Micheli* (oben N. 1) 9–12; *Durante* 91 ff.

men[15] aufgegeben und sich dadurch im Ergebnis nicht nur der Lehre angeschlossen, die bis dahin durch ihre dogmatisch-deduktiven Denkansätze die Rechtsprechung lediglich methodisch erheblich beeinflußt hatte, sondern – was viel wichtiger ist – auch der modernen internationalen Tendenz, die prozessuale Behandlung des ausländischen Rechts von engen, stark national orientierten Fesseln zu befreien und der des inländischen Rechts gleichzustellen[16].

[15] In einer späteren Entscheidung hat das höchste Gericht – allerdings nur in einem obiter dictum – ausländisches Recht von neuem einer Tatsache ausdrücklich gleichgestellt: Cass. (Vereinigte Senate) 2. 5. 1960, n. 968, Riv. dir. int. 1960, 686 ff., 699. Im gleichen Sinne App. Napoli 6. 5. 1961, oben N. 13; App. Firenze 23. 11. 1961, Giur. toscana 1961, 576, 578 f.; Trib. Udine 23. 6. 1962, oben N. 13; Trib. Napoli 6. 3. 1964, oben N. 13.

[16] Dies gilt sowohl für den osteuropäischen als auch den westlichen Rechtskreis. Vgl. zum osteuropäischen Recht, wo allerdings der Gegensatz in der prozessualen Behandlung von Tat- und Rechtsfragen wegen des auch im Zivilprozeß herrschenden Untersuchungsgrundsatzes eine geringere Rolle spielt: *Lunz*, IPR I (1961) 249 ff.; *Szászy*, Private International Law in the European People's Democracies (Budapest 1964) 148, 152 ff.; *Nestor*, Le principe jura novit curia en cas d'application de la loi étrangère par les tribunaux de la République Socialiste de Roumanie: Rev. Roum. Sci. Soc., Série Sci. Jur. 9 (1965) 293 ff., 304; *Schlesinger*, Die Behandlung des Fremdrechts im amerikanischen Zivilprozeß: RabelsZ 27 (1962) 54, 71 f. N. 33; *Cappelletti*, La testimonianza della parte nel sistema dell'oralità II (1962) 655–729; *ders.*, Interrogatorio de la parte y principios generales en el proceso civil de Alemania Oriental y de la Unión Soviética: Rev. D. J. A. Montevideo 1959, 1 ff. – „Soweit für Tatsachen der Untersuchungsgrundsatz gilt, muß er wie für inländisches so auch für ausländisches Recht gelten": *Kegel* 178. Siehe aber *W. Goldschmidt*, Das ausländische Recht und der Prozeß im zeitgenössischen iberoamerikanischen Rechtsdenken, in: Scritti giuridici in memoria di Piero Calamandrei II (1958) 267, 279.

Zum westlichen Recht vgl. *Smit/Miller*, The International Judicial Assistance in Civil Matters with Special Reference to the Relations Between Italy and the United States (American Report, International Judicial Assistance Conference, Varese, 26.–29. August 1961) (1961) 74; siehe auch *H. Smit*, Introduction, in: International Co-operation in Litigation (oben N. 1) 15. Vgl. auch die eindringliche Kritik der „unfortunate common law tradition on this subject" von *Nussbaum*, Proving the Law of Foreign Countries: Am. J. Comp. L. 3 (1954) 60 ff.; s. auch *Goodrich/Scoles*, Handbook of the Conflict of Laws^4 (1964) 147. – Vgl. hinsichtlich eines weiterreichenden rechtsvergleichenden Panoramas der Entwicklungstendenzen auf diesem Gebiet *Rabel* IV 473 ff.; *Schlesinger* (diese N.) 54 ff., 60 ff., 69 ff.; *ders.*, Comparative Law^2 (1959) 129 f., 142: „Thus we observe that in this respect, as in many others, the traditional difference between our procedure and the practice of our civilian brethren have been significantly reduced in recent years"; *Giuliano*, L'applicazione del diritto straniero da parte del giudice nazionale negli ordinamenti dell'Europa continentale: Riv. dir. proc. 1963, 167, 205.

Für Italien ergibt sich also das Paradoxon, daß eine stark nationalistische Theorie (s. oben N. 6–9) im Ergebnis (s. oben N.10) im Einklang steht mit der liberalen und „internationally-minded" modernen Entwicklungstendenz der großen Rechtsordnungen. – Selbst der sonst sehr international orientierte *Mancini* war im Gegensatz dazu der Meinung, daß ausländisches Recht wie

5. Der erste *grand arrêt* ist die Entscheidung des zweiten Zivilsenats der Corte di cassazione vom 13. April 1959, n. 1089, in der Sache Zaffarano c. Di Monte[17]. Die Corte di appello in Bari hatte ein Testament nach dem Recht von Pennsylvania für formungültig gehalten und dabei ausgeführt, daß „Zaffarano weder das ausländische Recht noch die Übereinstimmung des Testaments mit diesem bewiesen hat, vielmehr aus den vorgelegten Dokumenten hervorgeht, daß die Testamentsurkunde dem [pennsylvanischen] Ortsrecht nicht entspricht." Die Corte di cassazione hob die Entscheidung auf, weil das Tatsachengericht die Gültigkeit eines Testaments irrtümlich von Voraussetzungen abhängig gemacht hatte, die das anwendbare ausländische Recht gar nicht aufstellt. Das höchste Gericht stellt diesen Irrtum auf einigen Seiten seiner Urteilsbegründung richtig und verwertet dabei über die bereits bei den Akten befindlichen Unterlagen hinaus in weitem Umfang seine eigenen Nachforschungen über das Recht von Pennsylvania, und zwar unter Hinweis auf amerikanische Lehrbücher, Gesetzessammlungen und bis ins 18. Jahrhundert zurückreichende Gerichtsentscheidungen. Vorher jedoch entwickelt es seine eigene Auffassung über die prozessuale Behandlung des ausländischen Rechts wie folgt:

a) Die herrschende Rechtsprechung, nach der ausländisches Recht einer Tatsache geichgestellt und damit die sich darauf berufende Partei mit der *Beweislast* beschwert wird, müsse als irrig aufgegeben werden. Das ausländische Recht werde – ohne daß es damit durch die Kollisionsnormen im Sinne eines rinvio recettizio rezipiert werde – „von der italienischen Rechtsordnung als ein Komplex von Vorschriften aufgefaßt", dem „die zur Lösung des Rechtsstreits berufene Norm, also eine – wenn auch einer anderen Rechtsordnung angehörende – *Rechtsnorm*" zu entnehmen ist.

b) „Die Kenntnis dieser [ausländischen] Norm stellt selbstverständlich keinen Teil des amtlichen Wissens des italienischen Richters dar und hat daher – im Unterschied zum nationalen Recht, dessen Kenntnis beim Richter vorausgesetzt wird – mit den im Prozeß vorgetragenen rechtserheblichen Tatsachen das Unsicherheitselement gemeinsam.

eine Tatsache behandelt werden müsse, dessen Beweis der Partei obliegt, die sich darauf beruft. Vgl. hierzu mit weiteren Nachweisen *Venturini* 313 f. Zur Kritik der nationalistischen Theorie in der von *Anzilotti* angeführten italienischen Lehre und zum Einfluß dieser Theorie auf die Lehre vgl. *Cappelletti* 198 ff., 216 ff., 221 f., 230, und *ders.*, Riconoscimento delle sentenze straniere e basi ideologiche della interpretazione giuridica, in: Studi in onore di N. Alcalá-Zamora (im Druck) und in: Annali della Università di Macerata 1966, 39, 42 ff.

[17] Diese hervorragende, vom Senatspräsidenten *Flore* abgefaßte Entscheidung ist veröffentlicht in Riv. dir. int. 1959, 620 ff. = Giur. it. 1960 I/1, 558 ff. (mit zust. Anm. von *Cormio*) = Foro it. 1960 I 1862 f. = Giust. civ. 1960 I 583 ff. Vgl. hierzu auch die Bemerkungen von *Quadri*, Lezioni di diritto internazionale privato[3] (1961) 176; *Micheli* 585 f. und von *Giuliano* (oben N. 11) 23.

Während die Unsicherheit über Tatsachen durch genaue Regeln über die Beweislastverteilung gelöst wird, ist im Gegensatz dazu die Beseitigung der Unsicherheit über den Inhalt des anwendbaren ausländischen Rechts nicht Gegenstand einer wahren und eigentlichen Beweislast, sondern vielmehr Anlaß zu einer Zusammenarbeit der Parteien mit dem Richter“ [18].

c) „Die Wirkungen eines versäumten Tatsachenbeweises und einer unterlassenen entsprechenden Zusammenarbeit bezüglich des ausländischen Rechts können die gleichen sein, weil die Ansprüche oder Einwendungen abgelehnt werden, wenn die ausländischen Rechtsvorschriften ebenso wie die Tatsachen unbeachtet oder ungeklärt bleiben.“

d) Trotz dieser Identität der praktischen Ergebnisse ist jedoch „der Unterschied der Ausgangspositionen offenbar: weil anders als bei Unsicherheit über Tatsachen – es sei denn, es handelt sich um offenkundige Tatsachen, bei denen *von vornherein* keine Unsicherheit besteht – der Richter die versäumte Zusammenarbeit der Parteien hinsichtlich des ausländischen Rechts *durch eigenes Wissen ersetzen* kann. Das bedeutet, daß er dieses Wissen schöpfen *muß* – außer aus seinen direkten Erkenntnissen und Forschungen – aus allen im Prozeß erlangten und von den Parteien beigebrachten Unterlagen, und zwar auch dann, wenn sie für diese Zwecke nicht vorgesehen waren“. Diese Befugnis – oder vielmehr diese Pflicht – gilt auch für die Corte di cassazione.

6. Es dürfte wohl überflüssig sein, die theoretische Bedeutung der angeführten Entscheidung zu betonen, welche die Rezeptionstheorie als Ausgangspunkt ablehnt und sich darüber hinaus bewußt von dogmatischen Prämissen löst, um dennoch zu radikal neuen Lösungen zu kommen, die zum großen Teil den Forderungen der herrschenden italienischen Lehre entsprechen.

Die praktische Bedeutung dieses Grundsatzurteils ergibt sich aus später gefällten Entscheidungen, die alle ausdrücklich auf das Urteil aus dem Jahre 1959 Bezug nehmen. Es handelt sich hierbei um folgende Entscheidungen:

a) Das Urteil des ersten Zivilsenats der Corte di cassazione vom

[18] Die fehlende Zusammenarbeit einer Partei hat zwar keine unmittelbaren Folgen, wie z. B. die Verwirkung einer Strafe oder die Abweisung ihres Begehrens mangels Beweises, mag jedoch ein Indiz dafür sein, daß das der renitenten Partei bekannte oder leicht zugängliche ausländische Recht ihr ungünstig ist. Dies gilt unabhängig davon, ob die Partei, zu deren Lasten diese Schlußfolgerung gezogen wird, hinsichtlich der streitigen Tatsachen irgendwie beweisbelastet ist. Dadurch werden unbillige Ergebnisse in den Fällen vermieden, in denen es für die beweisbelastete Partei außerordentlich kostspielig, für den Gegner aber verhältnismäßig einfach ist, das ausländische Recht zu ermitteln. Zur Kritik der sonst sich ergebenden unbilligen Ergebnisse *Nussbaum* (oben N. 16) 62, und *Lunz* (oben N.16) 246 f., unter Hinweis auf *Walton v. Arabian American Oil Co.*, 233 F. 2d 541 (2d Cir. 1956).

16. Mai 1963, n. 1241, in der Sache Fiore c. Prefetto di Roma[19]: In dieser Entscheidung heißt es wie folgt: „Wie dieses Hohe Kollegium schon einmal die Gelegenheit gehabt hat zu entscheiden (Cass. 13. April 1959, n. 1089), ist zwar die Kenntnis des ausländischen Rechts nicht Teil des amtlichen Wissens des italienischen Richters und hat daher mit den im Prozeß vorgebrachten Tatsachen das Unsicherheitselement gemeinsam, dennoch kann die Beseitigung der Unsicherheit über anwendbares ausländisches Recht den Gegenstand einer Zusammenarbeit zwischen den Parteien und dem Richter bilden, während die Unsicherheit über Tatsachen durch die Normen über die Beweislastverteilung beseitigt wird; auch der Richter kann einer fehlenden Zusammenarbeit der Parteien unmittelbar dadurch begegnen, daß er sich das Wissen selbst aus allen im Prozeß beigebrachten Unterlagen verschafft."

b) Die Entscheidung desselben ersten Zivilsenats vom 29. Januar 1964, n. 237, in der Sache Cereseto c. Scheiber[20]: Auch sie beruft sich ausdrücklich auf die Grundsatzentscheidung aus dem Jahre 1959, gibt sogar einige Sätze aus ihr wörtlich wieder (nämlich genau die von uns oben unter Nr. 5b und d zitierten) und betont ebenfalls ausdrücklich, in Fortführung der Entscheidung aus dem Jahre 1959 die überkommene Auffassung der Rechtsprechung vom ausländischen Recht als einer Tatsache über Bord werfen zu wollen. Dennoch kommt dieser dritten Entscheidung ihrerseits wegen einer wahrhaft wichtigen Neuerung Bedeutung zu. Nicht so sehr, weil sie unter Rückkehr zur landläufigen herrschenden Rechtsprechung[21] sich von der in der Entscheidung aus dem Jahre 1959 enthaltenen These der *Klagabweisung* (siehe oben unter Nr. 5c) löst und statt dessen ausspricht, daß bei Unmöglichkeit der Feststellung des ausländischen Gesetzes der Richter das italienische Gesetz anwenden muß[22], sondern weil in diesem Urteil aus dem Jahre 1964 noch deutlicher als in dem aus dem Jahre 1959 die Befugnis des Richters entschieden als eine *Pflicht* herausgestellt wird. Diese Präzisierung ist insofern von großer Bedeutung[23], als sie nicht als *obiter*

[19] Temi Nap. 1963 I 407 f.

[20] Riv. dir. int. 1964, 644 ff. (mit Anm. *Lamberti Zanardi*) = Foro it. 1964 I 999 ff. (mit Anm. *Del Grosso*) = Giur. it. 1965 I/1, 268 ff. (mit Anm. *Micheli*) = Giust. civ. 1964 I 1009 ff. (mit Anm. *Jaccarino*).

[21] S. oben N. 13.

[22] Das Berufungsgericht hatte nur teilweise ausländisches Recht angewandt, da es die Lücken seiner Ermittlungen durch Anwendung italienischen Rechts gefüllt und damit den Fall – wie das Kassationsurteil sagt – auf Grund einer hybriden Rechtsordnung entschieden hatte, die weder mit dem tschechoslowakischen noch mit dem italienischen Recht identisch sei. In solchen Fällen, so fährt das Urteil fort, sollte der Richter lieber das italienische Recht ganz, als zwei Rechtsordnungen nur fragmentarisch anwenden.

[23] Die wichtige Neuerung dieser Entscheidung wird ausführlich gewürdigt von *Lamberti Zanardi* 646.

dictum im Verlauf der Urteilsbegründung erfolgte, sondern im entscheidenden Schlußteil des Urteils, und zwar in der Formulierung des „Rechtsgrundsatzes", an den der Richter, an den die Sache zurückverwiesen wird (giudice di rinvio), gebunden ist (Art. 384 Abs. 1 C. p. c.)[24]. Das oberste Gericht hat diesen „Rechtsgrundsatz" wörtlich so formuliert: „Der italienische Richter, der nach Art. 25 [der das italienische IPR enthaltenden] Disposizioni sulla legge in generale ein ausländisches Gesetz anzuwenden hat, *muß dieses unmittelbar kennen oder sich davon Kenntnis verschaffen,* indem er zu diesem Zweck auch mit den Parteien des Rechtsstreits zusammenwirkt. Diese Kenntnis muß alle Normen umfassen, die das Streitverhältnis (thema decidendum) betreffen, und – wo dieses nicht möglich ist – wird er das italienische Gesetz im ganzen anwenden müssen." Der Wahrheit sehr nahe scheint uns die – wenn auch vielleicht ein wenig optimistische – Beobachtung eines Kommentators[25] zu kommen, wonach diese Entscheidung „eine vielleicht entscheidende Etappe" darstellt, als „sie die vom Kassationshof in den letzten Jahren schon bewirkte Änderung der Rechtsprechung [nämlich durch die soeben von uns erwähnten Entscheidungen aus den Jahren 1959 und 1963] zu Ende führt und zum erstenmal – wenigstens seit der [im Jahre 1923 erfolgten] Vereinheitlichung des höchsten Gerichts – ausspricht, daß der Richter die *Pflicht* und nicht nur die *Befugnis* hat, sich von dem durch die Normen des Internationalen Privatrechts berufenen ausländischen Recht Kenntnis zu verschaffen".

c) Die Entscheidung des dritten Zivilsenats des Kassationshofes vom 19. Oktober 1965, n. 2129, in der Sache Metro Goldwin Mayer c. Tavazzi[26]: Sie beruft sich auf die Grundsatzentscheidung aus dem Jahre 1959 und die danach ergangenen Urteile: „Wie dieses Gericht in seinen neueren Entscheidungen auszuführen die Gelegenheit gehabt hat (Entscheidung n. 1089/1959, n. 1241/1963, n. 237/1964), kann man eigentlich von keiner Beweislast hinsichtlich ausländischen Rechts sprechen, das der italienische Richter auf Grund der in den Einleitungsvorschriften zum Codice civile enthaltenen Verweisungsnormen anzuwenden hat, da – auch wenn ausgeschlossen werden muß, daß durch die von diesen Vorschriften ausgesprochene Verweisung das ausländische Recht rezipiert wird – das ausländische Recht doch immer ein Komplex von Vorschriften bleibt, die Interessenkonflikte zu lösen haben. Deren Kenntnis stellt zwar keinen Teil des amtlichen Wissens des italienischen Richters dar, hat jedoch mit den im Prozeß vorgebrachten Tatsachen das Unsicherheitselement gemeinsam. Während die Unsicherheit über Tatsachen durch die Normen über die Beweislastverteilung beseitigt wird, kann die Unsicherheit über das anwendbare ausländische Recht außer

[24] Vgl. *Cappelletti* (oben N. 14 d) 283 bei N. 133. [25] *Lamberti Zanardi* 646.
[26] Foro it. 1965 I 1825 ff. = Riv. dir. int. proc. 1966, 365 ff.

durch das Zusammenwirken der Parteien – nämlich indem sie den Richter über die ihm unbekannten ausländischen Gesetze informieren – auch durch das Wissen beseitigt werden, das sich der Richter durch eigene Nachforschungen selbst verschafft." Wie man sieht, finden sich hier die oben unter Nr. 5a und b zitierten Stellen fast unverändert wieder. Das Urteil aus dem Jahre 1965 entfernt sich indessen hinsichtlich des unter 5c Erwähnten von der Entscheidung aus dem Jahre 1959, indem es ebenfalls wie die Entscheidung aus dem Jahre 1964 die Anwendbarkeit der *lex fori* für den Fall vorsieht, daß das maßgebende ausländische Gesetz nicht festgestellt werden kann: „Da er einen Rechtsstreit auf Grund einer ihm unbekannten Norm nicht entscheiden kann und auch eine Entscheidung durch ein *non liquet* nicht ablehnen darf, muß [der Richter] das italienische Gesetz anwenden. Diese Anwendung rechtfertigt sich nicht auf Grund einer vermuteten Übereinstimmung des ausländischen Gesetzes mit dem italienischen Gesetz (...), sondern weil der italienische Gesetzgeber bei seiner Anordnung, daß in einem bestimmten Fall das ausländische Gesetz mit Vorrang vor einem italienischen angewendet werden soll, im Grunde eine Auswahl trifft, die voraussetzt, daß das ausländische Gesetz besteht; und dem Nichtbestehen wird des Richters mangelnde Kenntnis von ihm gleichgestellt." Die Entscheidung n. 2129 unterscheidet sich jedoch noch aus einem anderen Grunde vom Vorbild aus dem Jahre 1964. Sie ist tatsächlich der Auffassung – und widerlegt damit den Optimismus des oben genannten Kommentators –, daß die Befugnis des Richters, sich selbst durch eigene persönliche Forschung das Wissen über das ausländische Recht zu verschaffen, keine eigentliche Pflicht darstellt: „Es handelt sich um eine Tätigkeit des Ermessens, deren Ausübung im Einzelfall von den zufälligen und von Fall zu Fall unterschiedlichen Situationen abhängt und in dieser Instanz nicht nachprüfbar ist."

d) Dieser Optimismus ist jedoch durch eine ganz neue Entscheidung des zweiten Senats vom 16. Februar 1966 in der Sache Finlay c. Comune di Firenze, Bounin et al. bestätigt worden[27].

In der Begründung dieser Entscheidung ist mehr als eine Seite der Erforschung und Auslegung des französischen Erbrechts gewidmet, dessen Verletzung der Kassationskläger gerügt hatte. Die Schlußfolgerung der Corte di cassazione geht dahin, daß die behauptete Gesetzesverletzung nicht vorliegt, „weil die Entscheidung [des Instanzrichters] mit den Prinzipien des französischen Privatrechts übereinstimmt". Aber in erster Linie hat sich die Corte ebenfalls dem Problem der „Nachprüfbarkeit von Rechtsverletzungen ausländischer Normen in der Kassation" gewidmet und dabei folgendes ausgeführt:

---

[27] Giur. it. 1966 I/1, 1403 ff. mit Anm. *Cappelletti.*

aa) Die von einer italienischen Kollisionsnorm berufene ausländische Norm ist „eine im Inland Rechtswirksamkeit entfaltende Norm", da die italienische Verweisungsnorm „rechtserzeugende Kraft besitzt" und deswegen „in die interne Rechtsordnung Normen einfügt, die zwar von dieser Rechtsordnung ihren Rechtscharakter herleiten, aber deren Inhalt auf Grund der berufenen ausländischen Rechtsordnung bestimmt werden muß".

bb) Die „Konsequenz" dieser Prämisse ist, daß „gegenüber ausländischen Normen sich der italienische Richter in derselben Lage befindet wie bezüglich inländischer Normen, und zwar auch in der Behandlung im Prozeß, und daß es deshalb nicht gerechtfertigt ist, (...) die Ermittlung eines ausländischen Gesetzes von der [durch Kassation vorzunehmenden] Nachprüfbarkeit auf Rechtsverletzungen auszuschließen".

cc) Aber das Gericht ist noch weiter gegangen. Es hat aus dieser Prämisse rigoros alle Konsequenzen gezogen, sowohl hinsichtlich der *Pflicht* des Richters, als auch bezüglich der *Mittel*, diese zu erfüllen. Hinsichtlich der Pflicht stellt die Corte in der Tat fest, daß „die Bestimmung und Feststellung der im konkreten Einzelfall anwendbaren Rechtsnormen dem Richter von Amts wegen obliegen und daß er dieser Pflicht, die den Obersatz des Syllogismus des Urteils darstellt, hinsichtlich der ausländischen Norm nicht deswegen enthoben ist, weil deren Kenntnis nicht Teil seines amtlichen Wissens darstellt. Der Grundsatz *iura novit curia* begründet nämlich die richterliche *Pflicht, von Amts wegen* die anwendbare Norm festzustellen".

dd) Was die Mittel angeht, so erfordert das Prinzip *iura novit curia* für die Erfüllung dieser „Pflicht" nach Auffassung des Kassationshofes kein „bestimmtes Verfahren". Deswegen „darf und *muß sich* der Richter zur Erfüllung dieser Pflicht *jedes geeigneten Mittels* bedienen, also selbst Ermittlungen anstellen, die im Prozeß erlangten Unterlagen benutzen und sich auch der Mitwirkung der Parteien bedienen. Letzteres kommt jedoch gegenüber dem Bemühen des Richters nur subsidiär in Frage, weil diese Mitwirkung nicht Ausfluß des aus der *Beweislast* folgenden Bemühens ist, das den Parteien für den Nachweis der im Prozeß behaupteten Tatsachen obliegt (Cass. 13. 4. 1959, n. 1089; Cass. 16. 5. 1963, n. 1241)".

7. Mit dem Urteil aus dem Jahre 1966 hat eine Entwicklung ihr Ende gefunden. Von einem klaren – wenn auch nicht methodologischen (s. oben Nr. 3) – Gegensatz zur Lehre gelangt die Rechtsprechung über eine Reihe gewisser Abschwächungen ihrer Auffassung zu dieser kürzlich erfolgten vollständigen Übernahme der Lehrmeinungen. Sogar die Herrschaft der Auffassung über die Natur des ausländischen Rechts, die wir in der Grundsatzentscheidung aus dem Jahre 1959 hervorgehoben (und gelobt) haben (s. oben Nr. 5a), gerät bereits in Vergessenheit: die

formalistisch-dogmatische Auffassung der seit Jahrzehnten herrschenden Lehre ist in Bausch und Bogen übernommen worden[28]; sie spiegelt sich selbst in jenem, auch in dieser Entscheidung benutzten Syllogismus wider, dem man zwar noch bei angesehenen Schriftstellern begegnen kann[29], der aber von der jüngeren italienischen Lehre mit unverhüllter Mißbilligung betrachtet wird.

Ich möchte aber hier Mißverständnisse vermeiden. Die Methode mag angreifbar sein, weil sie eine dogmatisch-deduktive Anschauung zum Ausdruck bringt, die einer modernen Denkweise nicht mehr entspricht. Die praktischen Ergebnisse bleiben jedoch, wenigstens auf diesem Gebiet[30], gültig. Sie entsprechen einer fundamentalen Forderung der Gegenwart, ausländische rechtliche Wertungen so weit wie möglich als gleichberechtigt mit denen des Inlandes anzuerkennen. Außerdem tragen diese Ergebnisse auch den immer größer werdenden Erleichterungen Rechnung, die – u. a. dank der großen Fortschritte der Rechtsvergleichung – sich dem nationalen Richter bei der Erforschung und der richtigen Interpretation des ausländischen Rechts bieten[31]. Sie überwinden schließlich die ehemals schwankende und uneinheitliche italienische Rechtsprechung, die sich von der strengen und nunmehr unhaltbaren Auffassung vom ausländischen Recht als einer reinen Tatfrage gelöst und die *Befugnis*, aber nicht die *Pflicht* des Richters anerkannt hatte, eigene Forschungen vorzunehmen und sein eigenes persönliches Wissen bei der Feststellung des ausländischen Rechts zu benutzen. Es war ein vielleicht bequemes, aber wenigstens heute nicht mehr zu rechtfertigendes Verfahren, das Schicksal der von den Parteien erworbenen Rechte von der Willkür oder Trägheit des Richters abhängig zu machen[32].

---

[28] Diese späte Übernahme der Theorie der „formellen Rezeption" (s. oben im Text Nr. 2c) nimmt um so mehr wunder, als man diese Theorie als gegen die italienische Verfassung von 1948 verstoßend ansehen könnte (vgl. *Barile*, Diritto internazionale privato, in: Enciclopedia del diritto XII [1964] 1035, 1061 f.), welche die Gesetzgebungsorgane und das Gesetzgebungsverfahren für den normalen Gesetzgeber bindend festgelegt.

[29] Vgl. *Morelli* 53–74 über die prozessuale Behandlung ausländischen Rechts in seinem meisterhaften Handbuch.

[30] Das gleiche kann man nicht von den Ergebnissen sagen, die auf Grund ähnlicher methodischer Grundsätze z. B. beim Problem der Anerkennung ausländischer Urteile erzielt werden. Siehe hierzu *meine* Kritik: Riv. dir. proc. 1965, 192 ff.

[31] Vgl. *R. David*, Traité élémentaire de droit civil comparé (1950) 54, und schon *Pacchioni* 143.

[32] *Durante* 78 f.: „So kann es also bei einem auf ausländisches Recht gestützten Recht passieren, daß in dem Fall, in dem der zuständige Richter das ausländische Recht kennt, eine Partei ihr Recht zugesprochen erhält, während eine andere im Gegensatz zum ersten Fall nur deshalb unterliegt, weil der Richter

IV. Lex Fori gegen Klagabweisung?

8. Mit der Feststellung, daß ausländisches Recht grundsätzlich dem inländischen gleichgestellt wird, und zwar sowohl hinsichtlich der Amtsermittlung als auch bezüglich der Revisibilität, ist das gestellte Thema noch nicht erschöpft. Es muß vielmehr noch die Möglichkeit bedacht werden, daß der italienische Richter trotz der Unbegrenztheit der ihm zu Gebote stehenden Forschungsmittel[33] dennoch die maßgebliche ausländische Norm nicht zu ermitteln vermag. Angesichts der Ermittlungspflicht des Richters und der Fülle ihm zur Verfügung stehender Erkenntnisquellen handelt es sich hierbei zwar um eine im heutigen italienischen Recht selten auftretende Möglichkeit[34], jedoch muß mit ihrer Verwirklichung gerechnet werden. Da das italienische Recht – abweichend von einigen anderen Ländern[35] – diese Situation nicht ausdrücklich regelt[36], ist ihre Lösung äußerst unsicher.

Es werden im Grunde zwei (wenn auch verschieden begründete) entgegengesetzte Lösungen vertreten: die der Anwendung der *lex fori* und die der *Abweisung* der auf ausländischem, aber nicht feststellbarem Recht beruhenden Klage. Die erste Lösung ist – abgesehen von seltenen Ausnahmen[37] – die der herrschenden Rechtsprechung der Corte di cassazione und der anderen Gerichte. Die zweite wird von *Anzilotti* bis *Morelli*, von *Liebman* bis *Micheli* und vielen anderen vertreten und überwiegt in der Lehre[38].

---

das anwendbare ausländische Recht nicht kennt und, da es die Partei nicht hinreichend beweisen kann, auch nicht für notwendig hält, es von Amts wegen zu erforschen."

[33] Siehe vor allem N. 14 (d) und den dazugehörigen Text.

[34] Dasselbe gilt auch für das deutsche Recht, vgl. *Dölle*, Über die Anwendung fremden Rechts: GRUR 1957, 56, 59 f.

[35] Vgl. *Maury* 401 f.

[36] Lediglich für den Fall, daß das ausländische Recht gegen den ordre public verstößt, scheint Art. 31 Disposizioni sulla legge in generale die Anwendung der lex fori vorzusehen. Vgl. *Morelli* (oben N. 2) 81.

[37] Vor allem sei an die oben unter 5 c wiedergegebene Feststellung des Kassationsurteils n. 1089 aus dem Jahre 1959 erinnert. Die Klagabweisungstheorie findet sich noch in Cass. 30. 4. 1955, n. 1217, oben N. 14 (b).

[38] Vgl. *Anzilotti*, Prova di leggi estere – Presunta conformità con la „lex fori": Riv. dir. int. 1907 (als Anm. zu App. Venezia 31. 7. 1906) = Opere IV (1963): Studi di diritto processuale internazionale e di filosofia del diritto 87, 91 ff.; *Morelli* 61 ff.; *Liebman* (oben N. 10) 79; *Micheli* 587 ff.; *Monaco* (oben N. 10) 114; *Venturini* 316 f.; *Del Grosso* (oben N. 1) 1001. Im entgegengesetzten Sinne *Satta* (oben N. 10) 382, und *Pau*, L'attuazione processuale delle norme italiane di diritto internazionale privato nel loro riferimento alle leggi straniere, in: Scritti di diritto internazionale in onore di Tomaso Perassi II (1957) 185 ff., 204 f., welche die Anwendung der lex fori verfechten. Anders auch *Durante* 97 f.

9. Dieser Gegensatz zwischen der Rechtsprechung und der Lehre kann auf den ersten Blick ziemlich sonderbar erscheinen. Da die Rechtsprechung bis in die jüngste Zeit dahin tendierte, im ausländischen Recht eine *res facti*[39] zu sehen, wäre die einfachste Lösung selbstverständlich die der Klagabweisung gewesen: *actore non probante reus absolvitur* (und, hinsichtlich einer prozessualen Einrede: *reus in excipiendo actor fit*). Wie bereits erwähnt, stellt die Lösung der Rechtsprechung, die *lex fori* anzuwenden, in der Tat auch eine Trennung der Rechtsprechung von ihrer strengen anfänglichen dogmatischen Prämisse der Faktizität ausländischen Rechts dar[40].

Da die Lehre im ausländischen Recht in Wirklichkeit nichts anderes sieht als nationales (nationalisiertes) Recht[41], begründet sie ihre These der Klagabweisung selbstverständlich nicht mit dem Grundsatz „actore non probante", sondern vielmehr damit, daß bei fehlender Feststellung der anwendbaren Norm die Klage oder die Einwendung ohne die notwendige Rechtsgrundlage bleibt[42].

10. Beide Thesen sind in ihrer Vereinfachung des Problems unangemessen.

a) Sie sind vor allem unhaltbar wegen ihrer praktischen Ergebnisse. Die schweren, ganz offensichtlichen Ungerechtigkeiten, zu denen die These der Abweisung gelangt, werden überall hervorgehoben[43]. Es ist

---

[39] Oben N. 11 und den dazugehörigen Text.

[40] Oben N. 13 und den dazugehörigen Text.

[41] Oben Nr. 2b und c des Textes.

[42] Vgl. *Anzilotti* (oben N. 38) 92–94; *Morelli* 63; *Micheli*, Brevi considerazioni sulla prova della norma straniera: Giur. it. 1965 I/1, 269, 271 ff. *Durante* 97 f. folgt der formellen Rezeptionstheorie, wonach ausländisches Recht in Wirklichkeit immer nationalisiertes Inlandsrecht darstellt, und hat daraus herzuleiten versucht, daß der Richter bei unmöglicher Ermittlung der ausländischen Norm eine Lücke vorfindet, die er nach den italienischen hermeneutischen Regeln zu schließen hat. Auf diese Weise kehrt er zur Anwendung der lex fori zurück, die als das der nicht ermittelten ausländischen Norm entsprechende Recht angesehen wird. Diese These hat keine Anhänger gefunden. Gegen sie ist leicht einzuwenden, daß die hermeneutischen Prinzipien immer der berufenen Rechtsordnung angehören müssen. Vgl. hierzu den folgenden Text unter Nr. 10 a. E.; vgl. z. B. auch *Kegel* 180; *Niederer*, Einführung in die allgemeinen Lehren des IPR[3] (1961) 342–344; *Sentís Melendo*, El Juez y el Derecho (Iura Novit Curia) (1957) 193; *Lamberti Zanardi* 657 f.; die entgegengesetzte These von *Pacchioni* 144 ist mit Recht allein geblieben.

[43] Vgl. insbes. *Nussbaum* (oben N. 16) 60, 62 ff.; auch *De Nova*, La prova del diritto straniero in diritto americano: Dir. int. 1962, 299, 309 f.; *Schlesinger*, Die Behandlung (oben N. 16) 57; *Dölle* (oben N. 34) 59 f.; *Riezler* 497; *Broggini*, Conoscenza e interpretazione del diritto straniero: SchwJbIntR 11 (1954) 105, 164; *Lunz* (oben N. 16) 246 f.; *Nestor* (oben N. 16) 293, 305. Es ist durchaus verständlich, daß angesehene Autoren wie *A. Ehrenzweig* und *B. Currie* – auch um den oben im Text aufgezeigten schwerwiegenden Konsequenzen zu ent-

richtig, daß derartige Ungerechtigkeiten in einer Rechtsordnung sicherlich seltener sein werden, die wie das italienische System und einige andere kontinentaleuropäische Rechtsordnungen weite und dehnbare – auch von Amts wegen zu gebrauchende – Möglichkeiten zur Erforschung des ausländischen Rechts zuläßt. Deshalb sind sie aber nicht weniger schwerwiegend. Die These der Abweisung würde vielleicht aus praktischen Gründen haltbar sein, wenn man – was die ursprünglich von *Anzilotti* vertretene Lösung gewesen zu sein scheint[44] – eine Abweisung „allo stato degli atti" („without prejudice") oder eine bloße *absolutio ab instantia* mit dem Ausspruch zuließe, daß daraus zwischen den Parteien keine endgültige, unabänderliche *Rechtskraft* geschaffen werde. Aber diese Lösung ist – wenigstens nach italienischem Recht – nicht zu begründen[45]. Die einmal rechtskräftig gewordene Klagabweisung *facit de albo nigrum et de quadrato rotundum,* wie die alten Doktoren sagten. Damit hat die Partei, die nach ausländischem Recht einen Anspruch hatte, ihn endgültig verloren, und zwar hat sie ihn verloren, wie *Morelli* zugibt[46], auf Grund eines *Irrtums* des Richters, der die Macht und die *Pflicht* hatte, diese Norm zu ermitteln!

Aber auch die Anwendung der *lex fori* kann zu ungerechten Ergebnissen führen[47]. Es wird sich wahrscheinlich nicht um grobe Ungerechtigkeiten handeln[48], wenn es wahr ist, daß wenigstens hinsichtlich ihres Gerechtigkeitsgehaltes (wenn auch nicht bezüglich ihrer technischen Ausgestaltung) die von den modernen Rechtssystemen angebotenen verschiedenen Lösungen als gleichwertig angesehen werden können. Trotzdem ist auch diese Lösung unangemessen, weil es ungerecht ist, daß jemandem ein Recht, das er nach der Rechtsordnung mit der größeren Beziehung zum Fall erworben hat, auf Grund einer Norm einer anderen Rechtsordnung abgesprochen wird, selbst wenn beide Lösungen in metajuristischem und billigkeitsrechtlichem Sinn in gleicher Weise vertretbar sind.

b) Aber beide Lösungen sind auch theoretisch völlig unannehmbar.

---

gehen – sich für den Vorrang der lex fori entschieden einsetzen und „in dubio pro lege fori" entscheiden. Vgl. noch *De Nova* aaO 310f.

[44] *Anzilotti* (oben N. 38) 93; im selben Sinne auch *Redenti,* Diritto processuale civile[2] II (Neudruck 1957) 30, und vielleicht auch *Quadri* (oben N. 10) 9.

[45] Dasselbe gilt nach *Riezler* 106 für das deutsche Recht.

[46] *Morelli* 64; vgl. auch *Micheli* 603.

[47] Vgl. *Quadri* (oben N. 10) 10 („en appliquant la *lex fori,* on porte atteinte aux intérêts légitimes des parties, on fait violence à la nature des rapports telle qu'elle résulte des circonstances de rattachement, on consacre des injustices"); *C. David,* La loi étrangère devant le juge du fond (1965) 95. Vgl. auch *Rabel,* On Institutes for Comparative Law: Col. L. Rev. 47 (1947) 227, 234.

[48] Vgl. *Batiffol* (oben N. 6) 392: „une solution plus pratique et équitable que le rejet de la demande"; *Riezler* 498: „dieser Ausweg [ist] das kleinere Übel gegenüber einer Justizverweigerung".

aa) Das gilt zunächst für die Lösung des Problems mit Hilfe der *lex fori*. Sowohl in Italien[49] als auch besonders in England[50] und, beschränkt auf die common law-Rechtsordnungen, in Amerika[51] spricht man noch heute von einer vermuteten Übereinstimmung des inländischen Rechts mit dem ausländischen. In Wirklichkeit handelt es sich dabei um die indirekte Bestätigung der alten These, daß das ausländische Recht eine *res facti* ist und als solche von der beweisbelasteten Partei zu beweisen ist. Der einzige Vorteil ist der, daß man mit dieser altertümlichen *praesumptio iuris tantum* wenigstens die Nichtanwendung der Regel „actore non probante" rechtfertigen und damit der ungerechten Lösung der Klagabweisung entgehen kann. Jedoch wie bei allen *praesumptiones iuris* (seien sie absolut oder relativ) handelt es sich bei dieser Vermutung um ein typisches Beispiel einer scholastischen und formalen Logik, die Rechtsproblemen mit abstrakten, deduktiven und beschränkenden Kriterien begegnet statt mit den modernen wissenschaftlichen Methoden der induktiven, konkreten und experimentellen Wahrheitssuche im Sinne von „trial and error".

Wie früher spricht man auch heute noch, besonders in Frankreich, von einer – allgemeinen oder wenigstens subsidiären – „Berufung" *(vocation)* des inländischen Rechts. Es handelt sich um eine bildhafte Konstruktion, die eher eines religiösen Rechtssystems als einer modernen weltlichen und relativen Rechtsordnung würdig ist[52]. Ihr Erfolg scheint mehr auf dem einfachen Appell an den Nationalstolz oder an die Trägheit des Richters zu beruhen als auf einem theoretischen Fundament. Weniger bilderreich, aber nach italienischem positiven Recht deshalb nicht weniger unbegründet ist im übrigen die auch in Italien oft vertretene These, daß die Konfliktsnormen Spezialnormen seien und deshalb bei ihrer erfolglosen Anwendung die lex fori als Generalnorm eingreife.

bb) Auch die Theorie der *Klagabweisung* ist theoretisch nicht vertretbar. Es trifft einfach nicht zu, daß bei Fehlen einer bestimmten, von den Regeln des Internationalen Privatrechts berufenen ausländischen Norm oder, wenn deren Ermittlung nicht möglich ist, der Anspruch oder die Einwendung ohne rechtliche Grundlage bleibt. Jede Rechtsordnung enthält stillschweigend oder ausdrücklich ihre eigenen juristischen Ausle-

---

[49] Viele der oben in N. 13 zitierten Entscheidungen beruhen ausdrücklich auf der Behauptung, daß die Übereinstimmung des italienischen Rechts mit dem ausländischen Recht vermutet wird.

[50] *Graveson*, The Conflict of Laws[4] (1960) 398 f.; *Schmitthoff*, The English Conflict of Laws[3] (1954) 416.

[51] American Law Institute, Restatement of the Law of Conflict of Laws (1934) §§ 622 f.; *Rabel* IV 494; *Leflar*, The Law of Conflict of Laws (1959) 126.

[52] *Rabel* IV 495 f. spricht von „nostalgic reminiscences of comity ideas and territorialism".

gungsgrundsätze, mit deren Hilfe das besagte Lückenproblem gelöst werden kann. Der Fall der fehlenden Norm wird selbstverständlich dem einer nicht ermittelten Norm gleichgestellt. Wir bewegen uns immer, dies muß hier betont werden, in einer Welt der Menschen und nicht der Götter, und in dieser Welt gibt es keine absolute, sondern immer nur eine relative Wirklichkeit, nämlich diejenige, die erkannt werden kann. Übrigens ist die Verweisung auf ausländisches Recht keine Verweisung auf einen bestimmten eindeutigen Wortlaut, sondern vielmehr auf eine Rechtsordnung, deren integrierender Bestandteil die endgültig anzuwendende Norm darstellt[53]. Wenn es eine einschlägige Norm nicht gibt oder sie sich nicht finden läßt, wird der inländische Richter auf die Lösung zurückgreifen, die für einen solchen Fall die berufene Rechtsordnung anbietet[54]. Es kann vorkommen, daß man manchmal auch auf diesem Wege zur Klagabweisung kommt. Diese erreicht man jedoch nicht notwendig durch abstrakte Logik, sondern allein deswegen, weil im konkreten Fall die von der berufenen Rechtsordnung angeordnete Lösung gerade die der Klagabweisung ist.

V. Die rechtsvergleichende Lösung

11. Natürlich ist damit das Problem nicht vollständig gelöst. Es ist einfach nur verschoben worden und wird wieder auftauchen, wenn sich nicht nur die Feststellung der berufenen spezifischen ausländischen Norm oder der Auslegungskriterien der berufenen Rechtsordnung als unmöglich erweist, sondern auch die Kenntnisse allgemeiner Rechtsprinzipien der berufenen positiven Rechtsordnung nicht ausreichen, eine mit dieser im Einklang stehende Lösung zu finden. Muß also das Dilemma – *lex fori* oder *Klagabweisung* – noch einmal auftauchen?

Ich glaube nicht. Die m. E. richtige Lösung, die man *rechtsvergleichende Lösung* oder auch bescheidener *Lösung der größeren Wahrscheinlichkeit* nennen könnte, geht von der schon getroffenen Feststellung aus, daß die Wahrheit der Menschen und insbesondere die des Richters stets nur eine bloße Wahrscheinlichkeit ist[55] und daß die Ent-

---

[53] So zuletzt *Venturini* 318; BGH 13. 7. 1959, NJW 1959, 1873 = IPRspr. 1958–1959 Nr. 3; *Neuhaus,* Die Grundbegriffe des internationalen Privatrechts (1962) 228 f.; *Kegel* 180 f.; *Maury* 401; *Riezler* 494; *De Nova,* La jurisprudence italienne en matière de conflits de lois de 1935 à 1949: Rev. crit. 1950, 159, 177.

[54] Für alle *Maury* 401; *Riezler* 494; zuletzt deutlich *Lamberti Zanardi* 657 und Fußnote 47, der jedoch irrtümlich (vgl. den folgenden Text unter Nr. 11) glaubt, hierdurch das Problem der Nichtermittlung des ausländischen Rechts vollständig gelöst zu haben. Vgl. auch oben N. 42.

[55] Vgl. für alle *Wach,* Vorträge über die Reichs-Civilprocessordnung² (1896) 226 Fußnote; *Calamandrei,* Verità e verosimiglianza nel processo civile, in: Studi sul processo civile VI (1957) 111 ff.

scheidungen des Richters auch immer etwas von einem „Sprung ins Ungewisse" haben, also etwas von einem Element, das mehr oder weniger bestimmt ist durch rechtsschöpferische Tätigkeit und daher durch eigene Verantwortung[56].

Es mag dem Richter nicht gelingen, eine einschlägige Norm zu finden; es mag ihm auch nicht glücken sich vorzustellen, wie sein ausländischer Kollege im Falle einer Lücke bei der gegebenen Sachlage im Bereich der berufenen Rechtsordnung vorgehen würde. Aber ihm wird es immer gelingen, diese Rechtsordnung wenigstens in ein weites rechtsvergleichendes Schema einzufügen und von dort aus sich ein, wenn auch nur vages, Bild zu machen vom sozialen, kulturellen und wirtschaftlichen Niveau der unter ihr lebenden Gesellschaft, von den Grundstrukturen dieser Rechtsordnung, von den Einflüssen, welche diese Rechtsordnung ausgeübt oder aufgenommen hat, und deren Zugehörigkeit zu einer der bestehenden großen Rechts- und Kulturfamilien. Die von ihm gefundene Lösung soll also auf einem solchen Wissen beruhen, wenn dies gerade alles sein sollte, was über das berufene Recht zu ermitteln ihm gelang[57]. Dies wird sicherlich eine teilweise *schöpferische* Lösung sein, aber keine willkürliche Lösung. Willkürlich wäre sie nur in dem Fall, daß der Richter sie wissentlich auf *persönliche* oder der Rechtsordnung des *Forum* eigentümliche Kriterien und Werturteile gründen würde. In diesem Fall wäre die Wahrscheinlichkeit, daß die Lösung des Richters mit derjenigen der berufenen Rechtsordnung übereinstimmt, in der Tat nur vom Zufall abhängig; im ersten Fall besteht wenigstens *ein Minimum der „größeren Wahrscheinlichkeit"*[58].

---

[56] Dieses Element tritt besonders deutlich zutage in der Verfassungsgerichtsbarkeit, wo die Richter die von einer bestimmten Verfassung anerkannten und häufig in vagen Normen (z. B. due process of law) ausgedrückten obersten, aber immer relativen ethischen, kulturellen, sozialen und wirtschaftspolitischen Werte zu konkretisieren haben. Vgl. *Zweigert,* Zum richterlichen Charisma in einer ethisierten Rechtsordnung: Festgabe für Carlo Schmid (1962) 299, 303 ff., und *meine* Studie L'attività e i poteri del giudice costituzionale, in: Scritti giuridici in memoria di Piero Calamandrei III (1958) 83, 112 ff., 124 ff.

[57] So sind auch die Autoren der kürzlich von der Société Jean Bodin unter dem Titel „La preuve" herausgegebenen Bände vorgegangen. Da sie keine direkte Kenntnis vom Beweisrecht aller primitiven Völker der verschiedenen Kontinente haben konnten, haben sie dasjenige einiger primitiver afrikanischer Stämme erforscht und mit guten Gründen angenommen, daß die charakteristischen Grundregeln und die Hauptentwicklungstendenzen des Rechts anderer Stämme ähnlich sein dürften. *Levy-Bruhl,* La preuve judiciaire chez les „primitifs": Recueils de la Société J. Bodin 18 (La preuve III, 1963) 5 ff.

[58] Auf diese Weise wird die von *Broggini* (oben N. 43) 163 ff. vorgeschlagene und von *Dölle,* Bemerkungen zu § 293 ZPO, in: Festschrift Nikisch (1958) 185, 192, nicht zu Unrecht kritisierte Lösung vollständig auf den Kopf gestellt. Nach unserer Lösung wird nämlich der Richter des Forum sich vorzustellen versuchen, wie der *ausländische* Gesetzgeber in der von kulturellen, sozialen und

12. Ich verkenne nicht die Risiken und die Schwierigkeiten der vorgeschlagenen Lösung, die schließlich dem großen Impuls Rechnung trägt, den in fortgeschritteneren Ländern rechtsvergleichende Studien bewirken, und sich zum Teil den Lösungen nähert, die schon von einigen ausländischen Autoren vorgeschlagen worden sind[59].

Besagte Lösung scheint sich jedenfalls, wenn ich mich nicht täusche, wegen ihrer Flexibilität zu empfehlen[60]; denn ohne sich der Willkür des Richters anheimzustellen, scheint sie die Vorteile der verschiedenen, bis jetzt vorgeschlagenen Lösungen zu vereinen und deren Nachteile zu vermeiden. Von Fall zu Fall wird der Richter auf ihrer Grundlage einen Anspruch oder eine Einwendung zurückweisen können, weil ihm das geltend gemachte Recht nach dem Gesetz der berufenen Rechtsordnung als unbegründet erscheint. Er wird die Rechtsnorm des Forum anwenden können, wenn er nicht etwa auf Grund einer abstrakten a priori bindenden *Rechtsvermutung,* sondern auf Grund konkreter, induktiv kontrollierter Argumente annehmen darf, daß sie mit dem berufenen Recht übereinstimmt, z. B. weil es sich um eine Norm handelt, die dem vorliegenden Rechtsordnungstyp gemein ist oder einen allgemeinen Rechtsgrundsatz darstellt[61], oder weil es sich im konkreten Fall um ein Gebiet handelt, auf dem das Recht des Forum das Recht der

---

anderen Umständen bestimmten Situation des ausländischen Staates gehandelt hätte, und nicht die Norm substituieren, die er selbst als Gesetzgeber aufstellen würde, mag man auch übertreibend von „judge made law" sprechen. Hierbei handelt es sich jedoch um eine Rechtsquelle, die ihre Ergebnisse auf objektive und nicht auf willkürliche Kriterien zu gründen versucht. Man könnte sogar fragen, ob es sich hier um einen – nicht vereinzelten – Fall handelt, in dem sich die Methode der Rechtsvergleichung in ein normatives vergleichendes Recht verwandelt, oder vielmehr um eine Rechtsanalogie, die – auf internationaler Ebene angewandt – notwendigerweise eine übernationale und rechtsvergleichende Färbung annimmt.

[59] Vgl. vor allem *Wolff,* Das IPR Deutschlands[3] (1954) 88; *Kegel* 182 f.; *Stein/Jonas/Schönke,* Kommentar zur Zivilprozeßordnung[18] (1953) § 293 Anm. IV 2 (dort unter Note 21 b weitere Nachweise). *Raape,* IPR[5] (1961) 123, nimmt an, daß der Richter zur lex fori als letzter Hilfe Zuflucht nehmen kann. Ebenso *Dölle* (oben N. 58) 191 f., und De l'application du droit étranger par le juge interne: Rev. crit. 1955, 233, 241–243. Beide Autoren geben jedoch an, daß der Richter, bevor er zu dieser Lösung Zuflucht nimmt, nach Möglichkeit das dem anwendbaren Recht ähnlichste Recht anwenden muß, d. h. das Recht, das vermutlich zu einem Ergebnis führt, das dem der berufenen Rechtsordnung am meisten entsprechen dürfte.

[60] Vgl. hierzu die weise Bemerkung *Rabels* IV 493: „expediency has suggested experimental rather than methodical rulings"; jetzt auch *C. David* (oben N. 47) 96 f., 138 f.

[61] Sehr interessant ist die Anwendung dieses Begriffs in den USA, vgl. *Rabel* IV 496 f.; *Goodrich/Scoles* (oben N. 16) 148 f. Fußnote 40; *Schlesinger,* Die Behandlung (oben N. 16) 54, 67 f.; *De Nova* (oben N. 43) 310; *C. David* (oben N. 47) 110.

berufenen Rechtsordnung historisch beeinflußt oder diese auf jenes Einfluß ausgeübt hat. Er wird schließlich auf die von der der berufenen Rechtsordnung „am nächsten stehenden Rechtsordnung" vertretene Lösung immer dann zurückgreifen können, wenn er im konkreten Fall annehmen darf, daß die ihm zur Entscheidung vorliegende konkrete Materie in dieser Rechtsordnung in der gleichen Weise behandelt wird wie in der berufenen Rechtsordnung. In jedem Fall wird der Richter auf diese Weise in den Grenzen des menschlich Möglichen, und sei es auch mit dem Risiko zahlreicher Irrtümer[62], sowohl der nationalen Verweisungsnorm als auch dem berufenen ausländischen Recht seinen ihnen schuldigen Respekt zollen.

Zum Abschluß sei bemerkt, daß die hier vorgeschlagene *rechtsvergleichende Lösung*, wenn auch nicht mit einer bestimmten, diesem Problem gewidmeten Abhandlung des Meisters[63], zu dessen Ehre dieses *Kolloquium* stattfindet, so doch wenigstens mit jenem von starken rechtsvergleichenden Grundlagen genährten universalistischen Geist übereinzustimmen scheint, mit dem *Ernst Rabel* und seine Schule den Rechtsproblemen im allgemeinen und dem Kollisionsrecht im besonderen begegnet sind[64].

---

[62] Die Anhänger der lex fori-Theorie pflegen dem entgegenzuhalten, daß die Irrtümer, denen die nationalen Gerichte, insbesondere die höchsten Gerichte, bei der Anwendung ausländischen Rechts unterliegen, ihrem Ansehen schaden. Hierzu zutreffend *Neuhaus* (oben N. 53) 226, 272.

[63] *Rabel* IV 492–500.

[64] Ich beschränke meine Hinweise auf *Zweigert*, Die dritte Schule im IPR, in: Festschrift Raape (1948) 35 ff.; s. auch *Neuhaus* (oben N. 53) 36, 64, 79, 285; *Makarov*, IPR und Rechtsvergleichung (1949) 34 ff.; außerdem *Rheinstein*, Ernst Rabels vergleichende Studie des IPR: RabelsZ 29 (1965) 475, und *Cappelletti* 218 f., 229.

SPANIEN, PORTUGAL UND LATEINAMERIKA

Referendar Jürgen Samtleben, Assistent am Institut, Hamburg*

I. Spanien

1. Einleitung

Die Stellung des ausländischen Rechts im Prozeß ist in Spanien gesetzlich nicht geregelt. Die spanische Rechtsprechung behandelt es wie eine Tatsache. Die feststehende Rechtsprechung des Tribunal Supremo, des spanischen Obersten Gerichts, läßt sich wie folgt zusammenfassen[1]: Ausländisches Recht ist eine Tatsache. Es muß von den Parteien behauptet und bewiesen werden; andernfalls hat der Richter spanisches Recht anzuwenden. Im Revisionsverfahren vor dem Tribunal Supremo kann die Anwendung ausländischen Rechts nicht mehr überprüft werden.

Die Ansätze zu dieser Judikatur finden sich bereits in einer Entscheidung aus dem Jahre 1864[2]: Es handelte sich um Erbgüter, die in einem ehemals zu Portugal gehörenden Gebiet lagen. Die Vorgeschichte des Prozesses reichte bis ins frühe 17. Jahrhundert zurück, als Portugal und Spanien in Personalunion standen. Die Revision stützte sich auf eine Königliche Verordnung Philipps II. von Spanien aus dem Jahre 1595, wonach damals in Portugal die portugiesischen Gesetze anzuwenden waren, und auf die Verletzung des portugiesischen Rechts. Der Tribunal Supremo wies jedoch diese Argumentation zurück. Die Verletzung der Königlichen Verordnung könne nicht gerügt werden, da

* Abgekürzt werden zitiert: *Aguilar Navarro*, Lecciones de Derecho Internacional Privado, 2. Aufl., Vol. I Tom. II (1964); *Garde Castillo*, Los problemas del recurso de casación en Derecho Internacional Privado (1951) = Rev. Esp. Der. Int. 4 (1951) 409–467, 861–951; *W. Goldschmidt*, Sistema y filosofía del Derecho Internacional Privado, 2. Aufl., Tom. I (1952), Tom. III (1954); *Sentís Melendo*, El juez y el derecho (1957); *Verplaetse*, Derecho Internacional Privado (1954); *Yanguas Messía*, Derecho Internacional Privado, 2. Aufl., Parte General (1958).

[1] *Carillo Salcedo*, Alegación del derecho extranjero por las partes, o aplicación de oficio, por el juez espanol, de la norma de conflicto española?: Rev. Esp. Der. Int. 14 (1961) 585, 597; *Pecourt García*, Anm. zu Trib. Sup. 1. 7. 1963: Rev. Der. Esp. Am. 10 (1965) Nr. 7 S. 239, 242 f.

[2] Trib. Sup. 21. 6. 1864, Col. Leg. Esp. 1864 I 643, 656 f.

der Rechtsstreit nach bestimmten und konkreten bürgerlichen Gesetzen zu entscheiden sei. Die Verletzung ausländischer Gesetze berühre weder die Integrität des einheimischen Rechts noch die Einheit der nationalen Rechtsprechung – wenn es auch zulässig sei, daß diese Gesetze vor spanischen Gerichten als Beweismittel angeführt würden. Im übrigen sei die portugiesische Gesetzgebung in casu offenbar nicht verletzt.

Diese Begründung enthält in nuce die Grundlagen der späteren Rechtsprechung. Sie unterstellt in einem obiter dictum das ausländische Recht dem Beweisverfahren. Auch sonst hat der Tribunal Supremo zu diesem Problem fast ausschließlich im Zusammenhang mit der Prüfung der Revisibilität Stellung genommen[3]. Bemerkenswert ist, daß der Tribunal Supremo noch nicht den Tatsachencharakter des ausländischen Rechts als Begründung heranzieht, sondern allein auf den Zweck des Revisionsverfahrens abstellt. Dabei verwirft der Tribunal Supremo ausdrücklich die Möglichkeit, die Verletzung der Norm geltend zu machen, die die Anwendung des ausländischen Rechts gebietet[4]. Auch in späteren Urteilen ist der Tribunal Supremo in dieser Hinsicht stets zurückhaltend gewesen, wenn die Verletzung des spanischen Internationalen Privatrechts gerügt wurde.

Das Fehlen fester Grundsätze zeigt sich in dem genannten Urteil daran, daß der Tribunal Supremo schließlich doch die Vorschriften des portugiesischen Rechts erörtert. Bald darauf, noch im 19. Jahrhundert, bildete sich jedoch eine feste Rechtsprechung heraus, die sich – wohl unter französischem Einfluß – zunehmend auf den Tatsachencharakter des ausländischen Rechts berief. Diese Entwicklung bildet die Grundlage auch der neueren Rechtsprechung des Tribunal Supremo[5].

2. *Ausländisches Recht in der Tatsacheninstanz*

a) Verhandlungsgrundsatz

Während die Lehre sich überwiegend für die Anwendung des ausländischen Rechts ex officio (Untersuchungsgrundsatz) ausspricht[6], folgt die spanische Rechtsprechung dem Verhandlungsgrundsatz: Die Par-

---

[3] *Goldschmidt* III 281.

[4] Dabei kann dahinstehen, ob es sich bei der Königlichen Verordnung von 1595 überhaupt um eine Norm des spanischen Internationalen Privatrechts (und nicht vielmehr um eine Norm des portugiesischen Verfassungsrechts) handelte. Der Tribunal Supremo hat jedenfalls diese Frage gar nicht erst geprüft.

[5] Vgl. Trib. Sup. 29. 9. 1956, Aranzadi Jur. 23 (1956) Nr. 3168; 16. 12. 1960, Aranzadi Jur. 27 (1960) Nr. 4097; 29. 9. 1961, Aranzadi Jur. 28 (1961) Nr. 3271; 30. 6. 1962, Aranzadi Jur. 29 (1962) Nr. 3322; 1. 7. 1963 (oben N. 1).

[6] Vgl. bei *Aguilar Navarro* 214; auch die ebd. 213 und bei *Verplaetse* 359 zitierten Gesetzesentwürfe folgen dieser Tendenz.

teien müssen sich auf das ausländische Recht berufen und es beweisen[7]. Zwar bestimmen nach dem Verhandlungsgrundsatz die Parteien zunächst nur über den Prozeßstoff. So wird der spanische Richter ausländisches Recht nicht anwenden, wenn die Parteien die Anknüpfungstatsachen, z. B. die Ausländereigenschaft des Erblassers, gar nicht vortragen[8]. Aber nicht nur der Tatsachenstoff, der das Anknüpfungsmoment enthält, auch das ausländische Recht als solches unterliegt nach der Rechtsprechung dem Verhandlungsgrundsatz. Dem spanischen Richter ist es verwehrt, fremdes Recht von Amts wegen anzuwenden[9]. Die Parteien können daher stillschweigend auf die Anwendung ausländischen Rechts verzichten, indem sie einverständlich von der Anwendung spanischen Rechts ausgehen[10]. Beruft sich umgekehrt eine Partei für ihre Behauptung auf ausländische Gesetze und widerspricht der Gegner dem nicht, so ist der Inhalt des ausländischen Rechts als zugestanden anzusehen[11].

In der Lehre wird hiergegen der Einwand erhoben, daß jedenfalls zwingendes Recht auf diese Weise nicht umgangen werden dürfe[12]. Der Tribunal Supremo hat jedoch keine Bedenken gehabt, diese Grundsätze z. B. zur Zeit der Zweiten Republik auch im Scheidungsrecht anzuwenden[13].

b) Beweis des fremden Rechts

Nur wenn der Inhalt des ausländischen Rechts nicht außer Streit steht, ist ein Beweis erforderlich. Die Partei, die sich auf ein fremdes Gesetz beruft, muß dessen Bestehen, Geltung und Anwendung (existencia, vigencia, aplicación) nachweisen[14]. Das bedeutet, daß die Berufung auf den Text des ausländischen Gesetzes allein nicht genügt[15]. Vielmehr muß auch bewiesen werden, daß das Gesetz auf den zu entscheidenden Fall paßt. Da die spanischen Gerichte das fremde Recht nicht auslegen dürfen, muß die Auslegung der betreffenden Vorschrift in der ausländischen Rechtsprechung nachgewiesen werden[16].

---

[7] Nachweise bei *Goldschmidt* I 388 N. 3; *Verplaetse* 362 N. 18; *Pecourt García* (oben N. 1).

[8] Vgl. dazu Trib. Sup. 16. 12. 1960 (oben N. 5).

[9] So bereits Trib. Sup. 7. 11. 1896, Col. Leg. Esp. 1896 IV 58.

[10] Trib. Sup. 9. 1. 1936, Aranzadi Jur. 5 (1936) Nr. 49.

[11] Trib. Sup. 1. 2. 1934, Aranzadi Jur. 3 (1934) Nr. 227 mit Nachw.

[12] Vgl. *Carillo Salcedo* (oben N. 1) 598; *Goldschmidt* I 389, III 279.

[13] Vgl. die in N. 10 und 11 genannten Urteile; ferner unten zu N. 23.

[14] Trib. Sup. 18. 12. 1935, Aranzadi Jur. 4 (1935) Nr. 2345.

[15] Anders offenbar *Orúe* y *Arregui*, Manual de Derecho Internacional Privado, 3. Aufl. (1952) 493; vgl. aber die Entscheidung der Audiencia de San Sebastián vom 25. 9. 1932 (zitiert bei *Goldschmidt* III 282) und die folgende Note.

[16] Trib. Sup. 12. 7. 1904, Col. Leg. Esp. 1904 II 866; 30. 6. 1962 (oben N. 5).

Welche Beweismittel stehen dafür zur Verfügung? Die spanische Rechtsprechung verlangt in der Regel den Beweis durch Gutachten von zwei Sachverständigen, d. h. von Juristen des betr. Landes[17]. Für das religiöse Recht von Marokko wurde eine Rechtsauskunft von Muftis als Beweismittel anerkannt[18]. In der Rechtslehre wird vielfach auch auf die Möglichkeit hingewiesen, eine Auskunft der „Comisión de Legislación extranjera" im spanischen Justizministerium einzuholen[19]. Fälle aus der Rechtsprechung sind dazu nicht bekanntgeworden; es ist eher anzunehmen, daß Gutachten spanischer Juristen über ausländisches Recht von der Rechtsprechung nicht anerkannt werden[20].

c) Beweismangel

Der Beweis des ausländischen Rechts kann fehlen, weil die Parteien sich gar nicht auf das fremde Recht berufen haben. Da der spanische Richter das ausländische Recht nicht von Amts wegen anwendet, ist ein Beweisverfahren in diesen Fällen nicht möglich. Das Gericht hat spanisches Recht anzuwenden[21].

Nicht anders liegt es, wenn zwar eine Partei sich auf ausländisches Recht beruft, dessen Inhalt aber nicht festgestellt werden kann. In einer Entscheidung vom 16. 10. 1940[22] erörtert der Tribunal Supremo die drei Möglichkeiten: Abweisung des Anspruchs, Anwendung einer ähnlichen Rechtsordnung, Anwendung der lex fori – und entscheidet sich für die letzte. Der zugrundeliegende Fall zeigt deutlich, daß nur diese Lösung dem Verhandlungsgrundsatz entspricht: Nach spanischem Recht hielt nämlich der Tribunal Supremo einen Anspruch für gegeben. Bei Klagabweisung hätte der Kläger schlechter gestanden, als wenn er sich gar nicht auf fremdes Recht berufen und daher das Gericht spanisches Recht angewendet hätte.

Noch weniger kann eine Partei wegen fehlenden Beweises des ausländischen Rechts mit der Klage abgewiesen werden, wenn nicht einmal sie selbst sich auf das fremde Recht berufen hatte. So hatten einige spanische Gerichte zur Zeit der Zweiten Republik Klagen in Eheprozessen mangels Beweises des fremden Rechts abgewiesen, obwohl lediglich der Staatsanwalt (fiscal) dessen Anwendung angeregt hatte. Der Tribu-

---

[17] Vgl. Trib. Sup. 30. 6. 1962 (oben N. 5); ferner bei *Verplaetse* 362; *Goldschmidt* III 282. Auch die Rechtsauskunft ausländischer diplomatischer Vertretungen wird als Beweismittel anerkannt (Trib. Sup. 6. 12. 1961, Rev. Esp. Der. Int. 16 [1963] 616 mit Anm. *Pecourt García*).

[18] Trib. Sup. 8. 3. 1949, Rev. Der. Priv. 33 (1949) 315.

[19] *Orúe y Arregui* aaO (oben N. 15); vgl. auch *Goldschmidt* III 282; *Yanguas Messía* 33.

[20] Vgl. *Verplaetse* 362 und das oben N. 14 genannte Urteil; anders *Orúe y Arregui* aaO (oben N. 15).

[21] Vgl. oben N. 9 und 10.

[22] Rev. Der. Priv. 25 (1941) 37.

nal Supremo[23] bezeichnete ein solches Verfahren schlicht als Rechtsverweigerung und entschied für die Anwendung des spanischen Rechts.

Nach dem Verhandlungsgrundsatz trägt also die Partei die Beweislast nur für eine von ihr behauptete Abweichung des ausländischen Rechts von der lex fori. In der Lehre, soweit sie von der Anwendung des ausländischen Rechts ex officio ausgeht, werden dagegen die verschiedensten Lösungen vertreten. Interessant erscheint in diesem Zusammenhang die Auffassung von *Aguilar Navarro*, daß keiner Lösung der unbedingte Vorzug zu geben sei, sondern der richtige Weg im Einzelfall unter Berücksichtigung der verschiedenen Lösungen gefunden werden müsse[24].

3. Ausländisches Recht in der Revisionsinstanz

Die vorstehenden Grundsätze bestimmen auch die Stellung des ausländischen Rechts vor dem Tribunal Supremo im Verfahren des recurso de casación (der mehr der deutschen Revision als der französischen Kassation entspricht). Sie sind vom Tribunal Supremo gerade im Verfahren des recurso de casación entwickelt worden. Ihre Verletzung muß daher stets als Revisionsgrund angesehen werden[25].

Hat der Instanzrichter die genannten Regeln beachtet, so fragt sich, ob der recurso de casación darauf gestützt werden kann, daß der Richter das spanische IPR oder das ausländische Recht unrichtig angewendet habe. Diesem Problem kommt jedoch praktisch eine sehr geringe Bedeutung zu. Der Tribunal Supremo ist auch insoweit durch seine Auffassung zu den vorgenannten Fragen weitgehend gebunden.

a) Verletzung des spanischen IPR

Zunächst können die Parteien im Verfahren des recurso de casación keinen neuen Prozeßstoff (cuestiones nuevas) einführen. Der Tribunal Supremo muß es daher als verspätetes Vorbringen zurückweisen, wenn eine Partei sich erstmals in der Revisionsbegründung darauf beruft, daß ausländisches Recht anzuwenden sei[26]. Da der Instanzrichter in diesem Fall ausländisches Recht gar nicht anwenden durfte, kann seine Entscheidung nicht wegen Verletzung des spanischen IPR aufgehoben werden. Ebenso liegt es, wenn der Beweis des ausländischen Rechts nicht geführt werden konnte[27].

Im übrigen hat der Tribunal Supremo nur sehr zögernd zu dem Problem Stellung genommen. *Garde Castillo* kommt in einer eingehenden Monographie über diesen Gegenstand zu dem Ergebnis, daß der Tribunal Supremo grundsätzlich die Revision wegen Verletzung des spani-

---

[23] Vgl. *Verplaetse* 360 mit Nachw. [24] *Aguilar Navarro* 207.

[25] Vgl. oben N. 9, 10, 11, 23; ferner unten N. 30 a.

[26] Trib. Sup. 16. 12. 1960, Aranzadi Jur. 27 (1960) Nr. 4097.

[27] Trib. Sup. 15. 11. 1898, bei *Garde Castillo* 135; 30. 6. 1962 (oben N. 5).

schen IPR anerkenne[28]. Er vermag jedoch kein Urteil zu nennen, das tatsächlich aus diesem Grunde die Revision zugelassen hätte. Vielmehr zeigt die Rechtsprechung des Tribunal Supremo eine deutliche Zurückhaltung, insbesondere wenn es sich um ungeschriebene Normen des IPR handelt.

So lehnt eine Entscheidung vom 29. 1. 1875[29] es ausdrücklich ab, allgemeine Grundsätze (doctrinas) des IPR als Begründung der Revision zuzulassen. Ein Urteil vom 12. 7. 1904 sah bei ausländischem Personalstatut der Parteien Art. 9 des spanischen C. c. (Staatsangehörigkeitsprinzip) als nicht verletzt an, weil dieser nur eine einseitige Kollisionsnorm enthalte[30]. Vielleicht steht hinter diesen Urteilen der Gedanke, daß nur die Verletzung geschriebener Kollisionsnormen die Revision rechtfertigt. Spätere Entscheidungen berühren diese Fragen nur beiläufig. Die Revision ist dagegen möglich, wenn das Gericht statt des spanischen Rechts irrtümlich ausländisches Recht angewendet hat[30a].

Ob der Tribunal Supremo heute die Revision wegen Verletzung des spanischen IPR zulassen würde – auch dann, wenn dieses in casu die Anwendung ausländischen Rechts gebietet –, kann demnach nicht mit Sicherheit gesagt werden. Das Gericht wird die Revision aber stets zurückweisen, wenn die Partei nicht schon vor dem Tatrichter sich auf das ausländische Recht berufen und ausreichenden Beweis angeboten hat.

b) Verletzung des ausländischen Rechts

Die spanische Lehre bejaht überwiegend die Zulässigkeit des recurso de casación wegen fehlerhafter Anwendung ausländischen Rechts[31]. Zur Begründung wird u. a. auch ausgeführt, die fehlerhafte Anwendung ausländischen Rechts stelle eine Verletzung des spanischen IPR dar[32]. Dagegen steht die Rechtsprechung auf dem Standpunkt, daß die Auslegung des ausländischen Rechts als Tatfrage (cuestión de hecho) nur dem Instanzrichter zusteht und vom Tribunal Supremo nicht überprüft werden kann[33]. An dieser Auffassung hat der Tribunal Supremo stets festgehalten.

[28] *Garde Castillo* 20 ff., 65.

[29] Col. Leg. Esp. 1875 I 150.

[30] Col. Leg. Esp. 1904 II 866. Heute wird Art. 9 C. c. auch von der Rechtsprechung als allseitige Kollisionsnorm angesehen, vgl. obiter dictum in Trib. Sup. 29. 9. 1961 (oben N. 5).

[30a] Trib. Sup. 5. 4. 1966, Rev. Der. Esp. Am. 11 (1966) Nr. 12 S. 197: Nichtbeachtung des spanischen ordre public. Vgl. auch Trib. Sup. 29. 9. 1961 (oben N. 5): Verletzung des Art. 11 C. c., wenn danach ausländisches Recht angewendet worden ist, ohne daß die Parteien dessen Nachweis erbracht haben (sic!).

[31] Vgl. bei *Aguilar Navarro* 214; *Garde Castillo* 120 ff.; ferner die oben N. 6 nachgewiesenen Gesetzesentwürfe.

[32] *Yanguas Messía* 346.

[33] Trib. Sup. 19. 11. 1904, Col. Leg. Esp. 1904 III 392; zuletzt 30. 6. 1962 (oben N. 5); vgl. ferner *Verplaetse* 362 N. 18, *Garde Castillo* 114, 117 f., *Pecourt García* (oben N. 1) 243.

In der Lehre sind erfolglos Wege gesucht worden, um diese starre Rechtsprechung aufzulockern. So hat man unter Berufung auf ein Urteil des Tribunal Supremo vom 3. 5. 1897 gemeint, der recurso de casación sei jedenfalls dann zulässig, wenn der Text des ausländischen Gesetzes in der angefochtenen Entscheidung angeführt sei[34]. Tatsächlich hatte aber der Tribunal Supremo in jenem Urteil die Revision zurückgewiesen, weil der Inhalt des ausländischen Gesetzes in der angefochtenen Entscheidung nicht als Tatsache festgestellt worden war – „por no venir consignado su texto en la sentencia como punto esencial de hecho". Das Urteil vom 3. 5. 1897 bestätigt damit gerade die Behandlung des ausländischen Rechts als Tatsache[35].

Schließlich ist darauf hingewiesen worden, daß das spanische Prozeßrecht die Möglichkeit des recurso de casación auch eröffnet, wenn bei der Beweiswürdigung Irrtümer rechtlicher oder tatsächlicher Art unterlaufen sind (Art. 1692 Nr. 7 Ley de enjuiciamento civil). Die Voraussetzungen, die das Gesetz und weitergehend die Rechtsprechung dafür aufstellen, sind aber derart, daß diese Vorschrift praktisch kaum zur Nachprüfung ausländischen Rechts führen konnte. So muß der Irrtum des Tatrichters aus einem „documento auténtico" hervorgehen, das sich in den Akten befindet und öffentlichen Glauben genießt. Die Rechtsprechung hat auch in keinem Fall die Revision aus diesem Grunde anerkannt.

Eine neuere Entscheidung des Tribunal Supremo vom 4. 6. 1964[36] verdient in diesem Zusammenhang besonderes Interesse. Auch hier hielt das Gericht die Voraussetzungen des Art. 1692 Nr. 7 L. e. c. für nicht gegeben, u. a. deshalb, weil die Verletzung ausländischer Gesetze nur nach Art. 1692 Nr. 1 L. e. c., d. h. in gleicher Weise wie die Verletzung nationaler Gesetze gerügt werden könne. Da die Revision sich nicht ausdrücklich auch auf diese Vorschrift stützte, brauchte nach spanischem Prozeßrecht der Tribunal Supremo diese Frage nicht weiter zu erörtern. Es ist jedoch kaum anzunehmen, daß das Gericht aus dieser Gleichstellung die Konsequenz ziehen will, die Revision tatsächlich in gleicher Weise wie bei inländischem Recht zuzulassen[36a].

---

[34] *Garde Castillo* 118; *Yanguas Messia* 347.

[35] *Verplaetse* 364.

[36] Rev. Esp. Der. Int. 19 (1966) 81 mit Anm. *Pecourt Garcia.*

[36a] Anders *Pecourt Garcia* (vorige Note), der in diesem Urteil einen Wandel der Rechtsprechung sieht. Er verkennt, daß auch die bisherige Rechtsprechung die Rüge der Verletzung ausländischer Gesetze als einen Fall des Art. 1692 Nr. 1 L. e. c. (Gesetzesverletzung) angesehen hat, was nicht hinderte, daß das ausländische Recht in diesem Verfahren wie eine Tatsache behandelt wurde.

4. Das ausländische Recht als Tatsache

Die Lehre von der Tatsachennatur des ausländischen Rechts fand in der zweiten Hälfte des 19. Jahrhunderts Eingang in die Rechtsprechung des Tribunal Supremo und tauchte seitdem formelmäßig immer wieder auf. Eingangs wurde gezeigt, daß diese Lehre nicht den Ausgangspunkt der Rechtsprechung bildete, sondern erst später als weitere Begründung hinzutrat. Wie wenig es dem Tribunal Supremo dabei um eine theoretische Grundlegung geht, zeigen die Urteile, in denen das Gericht sich von dieser Lehre ausdrücklich distanziert.

In der ersten Entscheidung – vom 3. 5. 1929[37], Fall Krupp c. Orconera – hielt der Tribunal Supremo die spanischen Gerichte für unzuständig, darüber zu befinden, ob die Möglichkeiten des Schiedsverfahrens nach englischem Recht erschöpft waren. Der Tribunal Supremo brauchte dazu die Natur des ausländischen Rechts an sich nicht zu erörtern. Da aber die Anwendbarkeit des englischen Schiedsverfahrensrechts auf einem Vertrag beruhte, glaubte er sich gegenüber dem Einwand verteidigen zu müssen, die Auslegung des Vertrages sei dem Tatrichter vorbehalten (tatsächlich ging es nicht um eine Frage der Auslegung, sondern der Kompetenz), und führte daher aus, die Auslegung des englischen Gesetzes sei in casu keine bloße Tatfrage, sondern könne vom Tribunal Supremo überprüft werden – eine in diesem Zusammenhang wohl unnötige Erwägung.

In der anderen Entscheidung – vom 16. 10. 1940[38] – ging es um die Frage, ob bei fehlendem Beweis des fremden Rechts die lex fori angewandt werden kann. Der Tribunal Supremo war nun offenbar der Meinung, die „Tatsachentheorie" zwinge dazu, dem Kläger die Beweislast für das ausländische Recht aufzuerlegen und bei Beweisfälligkeit die Klage abzuweisen. Um dieses unbillige Ergebnis zu vermeiden, berief er sich plötzlich auf die überwiegende Meinung in der Rechtslehre, die das fremde Recht nicht als bloße Tatsache auffaßt. Auch hier hätte das Gericht sein Ziel mit einfacheren Mitteln erreichen können, nämlich mit dem oben bezeichneten Grundsatz, daß die Partei nur für eine Abweichung von der lex fori beweispflichtig ist.

In beiden Urteilen geht es um pragmatische Argumente, nicht um eine theoretische Stellungnahme des höchsten Gerichts. In diesen Entscheidungen können daher wohl keine Anzeichen für einen Wechsel der Rechtsprechung gesehen werden[39]. Das Urteil des Tribunal Supremo vom 30. 6. 1962[40] bestätigt ausdrücklich die Tatsachennatur des aus-

---

[37] Col. Leg. Esp. 1929 III 65, 97 f. [38] Vgl. oben N. 22.

[39] Anders *Goldschmidt* I 389; vgl. auch *Garde Castillo* 118 f.; *Carillo Salcedo* (oben N. 1) 586.

[40] Oben N. 5.

ländischen Rechts. Dagegen wird das ausländische Gesetz in dem Urteil vom 4. 6. 1964[40a] grundsätzlich als Gesetz und nicht als Tatsache bezeichnet. Doch scheint das Gericht hier vor allem den Ausschluß des Art. 1692 Nr. 7 L. e. c. im Auge gehabt zu haben. Der Tribunal Supremo hält auch weiterhin daran fest, daß das ausländische Recht dem Verhandlungsgrundsatz unterliegt[40b].

II. Portugal und Lateinamerika

Im Gegensatz zu Spanien ist in Portugal und in den meisten lateinamerikanischen Staaten die Anwendung des ausländischen Rechts Gegenstand gesetzlicher Regelung. Die Entwicklung verlief dabei in Portugal ähnlich wie in Lateinamerika. Diese Gründe rechtfertigen im vorliegenden Zusammenhang eine gemeinsame Darstellung, die im wesentlichen einen Überblick über die gesetzlichen Vorschriften geben soll.

1. Die traditionelle Gesetzgebung

a) Um 1870 wurde der Grundsatz, daß die Partei sich auf das fremde Recht berufen und es beweisen muß, fast gleichzeitig in drei Gesetzen niedergelegt: in Art. 2406 des portugiesischen C. c. von 1867, Art. 13 des argentinischen C. c. von 1869 und Art. 19 des mexikanischen C. c. (Distrito Federal) von 1870.

Von diesen Vorschriften ist heute nur noch in *Argentinien* die Vorschrift des Art. 13 C. c. in Geltung:

Art. 13: La aplicación de las leyes extranjeras, en los casos en que este Código la autoriza, nunca tendrá lugar sino a solicitud de parte interesada, a cuyo cargo será la prueba de la existencia de dichas leyes. Exceptúanse las leyes extranjeras que se hicieren obligatorias en la República por convenciones diplomáticas, o en virtud de ley especial.

Die Anwendung der ausländischen Gesetze findet in den Fällen, in denen dieses Gesetzbuch sie zuläßt, nur auf Antrag der daran interessierten Partei statt, und dieser obliegt der Beweis für das Bestehen der besagten Gesetze. Ausgenommen sind die ausländischen Gesetze, die innerhalb der Republik durch diplomatische Abkommen oder auf Grund besonderen Gesetzes verbindlich werden.

Dieser Art. 13 ist fast wörtlich übernommen aus dem Entwurf des brasilianischen Juristen *Teixeira de Freitas* von 1860 (Artt. 6 und 7). Von ihm übernahm *Vélez Sarsfield*, der Verfasser des argentinischen

---

[40a] Oben N. 36.

[40b] Trib. Sup. 22. 6. 1964, Rev. Esp. Der. Int. 19 (1966) 85.

C. c., auch die Begründung: „Das ausländische Recht ist eine Tatsache, die bewiesen werden muß." Später ist die Vorschrift selbst Vorbild für andere Rechtsordnungen geworden. Gleichlautende Bestimmungen enthalten die Gesetzbücher von *Honduras* (Art. 2371 C. c. von 1906) und *Nicaragua* (Art. VII Tit. Prel. C. c. von 1904). Der argentinische C. c. gilt ferner für *Paraguay* auf Grund des Gesetzes von 1876.

b) Auf Art. 19 des mexikanischen C. c. von 1870 geht eine kürzere Formel zurück, die in die Gesetze mehrerer mittelamerikanischer Staaten Eingang gefunden hat. So lautet etwa Art. 11 C. c. von *Costa Rica* von 1887:

El que funde su derecho en leyes extranjeras deberá probar la existencia de éstas.	Wer sein Recht auf ausländische Gesetze gründet, muß deren Bestehen beweisen.

Diese Vorschrift, die mehr von der Prozeßsituation ausgeht, gilt ähnlich in *Guatemala* (heute Art. XXVI des Gerichtsverfassungsgesetzes von 1936; vgl. Art. 20 C. c. von 1926, Art. 16 C. c. von 1877) und in kaum veränderter Form für *El Salvador* (Art. 239 C. p. c. von 1881) und *Nicaragua* (Art. 14 C. p. c. von 1905).

c) In *Mexiko* selbst galt die Vorschrift des Art. 19 C. c. bis zur Reform von 1932 und lebt noch heute fort in Art. 1197 C. com. von 1889; daneben galt die Bestimmung des Art. 357 C. p. c. (Distrito Federal) von 1884, die das Vorbild der heutigen Zivilprozeßgesetze geworden ist. So lauten Art. 284 C. p. c. (Distrito Federal) von 1932 und Art. 86 C. Federal p. c. von 1943:

Sólo los hechos están sujetos a prueba; el derecho lo estará únicamente cuando se funde en leyes extranjeras...	Allein Tatsachen unterliegen dem Beweis, das Recht nur dann, wenn es auf ausländische Gesetze gegründet wird...

Diese Bestimmung findet sich bereits in der früheren Zivilprozeßordnung von Guatemala (Art. 606 C. p. c. von 1877 in der Fassung von 1882). Bemerkenswert ist an dieser Formulierung, daß das ausländische Recht nicht als Tatsache angesehen wird, aber gleichwohl dem Beweisverfahren unterliegt. Es zeigt sich hier deutlich, daß der Streit um die Natur des fremden Rechts für die prozessuale Behandlung nicht entscheidend ist[41].

d) Der Grundsatz, daß fremdes Recht von der Partei bewiesen werden muß, die sich darauf beruft, war um 1870 in die Gesetzgebung Lateinamerikas aufgenommen worden. Ihm folgte auch der Vertrag von Lima

---

[41] Vgl. dazu *Goldschmidt*, Das ausländische Recht und der Prozeß im zeitgenössischen iberoamerikanischen Rechtsdenken, in: Scritti giuridici in memoria di Piero Calamandrei (1958) II 267, 278 f.

(1878) in seinem Art. 55[42]. Der Vertrag, eine Kodifikation des IPR, an der elf lateinamerikanische Staaten beteiligt waren, ist nicht in Kraft getreten. Er bildete aber das Vorbild für den *Vertrag von Quito* (1903) zwischen Ekuador und Kolumbien, dessen Art. 54 den Wortlaut des Art. 55 des Vertrages von Lima übernimmt.

Art. 54 gilt nur für die Anwendung ausländischer Gesetze auf Grund des Vertrages. Diese Regelung ist aber auch in die nationale Gesetzgebung eingegangen: Die Prozeßgesetze beider Länder verlangen den Beweis des fremden Rechts. Diesen Grundsatz enthielt bereits Art. 541 Nr. 9 des kolumbianischen Código Judicial von 1888, der heute noch in *Panama* fortlebt (Art. 686 Nr. 9 Código Judicial von 1946). Für *Kolumbien* bestimmt jetzt Art. 659 Código Judicial von 1932, daß der Nachweis durch beglaubigte Abschrift des Gesetzes oder durch Zeugnis zweier ausländischer Anwälte zu erbringen ist. In *Ekuador* soll nach Art. 210 C.p.c. in der Fassung des Gesetzes von 1960 (vgl. früher Art. 197 der Zivilprozeßordnung von 1917) die Bestätigung durch den jeweiligen diplomatischen Vertreter als ausreichender Beweis angesehen werden. Dabei ist interessant, daß nach der letzteren Vorschrift die Berufung auf das fremde Recht in jedem Verfahrensstadium möglich ist.

e) *Zusammenfassend* läßt sich sagen: Die traditionelle Gesetzgebung in Lateinamerika folgt dem Verhandlungsgrundsatz. Dazu gehören diejenigen Gesetze, die um 1870 entstanden oder die auf diese unmittelbar zurückgehen. Die Regelung selbst findet sich teils in der Einleitung der Zivilgesetzbücher zusammen mit dem Internationalen Privatrecht, teils in den Prozeßgesetzen. Daran zeigt sich lediglich, daß das Problem sowohl in dem einen wie in dem anderen Zusammenhang gesehen werden kann[43]. Sachlich enthalten diese Vorschriften denselben Grundsatz: Die Parteien müssen das fremde Recht behaupten und beweisen.

2. *Die Verträge von Montevideo und der Código Bustamante*

Auf ganz anderen Tendenzen beruhen die beiden großen lateinamerikanischen Kodifikationen des Internationalen Privat- und Prozeßrechts, die Montevideo-Verträge von 1889 (1940) und der Código Bustamante (Vertrag von Havanna 1928). In ihnen wird der Einfluß der modernen Wissenschaft sichtbar.

a) Bereits das Zusatzprotokoll zu den Verträgen von *Montevideo* 1889 enthält in Art. 2 den Grundsatz, daß die Anwendung des ausländischen Rechts durch den Richter ex officio erfolgt. Das Recht der Parteien, Bestehen und Inhalt des ausländischen Rechts zu behaupten und

[42] Wortlaut bei *Goldschmidt* I 423; *Sentís Melendo* 137.
[43] Vgl. *Goldschmidt* (oben N. 41) 269 ff., 272.

zu beweisen, wird daneben ausdrücklich anerkannt. Art. 3 gewährleistet, daß die Entscheidung, die auf einem ausländischen Gesetz beruht, in gleicher Weise mit Rechtsmitteln angegriffen werden kann wie jedes andere Urteil. Die Revision der Verträge im Jahr 1940 hat an dieser Regelung nichts geändert.

b) Noch eingehendere Regelungen enthält der *Código Bustamante* von 1928 in den Artt. 408–413. Der Art. 408 spricht den Grundsatz aus, daß die Gerichte fremdes Recht von Amts wegen anwenden. Art. 409 eröffnet der Partei die Möglichkeit, Wortlaut, Bestehen und Sinn der ausländischen Vorschrift zu beweisen, und zwar durch eine Bestätigung zweier praktizierender Anwälte aus dem Land, dessen Recht anzuwenden ist. Die Artt. 410 und 411 sehen vor, daß bei fehlendem Beweis auf diplomatischem Wege eine Auskunft über das ausländische Recht eingeholt werden kann. Nach Artt. 412 und 413 kann die Revision, soweit das Prozeßrecht eine solche kennt, stets auch auf die Verletzung ausländischen Rechts gegründet werden. Dabei muß der Revisionsrichter erneut den Inhalt des ausländischen Rechts ermitteln.

c) Somit stehen die genannten Kodifikationen im schroffen Gegensatz zu der traditionellen Gesetzgebung Lateinamerikas. Fast alle lateinamerikanischen Staaten gehören einem der beiden Vertragswerke an. Allerdings finden die Verträge nur im Verhältnis der Vertragsstaaten zueinander Anwendung. Der Einfluß der Kodifikationen geht aber darüber hinaus. Auswirkungen auf Gesetzgebung und Rechtsprechung sollen in den folgenden Abschnitten erörtert werden. Aber auch für die Rechtswissenschaft, die in den lateinamerikanischen Ländern ebenfalls überwiegend den Untersuchungsgrundsatz vertritt, ist die Autorität der Verträge von großer Bedeutung.

3. *Die moderne Gesetzgebung*

Die neuere Gesetzgebung Lateinamerikas, soweit sie schlicht dem Verhandlungsgrundsatz folgt, ist im ersten Abschnitt dargestellt worden. Daneben aber verdienen die Gesetzbücher besondere Beachtung, die sich von dieser Tradition in geringerem oder stärkerem Maße entfernen. In der Regel ist auch hier Ausgangspunkt der Beweis des fremden Rechts durch die Partei. Doch ist eine Auflockerung der traditionellen Grundsätze in der modernen Gesetzgebung nicht zu übersehen.

a) Bereits Art. 8 C. p. c. von *Venezuela* von 1916[44] bricht mit der Tradition. Er verpflichtet den Richter, im Fall der Anwendung des IPR zunächst die völkerrechtlichen Verträge zu beachten, danach die eigene Gesetzgebung und schließlich die allgemein anerkannten Grundsätze

[44] Der kürzlich vorgelegte Entwurf eines neuen C. p. c. hat den Art. 8 unverändert als Art. 16 übernommen.

des IPR. Damit steht die Vorschrift im Gegensatz zu Art. 13 des argentinischen C. c., der in dieser Hinsicht die gesetzlichen Kollisionsnormen anders behandelt als die völkerrechtlichen Verträge. Zwar sagt Art. 8 nicht unmittelbar etwas über die Anwendung des ausländischen Rechts. Er läßt aber jedenfalls die Auslegung zu, daß der Richter in diesen Fällen das ausländische Recht wie das eigene anzuwenden hat[45].

b) In *Brasilien* bestimmte Art. 183 der Zivil- und Handelsprozeßordnung von 1924 (Districto Federal), daß die Partei Bestehen und Inhalt des ausländischen Rechts zu beweisen hat. Auf diesen Beweis aber ist der Richter nicht angewiesen, wenn er selbst das fremde Recht kennt; vielmehr kann er in diesem Fall vom Beweis absehen.

Diese Regelung haben die neueren Bundesgesetze im wesentlichen übernommen (Art. 212 C. p. c. von 1939, Art. 14 Einführungsgesetz von 1942 zum C. c.). Danach entscheidet der Richter, ob über das ausländische Recht Beweis erhoben werden muß; der Beweis ist nicht erforderlich, wenn der Richter das fremde Recht kennt.

c) In *Peru* bestimmt Art. XI Tít. Prel. des C. c. von 1936, daß die Parteien den Beweis des fremden Rechts anbieten können, während der Richter über die Zulässigkeit entscheidet. In der mit der Ausarbeitung des Gesetzes befaßten Kommission waren auch die Verträge von Montevideo und Havanna erörtert worden. Die Mehrheit der Kommission bekannte sich jedoch zu den traditionellen Grundsätzen. Die Anwendung des ausländischen Rechts von Amts wegen wurde abgelehnt[46]. Immerhin wurde in Art. XII Tít. Prel. eine Vorschrift aufgenommen, die den Einfluß des Código Bustamante erkennen läßt: der Richter selbst kann durch die Exekutive auf diplomatischem Wege eine Auskunft über das fremde Recht einholen lassen. Der Verhandlungsgrundsatz gilt also auch hier nicht uneingeschränkt[47].

d) Am weitesten in der Anwendung des ausländischen Rechts von Amts wegen geht Art. 521 C. p. c. 1939 von *Portugal*[47a], der die Vorschrift des Art. 2406 C. c. von 1867 der Sache nach aufgehoben hat. Zwar muß auch danach die Partei Bestehen und Inhalt des ausländischen Gesetzes beweisen. Doch hat der Richter von Amts wegen sich aller erreichbaren Mittel zu bedienen, um selbst diese Kenntnis zu erlangen, wobei er die Hilfe des Justizministeriums in Anspruch nehmen kann. Dieselbe Bestimmung findet sich heute als Art. 517 im C. p. c. von 1961.

---

[45] Vgl. *Herrera Mendoza*, Estudios sobre Derecho Internacional Privado y temas conexas (1960) 54 N. 8.

[46] Vgl. *Aparicio* y *Gomez Sanchez*, Código civil, Concordancias, Tomo III: La Reforma (Motivos) (1942) 38–42.

[47] Weiter geht der peruanische Entwurf eines C. p. c. von 1949, dessen Art. 454 auf Art. 408 des Código Bustamante zurückgeht; vgl. *Sentís Melendo* 144 N. 116.

[47a] Vgl. auch den Nachtrag S. 65.

Nach Art. 721 § 3 dieses Gesetzes (Art. 722 § 2 C. p. c. von 1939) steht im Revisionsverfahren das ausländische Recht dem einheimischen gleich.

4. *Die Rechtsprechung*

Die Rechtsprechung der lateinamerikanischen Staaten kann an dieser Stelle nur summarisch dargestellt werden. Nach den vorstehenden Untersuchungen lassen sich verschiedene Gruppen unterscheiden.

a) In der Mehrzahl der lateinamerikanischen Rechtsordnungen ist es das Gesetz selbst, das das ausländische Recht dem Verhandlungsgrundsatz unterwirft. Die Rechtsprechung in diesen Ländern ist an die Entscheidung des Gesetzgebers gebunden: die Partei muß das fremde Recht beweisen[48]. Unterschiede bestehen lediglich hinsichtlich der Anforderungen an den Beweis und der zulässigen Beweismittel[49]. Zwar hat es in der argentinischen Wissenschaft nicht an Versuchen gefehlt, den Art. 13 C. c. im Wege der Interpretation zu umgehen[50]. Am interessantesten ist dabei wohl der Gedanke, ausländisches Recht als offenkundige Tatsache (hecho notorio) zu behandeln, der sogar in einigen Entscheidungen Anklang gefunden hat[51]. Aber auch die Gegner des Verhandlungsgrundsatzes müssen zugestehen, daß der Richter angesichts der eindeutigen Gesetzeslage ausländisches Recht nicht von Amts wegen anwenden kann[52].

b) Daneben gibt es die Gruppe derjenigen Länder, deren Gesetzgebung keine Regelung des hier angesprochenen Problems enthält. Bezeichnenderweise handelt es sich dabei um Staaten, deren Zivilrecht vor 1869 (Código civil von Argentinien) kodifiziert wurde, nämlich Bolivien, Chile[53] und Uruguay. Auch Peru gehörte bis 1936 in diese Gruppe.

---

[48] Rechtsprechungsnachweise: a) Argentinien: *Romero del Prado*, Derecho Internacional Privado I (1961) 503 f., 511 ff.; *Sentís Melendo* 132 N. 84, 114 N. 117, 168 N. 180. – b) Kolumbien: *Eder*, American-Columbian Private International Law (1956) 71 f.; *Ortega Torrez*, Código de procedimiento civil, 4. Aufl. (1960) 489. – c) Mexiko: *Andrade*, Código de procedimientos civiles para el Distrito y Territorios Federales, 8. Aufl. (1957) 152 f.; *Rafael de Pina*, Código de procedimientos civiles para el Distrito y Territorios Federales (1961) 99. – d) Vgl. auch die frühere portugiesische Rechtsprechung zu Art. 2406 C. c.: *Loureiro/Almeida*, Código civil nos tribunais III (1924) 548.

[49] Vgl. im einzelnen die in der vorigen Note genannten Nachweise. In Argentinien wird auch das Zitat anerkannter Autoren als Beweis zugelassen, vgl. *Romero del Prado* (vorige Note) 515 f.; *Sentís Melendo* 183 f., 184 N. 232.

[50] *Sentís Melendo* 128 ff.

[51] *Goldschmidt* III 286; ähnlich die bei *Sentís Melendo* 155 N. 146/147 zitierten Entscheidungen (privates Wissen des Richters!).

[52] *Romero del Prado* (oben N. 48) 497.

[53] Art. 411 C. p. c. von 1902 sagt, daß Sachverständige über ausländisches

Das Fehlen einer gesetzlichen Regelung führte in allen diesen Ländern zu einer schwankenden und uneinheitlichen Rechtsprechung. Während einige Gerichte das ausländische Recht ex officio anwenden, verlangen andere Entscheidungen den Beweis des fremden Rechts[54]. Eine eindeutige Tendenz der Rechtsprechung läßt sich nicht feststellen.

c) In einigen Staaten hat dagegen – wie oben erwähnt – gerade die Gesetzgebung zur Auflockerung des Verhandlungsgrundsatzes beigetragen. Der Richter ist danach ermächtigt, das ausländische Recht von Amts wegen anzuwenden. Von einer einheitlichen Gruppe kann bei der Verschiedenheit der Regelungen nicht gesprochen werden. Auch ist dem Verfasser kaum Rechtsprechung zu den genannten Gesetzen bekanntgeworden.

Mit der gebotenen Vorsicht kann daher nur gesagt werden, daß in diesen Staaten der Richter eher von sich aus das ausländische Recht anwenden wird, sofern er sich darüber Kenntnis verschaffen kann. Die Rechtsprechung der brasilianischen Gerichte ist dafür ein gutes Beispiel. Doch gibt es auch brasilianische Entscheidungen, die den Beweis des fremden Rechts verlangen[55]. In Venezuela dagegen haben einige Gerichte sogar die Pflicht des Richters statuiert, das ausländische Recht von Amts wegen anzuwenden[56]. Diese Urteile – in casu handelte es sich um deutsches Recht – stützen sich weitgehend auf Art. 408 des Código Bustamante.

Recht gehört werden können. Die Regelung scheint für den Verhandlungsgrundsatz zu sprechen, läßt aber auch eine andere Deutung zu, vgl. *Etcheberry O.*, American-Chilean Private International Law (1960) 84.

[54] Rechtsprechungsnachweise: a) Chile: *Duncker Biggs*, Derecho Internacional Privado, Parte General, 2. Aufl. (1956) 371; *Etcheberry O.* (vorige Note) 84 f. – b) Uruguay: *Alfonsin*, Curso de Derecho Privado Internacional I: Teoría del Derecho Privado Internacional (1955) 543. – c) Vgl. auch für die frühere peruanische Rechtsprechung einerseits *García Gastañeta*, Derecho Internacional Privado, 2. Aufl. (1930) 132; andererseits *Guzmán Ferrer*, Código civil (1954) I 39; *García Calderon*, Repertorio de Derecho Internacional Privado, Tom. I: Jurisprudencia (1961) Nr. 58–60.

[55] *Castro Garms*, Repertório de jurisprudência do Código civil I (1952) 61; *Garland*, American-Brazilian Private International Law (1959) 99 f.

[56] Juzgado Segundo de Primera Instancia en lo Mercantil (Distrito Federal) 27. 6. 1960, Clunet 93 (1966) 445; bestätigt durch Corte Superior Primera en lo Civil y Mercantil (Distrito Federal) 21. 6. 1961, Rev. Fac. Venezuela 23 (1962) 381. Vor einer Verallgemeinerung dieser Urteile warnt *Lombard*, American-Venezuelan Private International Law (1965) 95. Die Rechtsprechung scheint sich jedoch in diesem Sinne zu festigen: so zuletzt ein noch unveröffentlichtes Urteil desselben erstinstanzlichen Gerichts vom 29. 9. 1966, gestützt auf die genannten Entscheidungen und die Urteile anderer venezolanischer Gerichte.

5. *Die Entwürfe*

Zum Abschluß sollen die neuesten Gesetzesentwürfe auf dem Gebiet des Internationalen Privatrechts behandelt werden, und zwar die Entwürfe von *Venezuela* (1963 unter dem Einfluß von Herrera Mendoza), *Brasilien* (1964 Haraldo Valladão) und *Portugal* (1964 Ferrer Correia). Allen diesen Entwürfen ist gemeinsam, daß sie von der Anwendung des ausländischen Rechts ex officio ausgehen.

a) Der venezolanische Entwurf enthält unter den allgemeinen Bestimmungen in Art. 2 die Vorschrift, daß das fremde Recht ebenso wie das einheimische zu behandeln ist. Unter den besonderen Vorschriften für das Verfahren bestimmt Art. 57, daß das ausländische Recht von Amts wegen anzuwenden ist. Die Parteien können daneben auch selbst Auskünfte beschaffen. Art. 58 stellt klar, daß die Zulässigkeit von Rechtsmitteln nicht von der anzuwendenden Rechtsordnung abhängt.

b) Der brasilianische Entwurf bestimmt in Art. 75, daß der Richter das ausländische Recht von Amts wegen anwendet und ermittelt. In ihrem § 1 enthält dieselbe Vorschrift eine Aufzählung der zulässigen Erkenntnisquellen, unter anderem das Zitat eines angesehenen wissenschaftlichen Werkes[57] und die Auskunft eines wissenschaftlichen Instituts.

c) Ausführliche Vorschriften über die Anwendung des ausländischen Rechts enthält der portugiesische Entwurf[58] in Artt. 8 und 9. Die Auslegung des fremden Rechts soll sich nach Art. 8 möglichst getreu an die ausländische Rechtspraxis anlehnen. Zu diesem Zweck kann eine Auskunft des Justizministeriums eingeholt werden, das seinerseits ein Institut für Rechtsvergleichung mit der Ausarbeitung eines Gutachtens beauftragen kann.

Art. 9 enthält spezielle Vorschriften für den Fall, daß das ausländische Recht nicht festgestellt werden kann, wobei der Grundsatz der größeren Wahrscheinlichkeit gilt. Auch eine Hilfsanknüpfung ist möglich; nur subsidiär wird auf die lex fori zurückgegriffen.

d) Zusammenfassend kann gesagt werden, daß die genannten Entwürfe die Tendenz der modernen Wissenschaft widerspiegeln, dem fremden Recht möglichst die gleiche Behandlung zu sichern wie dem eigenen Recht. Die Anwendung und Ermittlung des ausländischen Rechts ex officio ist dafür Voraussetzung.

---

[57] Ebenso bereits eine Plenarentscheidung des Supremo Tribunal Federal vom 17. 10. 1951, Diário da Justiça da União vom 23. 11. 1953, Anhang „Jurisprudência" S. 3564.

[58] Vgl. dazu den Nachtrag S. 65.

Nachtrag:

Nach Abschluß des Berichtes ist am 25.11.1966 der neue Código civil von Portugal verkündet worden, der am 1.6.1967 in Kraft getreten ist. Die Bestimmungen zum Internationalen Privatrecht gehen auf den Entwurf von 1964 zurück. Art. 23 läßt deutlich den Einfluß der Artt. 8 und 9 des Entwurfs erkennen; die Vorschriften wurden jedoch entscheidend verkürzt:

Art. 23 lautet:

1. A lei estrangeira é interpretada dentro do sistema a que pertence e de acordo com as regras interpretativas nele fixadas.

1. Das ausländische Gesetz wird ausgelegt innerhalb des Systems, zu dem es gehört, und in Übereinstimmung mit den in diesem festgelegten Auslegungsregeln.

2. Na impossibilidade de averiguar o conteudo da lei estrangeira aplicável, recorrer-se-á à lei que for subsidiariàmente competente, devendo adoptar-se igual procedimento sempre que não for possível determinar os elementos de facto ou de direito de que dependa a designação da lei aplicável.

2. Bei Unmöglichkeit, den Inhalt des ausländischen Gesetzes festzustellen, wird zurückgegriffen auf das Gesetz, das hilfsweise zuständig ist, und das gleiche Verfahren ist einzuschlagen immer dann, wenn es nicht möglich ist, die tatsächlichen oder rechtlichen Elemente festzustellen, von denen die Bestimmung des anzuwendenden Gesetzes abhängt.

Über den Beweis des fremden Rechts enthält Art. 348 C.c. ergänzende Vorschriften, die im wesentlichen dem Art. 517 C.p.c. von 1961 entsprechen. Die Pflicht des Richters, von sich aus das fremde Recht zu ermitteln, auch wenn die Parteien sich nicht darauf berufen, wird besonders hervorgehoben. Kann der Inhalt des ausländischen Rechts nicht festgestellt werden, ist das portugiesische Recht anzuwenden.

DEUTSCHLAND

Assessor DIERK MÜLLER, Referent am Institut, Hamburg *

I. Die Ermittlung ausländischen Rechts

1. Im deutschen Zivilprozeß brauchen die Parteien sich auf die Anwendung ausländischen Rechts *nicht zu berufen,* damit der Richter es berücksichtigt. Dabei spielt es keine Rolle, ob es sich um ein Verfahren mit Verhandlungs- oder mit Untersuchungsmaxime handelt. Das Gericht hat in beiden Fällen von Amts wegen zu prüfen, ob und welches fremde Recht anzuwenden ist [1]. Jedoch empfiehlt sich eine Berufung auf das anwendbare ausländische Recht immer dort, wo die deutsche Kollisionsnorm der Parteiautonomie Raum läßt, also insbesondere im Bereich des Vertragsstatuts. Hier sehen die Richter häufig bereits im Fehlen von Ausführungen über das maßgebende Recht eine genügende Grundlage für die Anwendung deutschen Rechts, indem sie aus dem prozessualen Verhalten der Parteien auf einen auf die Anwendung deutschen Rechts gerichteten stillschweigenden oder mutmaßlichen Parteiwillen schließen.

2. Ob das streitige Rechtsverhältnis *nach deutschem oder nach ausländischem Recht* zu beurteilen ist, soll das Berufungsgericht – im Gegensatz zum erstinstanzlichen Gericht und zum Revisionsgericht – wegen der Irrevisibilität ausländischen Rechts (darüber unter II) nach der höchstrichterlichen Rechtsprechung nicht dahingestellt lassen dürfen, weil andernfalls unklar bliebe, wie weit das Revisionsgericht

---

* Abgekürzt werden zitiert: *Baumbach-Lauterbach,* ZPO (29. Aufl. 1966); *Dölle,* Betrachtungen zum ausländischen, internationalen und interzonalen Privatrecht im besetzten Deutschland: Festschrift Raape (1948) 149–179; *ders.,* Über die Anwendung fremden Rechts: JbMPG 1956, 34–61 (= GRUR 1957, 56–63); *ders.,* Bemerkungen zu § 293 ZPO: Festschrift Nikisch (1958) 185–203; *Kegel,* IPR (2. Aufl. 1964); *Neuhaus,* Die Grundbegriffe des IPR (1962); *Raape,* IPR (5. Aufl. 1961); *Riezler,* Internationales Zivilprozeßrecht (1949); *Rosenberg,* Lehrbuch des deutschen Zivilprozeßrechts (9. Aufl. 1961); *Soergel-Siebert (-Kegel),* BGB V (9. Aufl. 1961); *Wolff,* Das IPR Deutschlands (3. Aufl. 1954).

[1] *Dölle,* JbMPG 1956, 54 f.; *Raape* 122; *Dölle,* Festschrift Raape 152; *Riezler* 492; *Kegel,* Zur Organisation der Ermittlung ausländischen Privatrechts: Festschrift Nipperdey (1965) I 453–470 (458).

das angefochtene Urteil nachprüfen könne[2]. Diese ständige Rechtsprechung des Reichsgerichts und des Bundesgerichtshofs vermag jedoch nicht zu überzeugen. Die Revisionsrichter können ihren Aufgaben auch dann nachkommen, wenn das angefochtene Urteil offen läßt, ob deutsches oder ausländisches Recht anzuwenden ist. Sie müssen und dürfen sich in diesem Falle mit der Prüfung begnügen, ob die lex fori richtig angewandt worden ist oder nicht. Daher sind der Berufungsinstanz die gleichen Befugnisse einzuräumen wie dem erstinstanzlichen Richter und dem Revisionsgericht. Ein Offenlassen der Frage nach dem anzuwendenden Recht ist vor allem dann angebracht, wenn die Prüfung der Sache nach allen in Betracht kommenden Rechten auf weniger Schwierigkeiten stößt als die Ermittlung der zuständigen Rechtsordnung und wenn nach allen diesen Rechten die gleiche Sachentscheidung zu treffen ist.

3. Über die *Ermittlung des ausländischen Rechts* im deutschen Zivilprozeß bestimmt § 293 ZPO:

„Das in einem anderen Staate geltende Recht, die Gewohnheitsrechte und Statuten bedürfen des Beweises nur insofern, als sie dem Gericht unbekannt sind. Bei Ermittlung dieser Rechtsnormen ist das Gericht auf die von den Parteien beigebrachten Nachweise nicht beschränkt; es ist befugt, auch andere Erkenntnisquellen zu benutzen und zum Zwecke einer solchen Benutzung das Erforderliche anzuordnen."

Diese Vorschrift besagt nur, daß der Satz „iura novit curia" für ausländisches Recht nicht gilt. Fremdes Recht braucht der deutsche Richter nicht zu kennen[3]. Dagegen ist aus § 293 ZPO nicht zu folgern, daß der Richter bei Untätigbleiben der Parteien sich um ausländisches Recht, das ihm unbekannt ist, nicht zu bemühen brauche und daß den Parteien wie bei Tatsachen eine Beweisführungslast obliege. Vielmehr ist der Richter nicht nur – wie § 293 ZPO sagt – befugt, sondern nach allgemeiner Meinung auch verpflichtet, den Inhalt des ihm unbekannten ausländischen Rechts im Rahmen des Möglichen von Amts wegen zu erforschen; dabei hat er alle ihm zugänglichen Erkenntnisquellen zu benutzen[4].

---

[2] RGZ 167, 274 (280); BGH 11. 5. 1956, IPRspr. 1956/57 Nr. 1; 29. 10. 1962, NJW 1963, 252 (253); a. A. *Wolff* 85; *Soergel-Siebert(-Kegel)*, vor Art. 7 Anm. 84–87; *Hoffmeyer*, Kann dahingestellt bleiben, welches Recht anzuwenden ist?: JZ 1957, 467 f.; *Steindorff*, Das Offenlassen der Rechtswahl im IPR und die Nachprüfung ausländischen Rechts durch das Revisionsgericht: JZ 1963, 200–205 (202).

[3] Ebenso *Riezler* 491; *Baumbach-Lauterbach*, § 293 Anm. 1 B; *Dölle*, Festschrift Nikisch 188; anders *Raape* 122; *Dölle*, Festschrift Raape 152.

[4] RGZ 126, 196 (202); RG 4. 11. 1933, JW 1934, 835 (836) mit Anm. *Süß*; BGH 5. 5. 1956, MDR 1957, 31 (33) mit Anm. *Pohle* = IPRspr. 1958/59 Nr. 62 A; 24. 11. 1960, NJW 1961, 410 = LM Nr. 2 zu § 293 ZPO; 21. 2. 1962, BGHZ 36, 348 (353);

Diese Pflicht obliegt nicht allein dem Prozeßrichter. Sie trifft in gleicher Weise den Richter der freiwilligen Gerichtsbarkeit einschließlich des Grundbuchrichters[5].

4. *Das ausländische Recht* bleibt für den deutschen Richter *fremdes Recht*, trotz der in § 293 ZPO vorgesehenen besonderen Behandlung und trotz der in §§ 549, 562 normierten Irrevisibilität (darüber unter II): weder nimmt es den Charakter einer Tatsache an[6] (so gilt der Grundsatz, daß Unstreitiges keines Beweises bedarf, für ausländisches Recht nicht), noch wird es Bestandteil der inländischen Rechtsordnung[7]. Der Rechtscharakter des ausländischen Rechts ergibt sich bereits aus dem Wortlaut des § 293 ZPO, der ausdrücklich auch das in einem anderen Staate geltende „Recht" dem Begriff „Rechtsnormen" unterstellt.

5. *Anwendung ausländischen Rechts* bedeutet für den deutschen Richter: Entscheide ebenso, wie der fremde Richter entscheiden würde. Maßgebend sind also nicht nur die positiven Normen des fremden Rechts. Vielmehr ist das fremde Recht so anzuwenden, wie es im Ausland tatsächlich gilt, in der Gestalt, die ihm Rechtslehre und Rechtsprechung gegeben haben[8]. Dabei darf der deutsche Richter alles tun, was der ausländische Richter tun darf. Er hat gegenüber dem ausländischen Recht den gleichen Grad von Freiheit, den dieser genießt.

Im einzelnen gilt folgendes: Die ausländischen Regeln über die Auslegung von Gesetzen sind zu beachten. Die höchstrichterliche Recht-

---

29. 10. 1962, NJW 1963, 252; 23. 6. 1964, NJW 1964, 2012; *Kegel* 178 und (oben N. 1) 458; *Neuhaus* 224; *Riezler* 494; *Soergel-Siebert(-Kegel)*, vor Art. 7 EGBGB Anm. 89.

[5] Vgl. LG Aachen 28. 7. 1964, Rpfleger 1965, 233 mit Anm. *Haegele*: Die mangelnde Kenntnis des Grundbuchrichters vom Inhalt des maßgeblichen ausländischen Rechts rechtfertigt nicht das Verlangen nach Vorlage eines Erbscheins; nicht einmal auf § 293 ZPO darf das Grundbuchamt zurückgreifen, da diese Vorschrift für das Grundbuchverfahren nicht gilt (a. A. offenbar KG 12. 12. 1929, JFG 7, 250, 255).

[6] Vgl. *Dölle*, JbMPG 1956, 37, 39; *ders.*, Festschrift Raape 151; *Neuhaus* 222 f.; *Ferid*, Festschrift Dölle (1963) II 130 ff.; a. A. KG 12. 12. 1929 (vorige Note). Nach *Schütze*, NJW 1965, 1652 f., ist ausländisches Recht dann als beweisbedürftige Tatsache anzusehen, wenn Vertragspartner Regeln des ausländischen Rechts nur zum Vertragsinhalt machen wollten (materiellrechtliche Verweisung).

[7] Vgl. außer den in der vorigen Note Genannten BayVerfGH 13. 3. 1956, IPRspr. 1956/57 Nr. 124 (S. 402); a. A. *Wengler*, Festschrift Laun (1953) 726 f., und *Stöcker*, JR 1965, 457 f.: Die Verweisung des IPR auf ein ausländisches materielles Privatrecht bedeutet Schaffung einer Parallelnorm zu der Norm der ausländischen Rechtsordnung, sowie *Knittel*, Geltendes und nicht geltendes Auslandsrecht im IPR (1963) 17 ff.: Formelle Rezeption des ausländischen Rechts.

[8] BGH 4. 2. 1960, WM 1960, 374 (375); 29. 10. 1962, NJW 1963, 252 (253); *Kegel* 179 f.; *Neuhaus* 222 f., 228 f.; *Raape* 124; *Dölle*, JbMPG 1956, 50; *Soergel-Siebert (-Kegel)*, vor Art. 7 EGBGB Anm. 92.

sprechung und das Schrifttum des ausländischen Staates sind in demselben Umfang zu befolgen, wie es dessen Gerichte tun. Soweit sie nicht Rechtsquelle sind, darf der deutsche Richter sie nach dem Gewicht ihrer Begründungen würdigen[9]. „Das Bewußtsein, das fremde Recht nicht hinreichend zu beherrschen, wird ihn davor behüten, die Rolle des täppischen Besserwissers zu spielen, und darauf beschränken, offensichtliche Versehen zu korrigieren." [10]

Hat die zu entscheidende Frage noch keine Antwort gefunden, so muß der deutsche Richter selbst eine Lösung suchen. Auch vor einer Fortbildung des ausländischen Rechts im Wege der richterlichen Rechtsschöpfung darf der Richter, wenn es not tut, nicht zurückschrecken.

Soweit ausländisches Recht anzuwenden ist, müssen bei einem non liquet in der Tatfrage auch dessen Beweislastregeln angewandt werden. Die lex fori entscheidet diese Frage nicht und kann sie auch nicht entscheiden[11].

6. Die *Art und Weise der Ermittlung* des ausländischen Rechts steht im pflichtgemäßen Ermessen des Richters. Ihm ist in § 293 ZPO eine besonders freie Stellung zugewiesen. Er ist weder an die Beweisanträge der Parteien noch an die Grenzen und Formen des Tatsachenbeweises oder an die in der ZPO vorgesehenen Beweismittel gebunden. Vielmehr kann er im Wege des Freibeweises von allen ihm zugänglichen Erkenntnisquellen Gebrauch machen[12].

In erster Linie hat der Richter eigenes Wissen zu verwerten. Oft kann er sich auch bereits durch eigene Nachforschungen, z. B. das Studium der ausländischen Gesetzestexte sowie der einschlägigen in- und ausländischen Literatur und Rechtsprechung, die fehlende Kenntnis verschaffen. In schwierigen Fällen kann er weiter Auskünfte deutscher oder ausländischer Juristen über das anzuwendende Recht einholen oder sich an sein Justizministerium, eine deutsche Vertretung im Ausland oder eine ausländische Vertretung im Inland wenden. Die Erfahrung hat dabei gelehrt, daß Auskunftersuchen an deutsche oder ausländische diplomatische Vertretungen nur in wenigen Fällen zu befriedigenden Ergebnissen führen. Es hängt allzusehr vom Zufall ab, ob bei den Botschaften oder Konsulaten, die ja von Haus aus andere Aufgaben haben, ein geeigneter und auch interessierter Jurist angetroffen wird. Von den deutschen Justizministerien unterstützt heute nur das

---

[9] RGZ 126, 196 (202).

[10] *Wolff* 86; vgl. auch *Dölle,* Festschrift Raape 154.

[11] Vgl. *Pohle,* Zur Beweislast im internationalen Recht: Festschrift Dölle (1963) II 317–339 (335); BGH 8. 11. 1951, BGHZ 3, 342 (346) = IPRspr. 1950/51 Nr. 2; 4. 2. 1960, NJW 1960, 774 (775).

[12] BGH 24. 11. 1960, NJW 1961, 410 = LM Nr. 2 zu § 293 ZPO; 28. 10. 1965, NJW 1966, 296 (298); *Dölle,* Festschrift Nikisch 189.

des Landes Baden-Württemberg in nennenswertem Umfang die Richter mit Auskünften über das anzuwendende ausländische Recht. Dagegen hat sich die Begutachtung des Falles durch spezialisierte Juristen, insbesondere durch auslandsrechtliche Institute, denen die Gerichte mit mehr oder weniger konkreten Fragen die Prozeßakten übersenden, nun schon seit vielen Jahren bewährt. Solche Gutachten erstatten außer dem Max-Planck-Institut für ausländisches und internationales Privatrecht (Direktor Prof. Zweigert) in Hamburg eine Reihe von auslandsrechtlichen Universitätsinstituten; zu nennen sind insbesondere die Institute in Köln (Prof. Kegel), München (Ferid), Berlin (Wengler) und Kiel (Menzel). Diese Stellen geben Rechtsgutachten über den konkreten Fall ab und begnügen sich nicht damit, die in Betracht kommenden ausländischen Rechtssätze mitzuteilen. Dabei werden die internationalprivatrechtlichen Fragen mit beantwortet, im übrigen wird jedoch von einer Stellungnahme zum deutschen Recht abgesehen. Die Auskünfte werden zumeist in angemessener Frist erteilt; die entstehenden Kosten sind verhältnismäßig gering, da die Gebühren aufgrund der Vorschriften des Gesetzes über die Entschädigung von Zeugen und Sachverständigen berechnet werden.

Bei allen diesen Möglichkeiten steht dem Gericht auch der Weg einer regelrechten Beweisaufnahme i. S. der ZPO offen. Die in der ZPO vorgesehene Beweisaufnahme ist nicht auf Tatsachen beschränkt. Es fehlt jeder Anhaltspunkt dafür, den Begriff des „Beweises" in § 293 ZPO irgendwie anders zu verstehen als in den vorhergehenden Bestimmungen[13]. Ob das Gericht förmlich Beweis erheben will, bleibt ihm überlassen.

Der Richter darf aber auch die Mithilfe der Parteien in Anspruch nehmen und sie zu Nachweisen auffordern. Insbesondere kann er einer Partei aufgeben, ein Gutachten einer des ausländischen Rechts kundigen Person oder Institution beizubringen. Damit trägt die Partei aber nicht die Beweislast für das Bestehen der ihr günstigen ausländischen Rechtsnorm[14]. Der Richter kann sich auf die von den Parteien beigebrachten Nachweise beschränken, wenn sie seine Überzeugung genügend stützen.

Zu der deutschen Praxis der Ermittlung fremden Rechts sei kritisch folgendes bemerkt: Die fortgesetzte Inanspruchnahme wissenschaftlicher Institute, so sehr sie sich auch in den letzten Jahrzehnten bewährt haben mag und so verläßlich deren Gutachten in der Regel sind, ist

[13] KG 25. 4. 1936, JW 1936, 1686 mit Anm. *Jonas*; BGH 14. 3. 1966, NJW 1966, 1364 = LM Nr. 1 zu § 25 GKG; *Rosenberg* 548. A. A. *Riezler* 494; *Baumbach-Lauterbach*, § 293 Anm. 2; *Koehler*, Die Feststellung ausländischen Rechts im Prozeß: JR 1951, 549–552 (550).

[14] BGH 24. 11. 1960 (oben N. 12); *Dölle*, Festschrift Raape 152.

nicht der Stein der Weisen. Sie belastet nicht nur diese Institute arbeitsmäßig oft so stark, daß für die eigentliche Forschungsarbeit Zeit und Kraft fehlen, sondern beschwört auch die Gefahr einer Bevormundung des Richters herauf, der die ihm erstatteten Gutachten in der Regel allenfalls auf ihre innere Schlüssigkeit, nicht aber auf ihre inhaltliche Richtigkeit hin überprüfen kann. Die Verpflichtung des Gerichts, über den Wert eines solchen Gutachtens in eigener Verantwortung zu befinden, steht hier wie bei vielen anderen Sachverständigengutachten oft nur auf dem Papier.

Die beste Lösung bleibt, den Richter zu befähigen, die anstehenden Fragen – von schwierigen Fällen abgesehen – selbst zu beantworten. Neben einer verbesserten Ausbildung der Richter auf den Gebieten des Internationalen Privatrechts und der Rechtsvergleichung ist dazu vor allem eine Konzentration der internationalen Fälle innerhalb der Justiz bei wenigen Stellen geeignet[15]. Ansätze in dieser Richtung bestehen schon. So werden bei manchen großen Landgerichten (z. B. Berlin und Hamburg) alle Scheidungssachen, in denen ausländisches Recht anzuwenden ist, einer bestimmten Kammer anvertraut; in Hamburg werden alle Vormundschaftssachen für Ausländer von ein und demselben Vormundschaftsrichter, in München alle Ausländernachlässe von demselben Nachlaßrichter bearbeitet. Da diese Maßnahmen bei großen Gerichten im Rahmen der Geschäftsverteilung getroffen werden können und keine Gesetzesänderung erfordern, ist ein Ausbau dieser Ansätze sehr zu wünschen. Darüber hinaus wäre zu erwägen, ähnlich wie für manche Gebiete des gewerblichen Rechtsschutzes (vgl. §§ 51 II PatG; 32 I WZG), durch entsprechende bundesgesetzliche Zuständigkeitsvorschriften den Landesregierungen die Möglichkeit zu geben, alle internationalen Fälle bei bestimmten Gerichten zu konzentrieren.

7. Besonderes gilt in *Eilfällen,* insbesondere bei Arrest und einstweiliger Verfügung sowie bei den einstweiligen Anordnungen nach § 627 ZPO. Kann hier der Inhalt des anwendbaren ausländischen Rechts erst nach langwierigen Ermittlungen festgestellt werden und würde dies eine schnelle vorläufige Regelung unmöglich machen, so ist deutsches Recht als die lex fori anzuwenden[16].

8. Im Bereich der *Hilfslösungen* ist zu unterscheiden, ob ein Tatbestandsmerkmal der inländischen Kollisionsnorm nicht sicher festgestellt werden kann oder ob der Inhalt des von der Kollisionsnorm berufenen ausländischen Rechts nicht zu ermitteln ist.

Im ersten Falle ist – falls die Frage nach dem anwendbaren Recht

---

[15] Vgl. *Neuhaus* 227f.; *Zweigert,* JurJb. 1 (1960) 145f.; kritisch dagegen *Ferid* in: Recueil d'Etudes en l'honneur de Hidebumi Egawa (Tokio 1961) 31.

[16] KG 25. 5. 1936, JW 1936, 3577 mit abl. Anm. *Jonas*; OLG Düsseldorf 19. 8. 1965, FamRZ 1965, 616; *Dölle,* Festschrift Nikisch 194.

nicht überhaupt offenbleiben kann – nach einem Vorschlag von *Kegel* zunächst auf die wahrscheinlichste Anknüpfung, dann nacheinander auf die engere Beziehung, die auf Deutschland bezügliche Anknüpfung und schließlich auf die nächstschwächere Anknüpfung abzustellen. Steht eine schwächere Anknüpfung nicht zur Verfügung, so ist im ordentlichen Rechtsstreit zu Lasten der Partei zu erkennen, zu deren Gunsten nur auf Grund einer nicht feststellbar anwendbaren Rechtsordnung erkannt werden könnte, hingegen in Statussachen und in Angelegenheiten der freiwilligen Gerichtsbarkeit deutsches Recht anzuwenden[17].

Mehr erörtert wird die Frage, wie zu entscheiden ist, wenn die Bemühungen des Richters und der Parteien um die Feststellung des fremden Rechtssatzes erfolglos geblieben sind. Hier werden als Lösungen vor allem Klagabweisung[18], die Anwendung des nächstverwandten Rechts[19] sowie die Anwendung deutschen Rechts[20] vorgeschlagen.

Richtig dürfte folgendes sein:

Die für Tatsachen geltenden Prozeßrechtssätze können hier nicht ohne weiteres übernommen werden. Der Richter darf nicht sofort gegen die Partei entscheiden, die aus der Anwendung des nicht feststellbaren fremden Rechts Ansprüche für sich herleitet, und wegen Nichtermittlung des maßgebenden fremden Rechts die Klage abweisen. Dies liefe auf eine Justizverweigerung hinaus.

Vielmehr hat der Richter sich zunächst mit Näherungswerten zu begnügen. Es gilt der Grundsatz der größten Wahrscheinlichkeit. Der Richter hat das Recht anzuwenden, das dem von der eigenen Kollisionsnorm gewollten Ergebnis am nächsten kommt. Folglich hat der Richter zunächst zu versuchen, Lücken aus dem zur Anwendung berufenen Recht selbst heraus zu füllen. So kann er z. B. bei Nichtfeststellbarkeit einer lex specialis auf die lex generalis zurückgreifen oder im Wege der Analogie zu bekannten Rechtssätzen den ihm unbekannten Rechtssatz zu eruieren suchen. Ist der neueste Rechtszustand nicht bekannt, so darf er auf den letzten bekannten Stand abstellen. Alsdann hat der Richter das Recht heranzuziehen, das mit dem zuständigen, aber nicht feststellbaren Recht am engsten verwandt ist. Er muß also auf Vorbildrechtsordnungen zurückgreifen oder Tochterrechtsordnungen befragen. Dieser Vorgang ist nicht so zu begreifen, daß das eigentlich zuständige

---

[17] *Kegel* 182 und in *Soergel-Siebert*, vor Art. 7 EGBGB Anm. 114. Dagegen stellt *Raape* (S. 123) regelmäßig alsbald auf die lex fori ab.

[18] *Rosenberg* 548 und wohl auch BGH 24. 11. 1960, NJW 1961 410 = LM Nr. 2 zu § 293 ZPO.

[19] *Kegel* 182; *Soergel-Siebert(-Kegel)*, vor Art. 7 EGBGB Anm. 115; *Wolff* 88 f.; *Raape* 123; *Dölle*, JbMPG 1956, 48 f.; *Stein-Jonas*, ZPO (18. Aufl. 1953 ff.), § 293 Anm. IV 2; *Koehler* (oben N. 13) 551.

[20] *Riezler* 497 f.; *Baumbach-Lauterbach*, § 293 Anm. 2; *Dölle*, Festschrift Nikisch 192.

Recht vollends fallengelassen wird und eine verwandte Rechtsordnung an dessen Stelle tritt. Vielmehr dient die Heranziehung eines verwandten Rechts nur zur Ermittlung des wahrscheinlichen Inhalts des unbekannten maßgebenden Rechts und zur Füllung von Lücken in der Kenntnis dieses Rechts. Schließlich kann der Richter auch gewisse allgemeine Rechtsgrundsätze (z. B. pacta sunt servanda) als überall geltend voraussetzen.

Stets muß jedoch ein gewisser Grad an Wahrscheinlichkeit erreicht sein. Eine nur möglicherweise geltende Rechtsnorm, die in keiner verwandten Rechtsordnung Niederschlag gefunden hat und die vielleicht nur in der Vorstellung einer Partei besteht, kann nicht angewandt werden. Bestand und Inhalt einer derartigen Norm sind zu ungewiß, um Grundlage einer richterlichen Entscheidung sein zu können[21]. Führen die angegebenen Wege nicht weiter, läßt sich z. B. eine verwandte Rechtsordnung nicht auffinden, so wird in Statussachen und in Angelegenheiten der freiwilligen Gerichtsbarkeit häufig die lex fori herangezogen werden können. Die Anwendung der lex fori in diesen Fällen beruht jedoch nicht auf der Vermutung, das fremde Recht stimme mit der lex fori überein, sondern ist eine Notlösung, weil eben „der Knoten durchgehauen werden muß"[22]. Ausnahmen hiervon ergeben sich vor allem aus der Natur der Dinge. So läßt sich z. B. schwerlich nach deutschem Recht beurteilen, ob eine im Ausland geschlossene Ehe der Ortsform entspricht. Im ordentlichen Zivilprozeß über vermögensrechtliche Angelegenheiten dürfte sich dagegen ein Rückgriff auf die lex fori zumindest dann verbieten, wenn das anwendbare Recht nur teilweise nicht festgestellt werden kann. Hier darf der Richter zum Nachteil der Partei erkennen, zu deren Gunsten nur aufgrund eines nicht feststellbaren Rechtssatzes der zuständigen Rechtsordnung erkannt werden könnte[23].

Man sollte jedoch allen diesen Fragen nicht zuviel Gewicht beimessen. Fälle, in denen der Inhalt des anwendbaren Rechts auch nicht annäherungsweise ermittelt werden kann, kommen in der deutschen Gerichtspraxis kaum vor. In einem dieser seltenen Fälle ging es um das vor dem Zweiten Weltkrieg in Afghanistan geltende Wechselrecht[24], wobei anzumerken ist, daß man in Afghanistan damals den Wechsel überhaupt noch nicht kannte, es also ein afghanisches Wechselrecht höchstwahrscheinlich überhaupt nicht gab.

---

[21] Vgl. BGH (oben N. 18). [22] *Raape* 123; vgl. auch *Riezler* 497.

[23] Vgl. auch BGH (oben N. 18). Zum Nachteil der Partei zu entscheiden, die den Richter nicht in seiner Forschungspflicht unterstützt hat – so *Süß*, JW 1934, 835 –, dürfte nur in Extremfällen in Betracht zu ziehen sein, z. B. wenn eine Partei bewußt Material zurückhält (vgl. § 444 ZPO). Siehe auch *Riezler* 496.

[24] BGH (oben N. 18).

II. Die Revisibilität ausländischen Rechts

1. Ausländisches Recht ist grundsätzlich *irrevisibel*. Nach § 549 I ZPO kann die Revision nur darauf gestützt werden, daß die angefochtene Entscheidung auf der Verletzung einer Vorschrift des Bundesrechts oder der Verletzung einer sonstigen im Bereich des Berufungsgerichts geltenden Vorschrift beruht, deren Geltungsbereich sich über den Bereich des Berufungsgerichts hinaus erstreckt oder die dem Bergrecht, dem gemeinen [römischen] Recht, dem französischen Recht[25] oder dem Badischen Landrecht einschließlich seiner Zusätze angehört. Danach kann mit der Revision nicht gerügt werden, daß ausländisches Recht nicht richtig angewandt worden sei[26]. Folglich ist die Entscheidung des Berufungsgerichts über das Bestehen und den Inhalt ausländischer Gesetze für die auf die Revision ergehende Entscheidung maßgebend, § 562 ZPO.

Eine andere Frage ist, ob das Instanzgericht überhaupt das richtige Recht angewandt hat. Welche Rechtsordnung zur Regelung des Falles berufen ist, bestimmt das inländische Internationale Privatrecht. Der Irrtum über das anwendbare Recht bedeutet also eine Verletzung inländischen Rechts. Daher kann mit der Revision geltend gemacht werden, das Prozeßgericht hätte seiner Entscheidung an Stelle des angewandten deutschen Rechts ausländisches oder an Stelle des angewandten ausländischen Rechts deutsches oder ein anderes ausländisches Recht zugrunde legen müssen. Dagegen ist es falsch, bereits in jeder Fehlinterpretation ausländischen Rechts zugleich einen Verstoß gegen die inländische Kollisionsnorm deshalb zu sehen, weil diese nicht nur die Anwendung eines bestimmten ausländischen Rechts, sondern auch dessen richtige Anwendung vorschreibe. Zu Recht bezeichnet *Dölle* diese verbreitete Auffassung als „eine sehr spitzfindige Interpretation", die im Grunde nichts anderes sei als ein „dialektischer Kunstgriff", mit dem man „den Willen des Gesetzgebers zu umgehen versucht"[27].

Die in §§ 549, 562 ZPO getroffene Regelung beruht auf dem Gedanken, daß das Revisionsverfahren zuvörderst eine einheitliche Linie in der Anwendung und Fortbildung des inländischen Rechts gewährleisten

---

[25] Wenn § 549 I ZPO auch das französische Recht für nachprüfbar erklärt, so ist damit – wie sich bereits aus dem Zusammenhang ergibt – das französische Recht gemeint, soweit es in einigen Teilen Deutschlands zur Zeit der Schaffung der ZPO gegolten hat.

[26] Unstreitig. Siehe z. B. RGZ 95, 268 (272); 104, 389 (392); 126, 191 (200 f.); BGHZ 3, 342 (345 f.); 27, 47 (49); 36, 348 (350, 353); *Rosenberg* 701 f.; *Baumbach-Lauterbach*, § 549 Anm. 2 B.

[27] *Dölle*, JbMPG 1956, 58; siehe auch *Neuhaus* 225.

soll. Wenn es um die Anwendung ausländischen Rechts geht, ist dieses Bedürfnis nicht so groß, weil die Fälle der Maßgeblichkeit fremden Rechts seltener sind[28]. Außerdem will man vermeiden, daß das deutsche Revisionsgericht durch eine Fehlinterpretation ausländischen Rechts an Autorität verliert. Aus Zweckmäßigkeitsgründen also hat der deutsche Gesetzgeber das ausländische Recht nicht der Kontrolle des höchsten Zivilgerichts unterworfen. Dagegen läßt sich diese Rechtslage nicht mit der Auffassung erklären, ausländisches Recht sei als bloße Tatsache anzusehen, deren Nachprüfung ohnehin nicht dem Revisionsrichter obliege. In Deutschland wird an dem Rechtscharakter des ausländischen Rechts nicht gezweifelt[29].

De lege ferenda lehnt die Wissenschaft die bestehende Regelung einmütig ab[30]. Gerade bei der Anwendung ausländischen Rechts ist – wie die Erfahrung lehrt – die Gefahr unzulänglicher und fehlerhafter Entscheidungen besonders groß. Die Gerechtigkeit gebietet, daß der Tatsachenrichter hier höchstrichterlich geführt wird und seine Entscheidung mittels der Revision inhaltlich nachgeprüft werden kann. Dieses Gebot wird um so zwingender, je höher bei der zunehmenden internationalen Verflechtung die Zahl der Fälle mit Auslandsberührung wird. Gerade das Revisionsgericht bürgt mit seinen qualifizierten Richtern und seinen besseren Informationsmöglichkeiten am ehesten für die richtige Auslegung ausländischen Rechts und für dessen sachgerechte Anwendung durch das Instanzgericht.

Der bloße Prestigegesichtspunkt, die unvermeidlichen Irrtümer bei der Anwendung fremden Rechts könnten der Autorität des obersten Gerichts schaden, ist der Justiz unwürdig und trifft außerdem nicht zu, da kein Verständiger die hier zu bewältigenden besonderen Schwierigkeiten übersehen wird. Im Gegenteil! Es ist dem deutschen Ansehen weitaus abträglicher, daß selbst grobe Irrtümer der Instanzgerichte bei der Auslegung fremden Rechts nicht mit Hilfe der Revision korrigiert werden können.

Auch der praktische Hinweis auf die bereits bestehende Überlastung des Bundesgerichtshofs vermag demgegenüber nicht zu überzeugen. Dieser Überlastung muß und kann auch anders begegnet werden.

2. Zum *Umfang der Irrevisibilität* ausländischen Rechts ist zu betonen, daß der Grundsatz von der Rechtsprechung weitgehend ernst genommen und konsequent durchgeführt wird.

So werden selbst solche ausländischen Vorschriften nicht für revisibel erachtet, die mit den in Deutschland geltenden übereinstimmen, weil das ausländische Recht ein einheitliches Ganzes ist und nicht durch

---

[28] Vgl. BGHZ 36, 348 (353).

[29] Siehe oben I 4.

[30] *Dölle*, Festschrift Raape 154; *ders.*, JbMPG 1956, 60; *Kegel* 181; *Neuhaus* 226 f.; *Riezler* 502 f.; *Soergel-Siebert(-Kegel)*, vor Art. 7 EGBGB Anm. 118.

Herausnehmen einzelner Vorschriften in seinem Zusammenhang zerrissen werden darf[31].

Die Revision kann auch dann nicht auf die Verletzung ausländischen Rechts gestützt werden, wenn die gerügte Rechtsverletzung eine von Amts wegen zu berücksichtigende Prozeßvoraussetzung betrifft. Das ist unstreitig, soweit die Zulässigkeit des Rechtsweges, die Parteifähigkeit und die gesetzliche Vertretung im Prozeß in Rede stehen[32]. Streitig ist dagegen, ob Feststellungen des Berufungsgerichts über das ausländische Recht für das Revisionsgericht auch dann bindend sind, wenn davon die deutsche internationale Zuständigkeit abhängt[33].

Ist eine deutsche Bestimmung von vornherein nur für einen begrenzten räumlichen Bereich erlassen worden, der heute nicht mehr zum deutschen Staatsgebiet gehört, und hat sich ihre Anwendung auch tatsächlich während ihrer gesamten Geltungsdauer auf diesen Bereich beschränkt, so kann die Auslegung, die ihr der Tatrichter gegeben hat, ebenfalls nicht in der Revisionsinstanz nachgeprüft werden[34].

Ebenso wie ausländische Gesetze sind ausländische allgemeine Geschäftsbedingungen der Beurteilung durch den Bundesgerichtshof entzogen[35].

Schließlich ist die mangelnde Revisibilität einer Vorschrift nicht nur nach der positiven, sondern auch nach der negativen Seite hin zu beachten. Sollte durch die Nichterwähnung der irrevisiblen Norm im Berufungsurteil zum Ausdruck gebracht werden, daß eine solche entweder nicht besteht oder auf den vorliegenden Fall nicht anwendbar ist, so ist das Revisionsgericht auch hieran gemäß § 549 ZPO gebunden[36]. Dagegen ist es befugt, von sich aus das ausländische Recht anzuwenden, wenn das Berufungsgericht die irrevisible Norm erwiesenermaßen übersehen oder gar nicht gekannt und sie deswegen in seiner

---

[31] BGH 13. 7. 1959, NJW 1959, 1873 = IPRspr. 1958/59 Nr. 3; 4. 2. 1960, WM 1960, 374 (375); 29. 10. 1962, NJW 1963, 252 = JZ 1963, 214; BGHZ 42, 385 (388); *Soergel-Siebert(-Kegel)*, vor Art. 7 EGBGB Anm. 117. – A. A. *Steindorff* (oben N. 2) 203 ff., wenn die ausländischen Vorschriften übereinstimmend mit deutschem Recht in Vollzug eines völkerrechtlichen oder eines im europäischen Gemeinschaftsrecht begründeten Gebots zur Rechtsvereinheitlichung erlassen worden sind. – Ebenso wird Landesrecht nicht dadurch revisibel, daß in mehreren Bundesländern eine inhaltsgleiche Regelung besteht. Jedoch macht hier der BGH von diesem Grundsatz dann eine Ausnahme, wenn die Übereinstimmung bewußt und gewollt zum Zwecke der Vereinheitlichung aufrechterhalten oder herbeigeführt worden ist (vgl. BGH 22. 9. 1958, LM Nr. 47 zu § 549 ZPO; 4. 4. 1966, WM 1966, 621 [623] = MDR 1966, 753).

[32] Vgl. BGHZ 21, 214 (217); 40, 197 (200); BGH 30. 6. 1965, NJW 1965, 1666 = JZ 1965, 580.

[33] So BGHZ 27, 47 = JZ 1959, 411 mit abl. Anm. *Zweigert* = IPRspr. 1958/59 Nr. 1; a. A. auch RGZ 150, 293 (295) sowie *Kegel* 181.

[34] BGHZ 42, 70.

[35] BGH 3. 2. 1966, VersR 1966, 441 = WM 1966, 450.

[36] Vgl. BGHZ 21, 214 (217); 40, 197 (200).

Entscheidung nicht angeführt und gewürdigt hat[37]. Diese dialektische Unterscheidung dürfte im Einzelfall manche Zweifelsfragen aufwerfen, ist jedoch vom Ergebnis her zu begrüßen[38].

3. Der letzterwähnte Fall führt bereits zu den *Einschränkungen,* die der Grundsatz, daß die Revision nicht auf die Verletzung ausländischen Rechts gestützt werden kann, erfahren hat.

So ist dem Revisionsgericht die Anwendung ausländischen Rechts dann nicht verwehrt, wenn das Berufungsgericht auf das ausländische Recht überhaupt nicht eingegangen ist. Hier ermittelt der Bundesgerichtshof von sich aus den Inhalt des maßgebenden ausländischen Rechts, sofern er aufgrund des vom Tatrichter festgestellten Sachverhalts abschließend entscheiden kann[39]. Ebenso berücksichtigt das Revisionsgericht ein neues, erst nach Erlaß des angefochtenen Urteils geschaffenes ausländisches Gesetz, das nach seinem zeitlichen Geltungsbereich das streitige Rechtsverhältnis erfaßt[40].

Die Feststellung des Vorderrichters über den Inhalt des ausländischen Rechts wird ferner nachgeprüft, soweit in Frage steht, ob das nach deutschem Internationalen Privatrecht anwendbare fremde Recht auf deutsches Recht zurückverweist[41]. Diese Nachprüfung erstreckt sich aber wohlgemerkt nur auf die Frage, ob *deutsches* Recht zu Unrecht angewandt oder nicht angewandt worden ist. Verweist das maßgebliche ausländische Recht auf ein anderes ausländisches Recht weiter und verweist dieses wiederum auf das – zunächst maßgebliche – ausländische Recht zurück, fehlt es also an einer Zurückverweisung auf deutsches Recht, so ist für eine revisionsrichterliche Nachprüfung der Weiter- und Rückverweisung mangels Revisibilität ausländischen Rechts kein Raum[42]. Begründet wird die Nachprüfung einer vom ausländischen Recht ausgesprochenen Rückverweisung auf deutsches Recht damit, daß die ausländischen Kollisionsnormen nicht der Entscheidung des Streitfalles dienten, sondern nur eine Vorfrage beantworteten, die praktisch immer noch im Rahmen des heimischen Rechts, nämlich des Art. 27 EGBGB, zu lösen sei. Geht man von dieser Begründung aus, so läßt sich ein gewisser Widerspruch in der Rechtsprechung des Bundesgerichts-

---

[37] BGHZ 24, 159 (164); 40, 197 (200 f.).

[38] Vgl. *Dölle,* Pflicht zur redlichen Prozeßführung: Festschrift Riese (1964) 279 ff. (283).

[39] BGH 11. 7. 1957, IPRspr. 1956/57 Nr. 34 (S. 132); 14. 5. 1959, IPRspr. 1960/61 Nr. 3.

[40] BGHZ 36, 348.

[41] Vgl. RGZ 136, 361 (362); 145, 85 (86); BGHZ 24, 352 (354 f.); 28, 375 (381); BGH 14. 2. 1958, IPRspr. 1958/59 Nr. 39 (S. 159) = NJW 1958, 750 (751); 2. 5. 1966, WM 1966, 1014 (1015 f.); *Raape* 126 f.; *Soergel-Siebert(-Kegel),* vor Art. 7 EGBGB Anm. 120; *Dölle,* Festschrift Raape 154.

[42] BGH 2. 5. 1966 (vorige Note).

hofs feststellen, da das Gericht z. B. das ausländische Recht nicht nachprüfen zu dürfen glaubt, wenn die internationale Zuständigkeit deutscher Gerichte vom Inhalt des ausländischen Rechts abhängt[43].

Fremdrecht unterliegt der selbständigen Beurteilung des Revisionsrichters ferner dort, wo die Anerkennung eines ausländischen Urteils nach § 328 I Nr. 5 ZPO von der Verbürgung der Gegenseitigkeit abhängt[44]. Hierdurch wird in dieser wichtigen Frage die sachlich gebotene einheitliche Rechtsprechung gesichert.

Darüber hinaus lassen sich eine ganze Reihe von Ausnahmen in weiterem Sinne feststellen, die insbesondere de lege ferenda zeigen, auf wie schwachen Füßen der Grundsatz der Irrevisibilität ausländischen Rechts steht.

So wird nachgeprüft, ob der Vorderrichter nicht deutsches Verfahrensrecht verletzt hat, weil er seiner Pflicht zur Ermittlung des im Ausland geltenden Rechts unter Ausschöpfung aller ihm zugänglichen Erkenntnisquellen nicht hinreichend nachgekommen ist. Ein Verstoß gegen diese Pflicht bildet eine Verletzung des § 293 ZPO, auf die die Revision gestützt werden kann[45]. Allerdings ist dabei einschränkend auf zweierlei hinzuweisen. Die Art und Weise, wie der Tatrichter sich die Kenntnis des ausländischen Rechts verschafft, liegt in seinem pflichtgemäßen Ermessen, das grundsätzlich nicht im Wege der Revision nachgeprüft werden kann[46]. Ebensowenig kann auf dem Umweg über § 293 ZPO durch die Rüge mangelhafter Rechtsaufklärung die Nachprüfung der Auslegung nichtrevisiblen ausländischen Rechts erreicht werden. Die Verletzung ausländischen Rechts bildet auch dann keinen Revisionsgrund, wenn die Ausführungen des Berufungsgerichts über das ausländische Recht nicht erschöpfend sind. Eine derartige Überprüfung des angefochtenen Urteils würde im Ergebnis auf eine Beurteilung irrevisiblen Rechts hinauslaufen[47]. Ferner kann vom Standpunkt der Auslegung, die das Berufungsgericht selbst dem ausländischen Recht gibt, die Urteilsbegründung verfahrensrechtlich zu beanstanden sein. Das ist insbesondere der Fall, wenn der Berufungsrichter ein Vorbringen, ein Beweisangebot oder das Ergebnis einer etwaigen Beweisaufnahme übersehen hat, obwohl es von dem Rechtsstandpunkt aus, den er für das nichtrevisible Recht eingenommen hat, beachtlich war[48]. Hier ist die Vorschrift des § 286 ZPO verletzt.

---

[43] Siehe oben bei N. 33. [44] RGZ 115, 103; BGHZ 42, 194 (197).

[45] Vgl. RGZ 126, 196 (202); BGH 5. 5. 1956, MDR 1957, 31 mit Anm. *Pohle* = IPRspr. 1958/59 Nr. 62 A; *Baumbach-Lauterbach*, § 549 ZPO Anm. 2 B; *Riezler* 502.

[46] BGH 29. 10. 1962, NJW 1963, 252 = JZ 1963, 214.

[47] RGZ 114, 197 (200); 152, 23 (29); BGH (vorige Note) 253 bzw. 215.

[48] BGHZ 3, 342 (346 f.); BGH 4. 2. 1960, WM 1960, 374 (375); 10. 6. 1965, WM 1965, 787.

Gelegentlich gibt der Bundesgerichtshof Hinweise über den Inhalt des anzuwendenden nichtrevisiblen Rechts, wenn das angefochtene Urteil aus anderen Gründen aufgehoben und der Rechtsstreit zur erneuten Verhandlung und Entscheidung an das Berufungsgericht zurückverwiesen werden muß[49].

Im Verfahren der *freiwilligen Gerichtsbarkeit* darf bei der Entscheidung über die weitere Beschwerde allgemein nachgeprüft werden, ob die Vorinstanz das ausländische Recht richtig angewandt hat, da in § 27 FGG nicht mit auf den § 549 ZPO verwiesen wird[50]. Dagegen rechtfertigt eine unterschiedliche Auslegung und Anwendung ausländischen Rechts nicht die Vorlage der Sache an den Bundesgerichtshof. Denn § 28 II 1 FGG verlangt ausdrücklich eine Meinungsverschiedenheit bei der Auslegung einer „reichsgesetzlichen" Vorschrift.

Im *arbeitsgerichtlichen Verfahren* ist ausländisches Recht unbeschränkt revisibel[51]. Ebenso kann im *Strafprozeß* (z. B. bei Beurteilung einer privatrechtlichen Vorfrage) die Revision auf die fehlerhafte Anwendung ausländischen Rechts gestützt werden[52].

4. Wie nicht zuletzt die zahlreichen Einschränkungen und Durchbrechungen des Grundsatzes der Irrevisibilität des ausländischen Rechts zeigen, ist die Vorschrift des § 549 ZPO *innerlich nicht gerechtfertigt.* Wenn dies auch den Richter nicht von dem Gehorsam gegenüber dem Gesetz befreit, so ist es jedenfalls ein zureichender Grund, die Vorschrift einschränkend zu interpretieren[53]. Einen Schritt auf diesem Wege hat der Bundesgerichtshof getan, indem er den Einwand einer Partei, der Grundsatz der Irrevisibilität müsse bei ausländischem Recht „generell und ausnahmslos" durchgeführt werden, als keineswegs überzeugend zurückgewiesen hat[54]. Der Bundesgerichtshof sollte daher den Mut finden, den de lege lata geltenden Grundsatz der Irrevisibilität ausländischen Rechts generell einschränkend auszulegen und anzuwenden.

De lege ferenda ist aus Gründen der Gerechtigkeit eine Korrektur der Entscheidung des Gesetzgebers erwünscht. Gerade bei der Anwendung ausländischen Rechts besteht ein Bedürfnis nach höchstrichterlicher Kontrolle. Dort, wo Irrtümer der Instanzgerichte besonders naheliegen,

---

[49] Vgl. BGH 12. 7. 1963, RzW 1964, 80.

[50] Vgl. BGH 4. 3. 1960, FamRZ 1960, 229 (230); BGHZ 44, 121 (127).

[51] *Gamillscheg,* Internationales Arbeitsrecht (1959) 399 mit weiteren Nachweisen in N. 16; *ders.,* RabelsZ 24 (1959) 354.

[52] Vgl. RGSt. 57, 46 (48); *Staubach,* Die Anwendung ausländischen Strafrechts durch den inländischen Richter (1964) 232.

[53] Vgl. BGHZ 42, 194 (197) betr. das Erfordernis der Verbürgung der Gegenseitigkeit bei der Anerkennung ausländischer Urteile, das ebenfalls überwiegend negativ beurteilt wird.

[54] BGHZ 36, 348 (353).

darf der Weg zu einer Korrektur nicht versperrt sein. Gestattet man dem Revisionsgericht, die Auslegung fremden Rechts nachzuprüfen, so trägt man nicht nur den Bedürfnissen des internationalen Rechtsverkehrs im Zuge der gegenwärtigen Ausweitung der zwischenstaatlichen Kommunikation Rechnung, sondern tut zugleich einen gewichtigen Schritt gegen die immer wieder zu beobachtende, psychologisch verständliche Neigung vieler Untergerichte, den Inhalt ausländischer Gesetze nur oberflächlich zu ermitteln.

ÖSTERREICH

Prof. Dr. Michael Schwimann, Salzburg*

A. Vorbemerkung

In der Frage der Anwendung und Ermittlung ausländischen Rechtes samt allen damit zusammenhängenden Problemen unterscheidet sich die österreichische Rechtslage nur wenig von der deutschen (d. h. in der Bundesrepublik Deutschland geltenden): Die wenigen gesicherten Erkenntnisse sind in Österreich und Deutschland im wesentlichen die gleichen und hinsichtlich der umstrittenen Probleme stellt die österreichische Lehre und Judikatur im großen und ganzen nicht mehr als einen Abklatsch der in Deutschland ausgetragenen Meinungskontroversen dar; Buntheit und Akzente sind hier in Österreich kaum anders verteilt als in Deutschland. Die Ursachen hierfür sind bekannt: Soweit im gesetzesfreien Raum operiert werden muß, liegen sie in der seit *Walker* entscheidenden Beeinflussung der österreichischen durch die deutsche Theorie; und dort, wo die Rechtslage positiviert ist, bestehen die Ursachen der Kongruenz in der weitgehenden Gleichheit des österreichischen und deutschen Gesetzesmaterials, die sich vor allem in den beinahe gleichlautenden Bestimmungen des § 271 österr. ZPO und des § 293 deutsche ZPO manifestiert.

Zwei wesentliche Umstände müssen jedoch schon an dieser Stelle hervorgehoben werden: Im Gegensatz zu Deutschland haben sich Lehre und Rechtsprechung in Österreich überwiegend für die Revisibilität des ausländischen Rechts entschieden. Davon abgesehen ist die österreichische Rechtsprechung jedoch gerade im vorliegenden Themenkreis derart schwankend und unsicher, daß sie kaum in einer Frage eine gesicherte Aussage über die österreichische Rechtswirklichkeit zuläßt.

---

*Abgekürzt werden zitiert: *Paul L. Baeck*, Die praktische Anwendung fremden Rechtes in den USA und Österreich: ZfRV 2 (1961) 85–103; *W. Kralik*, Jura novit curia und das ausländische Recht: ZfRV 3 (1962) 75–100.

Sonstige Abkürzungen: GlU NF = Sammlung von zivilrechtlichen Entscheidungen des k. k. Obersten Gerichtshofes (Neue Folge); Rspr. = Die Rechtsprechung (Wien); SZ = Entscheidungen des österreichischen Obersten Gerichtshofes in Zivil- und Justizverwaltungssachen; ZBl. = Zentralblatt für die juristische Praxis; ZfRV = Zeitschrift für Rechtsvergleichung.

B. Darstellung

I. Kollisionsrechtliche Anknüpfung

1. Die Lösung der *kollisionsrechtlichen* Frage, ob ein internationalprivatrechtlicher Sachverhalt vorliegt und nach welcher der in Betracht kommenden materiellen Rechtsordnungen („Sachnorm") dieser Sachverhalt auf Grund des inländischen internationalen Privatrechtes (IPR) unter Berücksichtigung von Rück- und Weiterverweisung und Vorbehaltsklausel zu beurteilen ist, fällt ebenso unter die *amtswegige Prüfungspflicht* des Richters wie die Lösung rechtlicher Vorfragen, von denen die kollisionsrechtliche Anknüpfung abhängt (z. B. Staatsbürgerschaftsfragen). Die Parteien müssen sich weder darauf berufen, *daß* ausländisches Recht anzuwenden sei, noch ist es ihre Sache, anzugeben, *welche* ausländische Rechtsordnung maßgeblich sein soll. Ausländisches Recht muß, sofern dies das inländische IPR verlangt, sogar gegen den Willen der Parteien angewendet werden. Eine falsche Lösung der kollisionsrechtlichen Frage (d. h. die Anwendung einer falschen Rechtsordnung) stellt eine Verletzung der inländischen Kollisionsnorm dar und ist deshalb unbestritten revisibel! Dies alles ist trotz mancher Streitpunkte und Unklarheiten heute die in Österreich wohl herrschende Ansicht[1].

2. Eine damit meist vermengte, jedoch völlig andere Frage ist es, ob der Richter die für die *kollisionsrechtliche* Anknüpfung maßgebenden *tatsächlichen* Sachverhaltsumstände von Amts wegen festzustellen hat oder ob er an das Parteivorbringen gebunden ist. Diesbezüglich sind die von der österreichischen Lehre und Rechtsprechung vertretenen Ansichten völlig verworren[2].

Für eine richtige Lösung dieser Frage wird man unterscheiden müssen: Ist das Verfahren als solches bereits vom *Untersuchungsgrundsatz* beherrscht (wie etwa das „Außerstreitverfahren" = Verfahren der freiwilligen Gerichtsbarkeit), dann hat der Richter auch den kollisionsrechtlichen Sachverhalt ohne Zweifel *von Amts wegen* zu ermitteln und aufzuklären. Steht das Verfahren als solches jedoch unter der *Parteiendispositionsmaxime*, so trifft den Richter zwar keine unmittelbare amtswegige Aufklärungs- und Ermittlungspflicht; gemäß § 182 Abs. 1

---

[1] Siehe etwa *Sperl*, Lehrbuch der Bürgerlichen Rechtspflege I (1930) 302; *Walker*, Internationales Privatrecht, 5. Aufl. 1934, 235, 237; *Paul L. Baeck*, ZfRV 1961, 91. Ebenso OGH 4. 10. 1961, SZ 34 Nr. 134; OGH 30. 7. 1931, Rspr. 1932 Nr. 1 mit Anm. *Wahle*.

[2] Vgl. insbes. OHG 13. 4. 1962, JBl. 1962, 440; OGH 4. 10. 1961, SZ 34 Nr. 134; OGH 30. 7. 1931, Rspr. 1932 Nr. 1; *Wahle*, Anm. zu OGH 30. 7. 1931, Rspr. 1932, 1 ff.; *Novak*, Anm. zu OGH 13. 4. 1962, JBl. 1962, 441; *W. Kralik*, ZfRV 1962, 91.

österr. ZPO ist er aber auch hier verpflichtet, im Rahmen seiner „*diskretionären Gewalt*" zum Zwecke der Ermittlung und Aufklärung des kollisionsrechtlichen Sachverhaltes

„... durch Fragestellung oder in anderer Weise darauf hinzuwirken, daß die für die Entscheidung erheblichen tatsächlichen Angaben gemacht oder ungenügende Angaben über die ... geltend gemachten Umstände vervollständigt, die Beweismittel für diese Angaben bezeichnet oder die angebotenen Beweise ergänzt und überhaupt alle Aufschlüsse gegeben werden, welche zur wahrheitsmäßigen Feststellung des Tatbestandes der von den Parteien behaupteten Rechte und Ansprüche notwendig erscheinen" (§ 182 Abs. 1 österr. ZPO)[3].

Erst wenn der Richter nach Ausschöpfung aller dieser Möglichkeiten noch immer nicht der Überzeugung ist, daß die vom inländischen IPR geforderten *tatsächlichen* Voraussetzungen für die Anknüpfung an eine bestimmte ausländische Rechtsordnung erfüllt sind, dann ist er berechtigt und verpflichtet, das inländische materielle Recht anzuwenden. Nur in diesem Sinne ist der von österreichischer Lehre und Rechtsprechung mißverständlich formulierte Satz richtig, daß „der österreichische Richter *im Zweifel* österreichisches Recht anzuwenden habe"[4]. Die Nichtbefolgung der aus § 182 Abs. 1 österr. ZPO sich ergebenden Richterpflicht wird sogar einen Verfahrensmangel darstellen, der im Rechtsmittelwege geltend gemacht werden kann[5].

Allerdings darf nicht vergessen werden, daß die *diskretionäre* Gewalt des Richters bei der Sachverhaltsaufklärung (§ 182 Abs. 1 österr. ZPO) dort endet, wo die Parteien rechtserhebliche Tatsachen *außer Streit* stellen, wobei in der österreichischen Rechtsprechung und Lehre durchaus darüber diskutiert wird, ob der Richter nicht selbst dann gebunden bleibt, wenn er von der Wahrheitswidrigkeit der Außerstreitstellung überzeugt ist. Im Ergebnis muß man sich jedenfalls darüber klar sein, daß in Verfahren mit *Dispositionsmaxime* die Parteien durch Außerstreitstellung u. U. in der Lage sind, die kollisionsrechtliche Anknüpfung nach ihrem übereinstimmenden Willen zu manipulieren, ohne eine fraus legis zu begehen; und dies selbst dort, wo ihnen nach

---

[3] Vgl. dazu OGH 13. 4. 1962, JBl. 1962, 440; OGH 4. 10. 1961, SZ 34 Nr. 134; ferner *W. Kralik*, ZfRV 1962, 91, der bei „zwingenden" (?) Kollisionsnormen die Ermittlung des kollisionsrechtlichen Sachverhaltes *immer* zur Amtspflicht des Richters machen will.

[4] *K. Wolff*, Grundriß des österreichischen Zivilprozeßrechts, 2. Aufl. 1947, 36; *Ehrenzweig*, System des österreichischen allgemeinen Privatrechts I/1, 2. Aufl. 1951, 101; *Klang(-Walker-Verdross-Satter)*, Kommentar zum ABGB I/1, 2. Aufl. 1964, 223. Ebenso OGH 13. 4. 1962, JBl. 1962, 440; OGH 10. 12. 1908, GlU NF Nr. 4417.

[5] So *im Ergebnis* wohl OGH 4. 10. 1961, SZ 34 Nr. 134.

dem Willen des kollisionsrechtlichen Normsetzers gar keine Rechtswahl zustünde, sondern eine bestimmte Anknüpfung zwingend vorgeschrieben wäre.

II. Anwendung und Ermittlung der maßgeblichen ausländischen Rechtsnormen

Hat der Richter auf den ihm vorliegenden Sachverhalt nach den oben unter I dargelegten Grundsätzen eine bestimmte *ausländische* Rechtsordnung (materielles Recht oder Kollisionsrecht!) anzuwenden, so vollzieht sich die Anwendung und Ermittlung der einschlägigen ausländischen Normen nach Regeln, die wegen ihrer weitgehenden Übereinstimmung mit dem deutschen Recht im folgenden nur als Leitsätze wiedergegeben zu werden brauchen[6]:

1. Das gemäß inländischem IPR anwendbare ausländische Recht ist auch im Inland *„Recht"*, seine Anwendung somit eine *Rechtsfrage*. Daraus ergibt sich:

a) Der inländische Richter hat die einschlägigen ausländischen Normen *von Amts wegen anzuwenden,* ohne daß sich die Parteien auf Existenz, Inhalt oder Auslegung der maßgeblichen ausländischen Bestimmungen zu berufen brauchen, ja selbst gegen den Willen oder die Rechtsmeinung der Parteien. Die Parteien können daher die Anwendung des ausländischen Rechts in keiner Weise außer Streit stellen.

b) Die *unrichtige* Anwendung des ausländischen Rechtes ist *revisibel* (sie berechtigt im Streitverfahren zu Berufung und Revision wegen unrichtiger rechtlicher Beurteilung, im Außerstreitverfahren zum Rekurs, u. U. sogar zum außerordentlichen Revisionsrekurs wegen „offenbarer Gesetzwidrigkeit").

c) Das ausländische Recht ist im Inland so anzuwenden, wie es im *Ausland* angewendet wird, d. h. so, wie es dem herrschenden ausländischen Gerichtsgebrauch (der herrschenden ausländischen Rechtsprechung) entspricht, unter subsidiärer Heranziehung der herrschenden ausländischen Lehre sowie der im betreffenden Ausland geltenden Auslegungsregeln und allgemeinen Rechtsgrundsätze[7]. Erst wenn diese Möglichkeiten in der angeführten Reihenfolge ergebnislos ausgeschöpft

---

[6] Nähere Einzelheiten siehe bei *Sperl* (oben N. 1) 302; *Pollak,* System des Österreichischen Zivilprozeßrechtes, 2. Aufl. 1932, 479; *Walker* (oben N. 1) 239 ff.; *K. Wolff* (oben N. 4) 36; *Ehrenzweig* (oben N. 4) 101; *R. Kralik,* ÖJZ 1958, 9; *Baeck,* ZfRV 1961, 89 ff.; *Köhler,* Internationales Privatrecht, 3. Aufl. 1966, 26 ff.; *W. Kralik,* ZfRV 1962, 75 ff.; *Petschek-Stagel,* Der österreichische Zivilprozeß (1963) 226; *Fasching,* Kommentar zu den Zivilprozeßgesetzen III (1963) 274 ff.; *Klang(-Walker-Verdross-Satter)* (oben N. 4) 223.

[7] OGH 10. 7. 1936, Rspr. 1936 Nr. 234. Vgl. auch OGH 22. 4. 1959, ZfRV 1960, 41.

wurden, kann der Richter selber die ausländische Norm gemäß den inländischen Auslegungsregeln, jedoch unter Bedachtnahme auf die ausländische Gesamtrechtsordnung auslegen[8].

Der Richter hat außerdem auch die *Verfassungsmäßigkeit* der maßgeblichen ausländischen Vorschrift auf Grund des betreffenden ausländischen Rechtes zu untersuchen; er ist dabei an (für den ausländischen Staat bindende) Entscheidungen über die Verfassungsmäßigkeit gleichfalls gebunden[9].

2. Die *inhaltliche Ermittlung* der maßgeblichen ausländischen *Rechtsnormen* erfolgt gemäß § 271 österr. ZPO (der mit wenigen Ausnahmen mit § 293 deutsche ZPO übereinstimmt).

§ 271 österr. ZPO:

„(1) Das in einem anderen Staatsgebiete geltende Recht ... [bedarf] des Beweises nur insofern, als [es] dem Gerichte unbekannt [ist].

(2) Bei Ermittlung dieser Rechtsnormen ist das Gericht auf die von den Parteien angebotenen Beweise nicht beschränkt; es kann alle zu diesem Zwecke ihm nötig scheinenden Erhebungen von Amts wegen einleiten und insbesondere, soweit erforderlich, das Einschreiten des Justizministers in Anspruch nehmen."

Diese Bestimmung wird in Österreich folgendermaßen ausgelegt[10]:

a) Der Richter *muß* sich in jeder Lage des Verfahrens die Kenntnis vom Inhalt der maßgeblichen ausländischen Rechtsnormen *von Amts wegen* verschaffen und sich selbst (ohne Bindung an Beweise) über die tatsächliche Geltung dieser Normen von Amts wegen überzeugen. Im Gegensatz zur Anwendung des *inländischen* Rechtes (bei der die Fiktion des iura novit curia dem Richter für die Ermittlung der konkreten Rechtsnormen nur *private* Erhebungen gestattet) stehen dem Richter für die Erforschung des *ausländischen* Rechtes jedoch nicht nur alle zweckdienlichen *außerprozessualen* Mittel offen (Heranziehung einschlägiger Publikationen wie Gesetzestexte, veröffentlichte oder nicht veröffentlichte Entscheidungen, sonstige Fachliteratur; ferner private Anfragen bei Privatpersonen oder Behörden), sondern – sofern die außerprozessualen Mittel nicht ausreichen – auch alle geeigneten *prozessualen* Mittel in und außerhalb der mündlichen Verhandlung (Mithilfe der Parteien, Zeugen, Sachverständige, private Rechtsgutachten, Auskünfte privater Personen oder von Behörden, insbesondere von in- oder ausländischen Vertretungen, Anfrage an das Justizministerium

---

[8] Vgl. OGH 26. 10. 1932, ZBl. 1933 Nr. 21.

[9] OGH 10. 7. 1936, Rspr. 1936 Nr. 223.

[10] Siehe dazu insbes. *Köhler* (oben N. 6) 26 ff.; *W. Kralik,* ZfRV 1962, 85 ff.; *Fasching* (oben N. 6) 274 ff.; neuestens auch wieder OGH 4. 10. 1961, SZ 34 Nr. 134.

etc.); aller dieser Mittel hat sich der Richter *von Amts wegen* zu bedienen, also ohne Parteiantrag, ja selbst gegen den Willen der Parteien.

b) Bei Gebrauch *prozessualer* Mittel ergeben sich aus der Amtswegigkeit der Ermittlung folgende Besonderheiten:

aa) Keine Parteienvernehmung [10a].

bb) Keine Geltung von Beweisregeln (keine Beweiswirkung von Urkunden; keine beweisbefreiende Wirkung des Geständnisses; keine Bindung des Richters an Parteienvorbringen, auch nicht in Versäumnisfällen).

cc) Kein Neuerungsverbot (neue Ausführungen und Beweise der Parteien über den Inhalt des maßgeblichen ausländischen Rechts dürfen daher nicht bloß deshalb zurückgewiesen werden, weil sie in Verschleppungsabsicht verspätet vorgebracht wurden).

c) Der Richter kann auch prozessual die *Mithilfe der Parteien* in Anspruch nehmen; die Parteien trifft jedoch bezüglich der Ermittlung des ausländischen Rechts *keine* (subjektive) *Beweislast*! Kommen die Parteien einem richterlichen Mithilfeauftrag nicht nach, so zieht das keinerlei Sanktionen nach sich [11].

d) Der Richter *kann* erforderlichen Falles auch eine *Auskunft des Bundesministeriums für Justiz* (internationalprivatrechtliche Abteilung der Zivilrechtssektion) einholen (§ 271 Abs. 2 österr. ZPO). Dies ist ein prozessualer Vorgang und wird daher Inhalt der Prozeßakten. Das Justizministerium ist zur Auskunft verpflichtet, darf nach herrschender Meinung aber nur den Wortlaut der einschlägigen ausländischen Normen (ohne deren Auslegung in der ausländischen Rechtsprechung und Lehre und selbstverständlich ohne gutachtliche Lösung der Rechtsfrage) mitteilen [12]. Auf alle Fälle ist die Anfrage nur über den Inhalt ausländischer *Rechtsnormen*, nicht auch über die Auslegung ausländischer Usancen zulässig [13]. Die Auskunft des Justizministeriums ist jedoch für den Richter in keiner Weise bindend.

3. Kann der Richter – in angemessener Zeit – trotz Ausschöpfung aller verfügbaren Mittel den *Inhalt* des anzuwendenden ausländischen Rechts entweder überhaupt *nicht* oder nicht mit der nötigen Gewißheit *feststellen*, so ist zunächst unbestritten, daß er trotzdem entscheiden muß (kein „non liquet" bei inhaltlicher Nichtfeststellbarkeit des ausländi-

---

[10a] Die Parteien können nach *W. Kralik* (ZfRV 1962, 89) nur als Zeugen oder Sachverständige vernommen werden.

[11] So die herrschende Meinung; *W. Kralik* (ZfRV 1962, 93) tritt jedoch für Erzwingungsstrafen und allenfalls Kostenfolgen ein.

[12] Dagegen mit Recht *W. Kralik* (ZfRV 1962, 87), der das Justizministerium auch zur Wiedergabe der für die Auslegung erforderlichen ausländischen Lehre und *Rechtsprechung* (also der *tatsächlichen* Rechtslage) verpflichten will. Dies ist vor allem bei Auskünften über anglo-amerikanisches Recht unumgänglich!

[13] OGH 26. 11. 1936, Rspr. 1937 Nr. 14.

schen Rechtes). Die weitere Frage, wie er zu entscheiden hat, wird allerdings nach Normgruppen verschieden zu beantworten sein, von denen hier nur die wichtigsten gestreift werden können:

a) Gelingt es bei der Prüfung von Rück- oder Weiterverweisung nicht einmal, den Inhalt des maßgeblichen *ausländischen Kollisionsrechtes* auch nur näherungsweise mit ausreichender Wahrscheinlichkeit zu ermitteln, so ist eine Rück- oder Weiterverweisung nach richtiger Ansicht zu verneinen[14]; in diesen Fällen bleibt es daher bei der Anknüpfung an das vom inländischen IPR verwiesene Recht.

b) Kann der Richter das auf staatsbürgerschaftsrechtliche Vorfragen anzuwendende *ausländische Staatsangehörigkeitsrecht* inhaltlich nicht feststellen und deshalb die Staatsangehörigkeit einer Person nicht zweifelsfrei klären, so hat er die ungeklärte Staatsangehörigkeit der Staatenlosigkeit gleichzuhalten[15].

c) Ist es nicht möglich, den Inhalt der maßgeblichen *ausländischen Sachnorm* (d. h. des anzuwendenden ausländischen materiellen Privatrechts) festzustellen, so scheint die sachgerechteste Lösung solcher Fälle besonders schwierig zu sein, denn sie ist in jeder Hinsicht bestritten: Soll der Richter den mittels Klage oder Einrede geltend gemachten Anspruch mangels Feststellbarkeit der maßgeblichen ausländischen Sachnorm ablehnen[16], oder soll er als „Ersatzrecht" andere materielle Normen heranziehen, seien es ähnliche Normen der gleichen Rechtsordnung, gleichartige einschlägige Vorschriften einer ähnlichen Rechtsordnung oder gar die einschlägigen Bestimmungen der inländischen Sachnorm, wobei man darüber hinaus noch für das streitige und außerstreitige Verfahren (= Verfahren der freiwilligen Gerichtsbarkeit) jeweils verschiedene Lösungen in Betracht ziehen kann[17]?

Die österreichische *Rechtsprechung* hat sich zu dieser Frage, soweit veröffentlichte Entscheidungen bekannt sind, noch nicht geäußert. Die überwiegende österreichische *Lehrmeinung* tritt jedoch in diesen Fällen für die hilfsweise Anwendung des österreichischen materiellen Rechtes ein, ohne daß zwischen Streit- und Außerstreitverfahren unterschieden wird[18].

---

[14] Vgl. statt vieler *Kegel*, Internationales Privatrecht, 2. Aufl. 1964, 133, 182. In Österreich hingegen scheint – soweit das überblickbar ist – die Behandlung dieser Frage bisher keinen publizistischen Niederschlag gefunden zu haben.

[15] Statt vieler *Neuhaus*, Die Grundbegriffe des internationalen Privatrechts (1962) 144; *Kegel* (oben N. 14) 182. Dies ist aber auch in Österreich herrschende Meinung: Siehe statt aller *Köhler* (oben N. 6) 30.

[16] *W. Kralik* (ZfRV 1962, 97), der für diese Lösung eintritt, fordert (in Analogie zu § 530 Nr. 7 österr. ZPO) für die Fälle, in denen der Inhalt der maßgeblichen ausländischen Sachnorm nur verspätet, d. h. erst nach Urteilsfällung ermittelt werden konnte, die Zulässigkeit der *Wiederaufnahmsklage!*

[17] Siehe dazu statt aller *Neuhaus* (oben N. 15) 269 ff.

[18] Statt vieler *Köhler* (oben N. 6) 28.

ENGLAND

Dr. CLIVE M. SCHMITTHOFF, Principal Lecturer in Law, London

I. Introduction

Foreign law is referred to in the English courts in three sets of circumstances: first, as comparative legal material for the purpose of arriving at the correct decision in an English case; secondly, as a precedent of binding or persuasive nature where the court which applies it is *forum commune* with the English court or at least is closely identified with the English jurisdiction; and thirdly as the law applicable to an issue of private international law.

This paper deals mainly with the third of these problems but the account which is to be given would be incomplete if no mention were made of the first two problems.

1. Cases in which foreign law is referred to by way of comparison occur frequently in the English courts. Thus, in *Taylor v. Caldwell*[1], the first case in which the modern law of frustration was discussed, *Blackburn*, J. said[2], after having referred to the Digest and to Pothier's Traité des Obligations:

> „Though the Civil law is not of itself authority in an English Court, it affords great assistance in investigating the principles on which the law is grounded."

In modern times, references to foreign law are even more frequent; particularly decisions of courts in other common law jurisdictions are often quoted as persuasive authorities. Thus, in *Scrutton, Ltd.* v. *Midland Silicones, Ltd.*[3], a case concerning the question whether the limitations of the carrier's liability under The Hague Rules Relating to Bills of Lading extended to stevedores who were independent contractors, the judges in the House of Lords referred to the decision of the Supreme Court of the United States in *Robert C. Herd & Co. v. Krawill*[4] and the judgment of the High Court in Australia in *Wilson* v. *Darling Islands Stevedoring & Lighterage Co.*[5]; it was Viscount *Simonds* who observed[6]:

---

[1] (1863) 32 L. J. Q. B. 164. [2] *Ibid.*, on p. 166–167. [3] [1962] A. C. 446.
[4] (1959) 359 U. S. 297; [1959] 1 Lloyd's Rep. 305.
[5] (1956) 95 C. L. R. 43; [1956] 1 Lloyd's Rep. 346. [6] [1962] A. C. 446, 471.

„It is not surprising that the questions in issue in this case should have arisen in other jurisdictions where the common law is administered, and where The Hague Rules have been embodied in the municipal law. It is (to put it no higher) very desirable that the same conclusions should be reached in whatever jurisdiction the question arises."

Further, the use of decisions of other common law jurisdictions is illustrated by the decision of the House of Lords in *Blyth* v. *Blyth*[7]. The question was here whether the standard of proof in divorce proceedings was that required in criminal proceedings, i. e. that the divorce ground had to be established „beyond reasonable doubt", as the Court of Appeal had held for adultery in *Ginesi* v. *Ginesi*[8] or whether it was sufficient to satisfy the standard of proof in civil proceedings, i. e. that the divorce ground should be established on the balance of probabilities, as was held by the High Court of Australia in *Wright* v. *Wright*[9], in which case the Australian Court refused to follow *Ginesi* v. *Ginesi*. Lord *Denning*, M. R., in his judgment in the House of Lords in *Blyth* v. *Blyth* said[10]:

„Sitting in this House, I feel at liberty to say that I prefer *Wright* v. *Wright* to *Ginesi* v. *Ginesi*... It is wrong ... to apply [in the Divorce Court] the analogy of criminal law."

2. Cases in which foreign law is applied in the English courts as binding or persuasive precedents arise in two sets of circumstances.

First, the House of Lords is *forum commune* for England (including Wales) and Scotland. These two countries are, from the viewpoint of private international law, as different legal units as are England and France; in an English appeal the House of Lords acts as an English court, and in a Scottish appeal as a Scottish court. It may happen that in an English appeal a question of Scots law arises; while in the lower English courts a problem of Scots law is regarded as a question of fact[11], the House of Lords has *ex officio* knowledge of Scots law, as Lord *Macmillan* observed in *Elliot* v. *Lord Joicey*[12]:

„No doubt in the courts below the law of Scotland is a matter of fact and must be vouched there by evidence or admission. But in your Lordships' House the law of Scotland is a matter not of fact but of law, for this House is the *commune forum* of both England and Scotland and your Lordships have judicial knowledge of the laws of both countries."

The view has been expressed[13] that by analogy the Judicial Committee of the Privy Council takes judicial notice of the laws of all countries for which it is *forum commune*.

---

[7] [1966] 1 All E. R. 524. [8] [1948] P. 179. [9] (1948) 77 C. L. R. 191.
[10] [1966] 1 All E. R. 524, 536.
[11] *R.* v. *Clarkson*, [1961] 1 W. L. R. 347, 350. [12] [1935] A. C. 209, 236.
[13] *Clive M. Schmitthoff*, The English Conflict of Laws, 3rd ed. 1954, p. 415.

The doctrine of *forum commune* might lead to a considerable extension of the recognition of foreign law by means of judicial notice if the United Kingdom joins a European regional organization having a common court, such as e. g. the European Economic Community with its Court of the European Communities.

The second set of circumstances in which a decision which technically is that of a foreign court is persuasive authority of the highest order in the English court occurs where the court in question is closely identified with the English jurisdiction. Thus, the Judicial Committee of the Privy Council, when deciding an appeal for an overseas territory, is technically hearing that appeal as a foreign court and its decisions are not binding on the English courts. In practice, however, in many instances decisions of the Privy Council are accepted as precedents by the English courts. The reason for this attitude is that the issue before the Privy Council might be identical with a problem of English law – many territories over which the Privy Council exercises jurisdiction have received parts of the common law – and that the judges of the Privy Council are, with few exceptions, the same as in the House of Lords. A good example is provided by *The Wagon Mound*[14], where it was held by the Privy Council on appeal from the Supreme Court of New South Wales, that the essential factor in determining liability for the consequences of a tortious act of negligence was whether the damage which occurred was reasonable foreseeable by the tortfeasor[15]. The Privy Council disapproved in this case the decision of the English Court of Appeal in *In re Polemis and Furness Withy & Co.*[16], according to which the defendant was responsible for the consequences which were the direct result of his negligent act, whether reasonably foreseeable or not. Technically *The Wagon Mound* is not binding on the English courts and they could have rejected it and upheld the principle in *In re Polemis*. From the practical point of view, that attitude is unthinkable since the judges in *The Wagon Mound* were Viscount Simonds, Lord Reid, Lord Radcliffe, Lord Tucker and Lord Morris of Borth-y-Gest, and the advice itself was given by Viscount Simonds on behalf of the court. In the later case of *Smith v. Leech Brain & Co.*[17], in which the English Court of Appeal distinguished *The Wagon Mound* and held that an employer was liable for the extent of negligent injury suffered by the employee although the injury, but not the extent of it, was reasonably foreseeable, the Court

[14] *Overseas Tankship (United Kingdom)* v. *Morts Dock & Engineering Co.*, [1961] A. C. 388.

[15] See *P. S. James*, Polemis: „The Serpent in Eden": [1961] J. B. L. 252–259; the *same*, Polemis: „The Scotch'd Snake": [1962] J. B. L. 146–150.

[16] [1921] 3 K. B. 560.

[17] [1962] 2 Q. B. 405.

of Appeal refused to accept the argument that it was not bound by *The Wagon Mound* but preferred instead the normal technique of distinguishing *The Wagon Mound* on the facts. Lord *Parker*, C. J., said[18] that the Court of Appeal preferred not to apply the *Polemis* case:

„I would treat myself, in the light of the arguments in that case *[The Wagon Mound]*, able to follow other decisions of the Court of Appeal prior to the *Polemis* case, rather than the *Polemis* case itself... I think it is important that the common law, and the development of the common law, should be homogeneous in the various sections of the Commonwealth. I think it would be lamentable if a court sitting here had to say that while the common law in the Commonwealth and Scotland[19] has been developed in a particular way, yet we in this country, and sitting in these courts, are going to proceed in a different way."

3. One of the major problems with which this paper is concerned is whether the proposition that the application of foreign law in the English courts is a question of fact is invariably correct or whether it is subject to qualification. The preceding explanation of the cases in which foreign law is referred to in the English courts as comparative legal material or as binding or persuasive authority has clearly indicated that such qualification has to be admitted in the two sets of circumstances examined here. In these circumstances foreign law, admittedly mainly as expressed in decisions of other common law courts, is referred to in the English courts, in the words of Lord *Macmillan*[20], as „a matter not of fact but of law".

II. Foreign Law as the Law applicable to an Issue of Private International Law

The fundamental theory of English private international law is that an issue involving a foreign element has to be analysed in the light of certain rules of the English conflict of laws. If the issue is governed by English law, the latter applies and if as a result of that analysis foreign law applies, that systems of law must be invoked. From the viewpoint of substantive private international law, municipal law and foreign law carry the same weight; both are limited by the ultimate reservation in favour of English public policy but, apart from that, there does not exist in substantive law or legal theory a „homeward trend", a preference of municipal to foreign law, a predominance of the *lex fori*. It is a fundamental concept of reciprocity in substantive

[18] *Ibid.*, on p. 415–416.
[19] In Scotland the doctrine in the *Polemis* case was never accepted.
[20] In *Elliot* v. *Lord Joicey*, [1935] A. C. 209, 236.

English private international law that the goddess of justice is blindfolded when she weighs an issue involving a foreign element and that she has not loaded her scales in favour of municipal law.

Different is the position in the law of evidence. Here, as we shall see, is noticeable a definite „homeward trend", particularly in the presumption that foreign law is the same as municipal law and that a party who contends that foreign law is different has the onus of proving it by expert evidence or by other means, unless the other party admits that contention. That onus would have to be satisfied even though the judge has judicial knowledge of the foreign law, e. g. if the issue of foreign law has already been litigated and decided in an earlier English case because the foreign law might have been misunderstood by the earlier judge or might have changed. Thus, in *Collier* v. *Rivaz*[21] it was held that Belgian law rejected *renvoi* whereas the modern view is that Belgian law, like French and German law, accepts *renvoi*. The onus of proving foreign law has thus to be satisfied anew in every case before the court.

It is intended in the following first to state the traditional rule of English private international law on the application of foreign law to an issue involving a foreign element, then to discuss a few exceptional cases in which the traditional rule is not applied, and eventually to analyse a recent decision, the *Cristobal case*[22], which might necessitate a broad qualification of the traditional doctrine.

1. The traditional doctrine

The traditional or orthodox doctrine on the application of foreign law to conflict of laws issues in the English courts is that foreign law raises a question of fact which has to be proved by the party who wishes to rely on it[23]; knowledge of foreign law cannot be imputed to an English judge. *Dicey* states this principle in Rule 205[24]:

> „(1) In any case to which, in accordance with this Digest, foreign law applies, that law must be pleaded and proved as a fact to the satisfaction of the judge by expert evidence or sometimes by certain other means.
> (2) In the absence of satisfactory evidence of foreign law, the court will apply English law to such a case."

---

[21] (1841) 2 Curt. 855.

[22] *Stafford Allen & Sons, Ltd.* v. *Pacific Steam Navigation Co.*, [1956] 1 W. L. R. 629.

[23] *Dicey*'s Conflict of Laws, 7th ed. 1958, Rule 205, p. 1107 et seq.; *Cheshire*, Private International Law, 7th ed. 1965, p. 115 et seq.; *Graveson*, The Conflict of Laws, 5th ed. 1965, p. 528 et seq.; *Schmitthoff*, The English Conflict of Laws, 3rd ed. 1954, p. 415 et seq.

[24] On p. 1107.

It should further be noted that s. 102 of the Supreme Court of Judicature (Consolidation) Act, 1925 (15 & 16 Geo. 5, c. 49) provides:

„Where ... it is necessary to ascertain the law of any other country which is applicable to the facts of the case, any question as to the effect of the evidence given with respect to that law shall, instead of being submitted to the jury, be decided by the judge alone."

This provision represents an interesting adaptation of the traditional doctrine to the exigencies of the practice. It recognises the orthodox principle that in the English courts the ascertainment of foreign law in a conflict of laws issue is a question of fact but it concedes that that principle is merely a legal fiction, by providing that that type of „fact" should be evaluated by the part of the court which normally evaluates the „law", viz. the judge, and not by the part which, if present, evaluates facts in the proper sense, viz. the jury. This concession to reality raises doubt whether on closer analysis the orthodox theory is founded on a sound basis.

Nevertheless the traditional doctrine is firmly established in English law and has been asserted in many decisions of the court. Thus, *Scrutton*, L. J. observed in *Guaranty Trust Co. of New York* v. *Hannay & Co.*[25]:

„Foreign law is a question of fact to an English Court; the judgment of a foreign judge is not binding on an English Court, but is the opinion of an expert on the fact, to be treated with respect, but not necessarily conclusive."

In these circumstances it will be readily appreciated that the question which is often discussed in English decisions is what evidence is required to prove a proposition of foreign law to the satisfaction of the court. In the English courts the procedure is contentious and not inquisitorial; this means that it is not the judge who elicits the facts but the parties have the conduct of the case by providing such evidence on the facts, including the foreign law, as they deem fit; if they fail to discharge the onus which rests on them, their contention is not regarded as proved. It follows that it is for the party who wishes to rely on foreign law to adduce such evidence as he considers necessary to satisfy the judge on the balance of probabilities; the normal method will be to call an expert witness who should be a person having practised law in the foreign courts, and the expert witness may refer to the relevant legal texts or cases. It might be sufficient in special cases – though only rarely – if the party on whom the onus of proving foreign

---

[25] [1918] 2 K. B. 623, 667; see also *In re Claim by Helbert Wagg & Co.*, [1956] Ch. 323, 355–356.

law falls places texts and decisions on the foreign law before the English judge for his interpretation. In accordance with the contentious method, the other party might admit the proposition of foreign law alleged by the party on whom the onus falls or he might deny it; in that case he might demur, i. e. object that that party has not proved his contention, or he might lead evidence showing that the rules of foreign law are different from those contended for by the party on whom the onus falls; that counter-evidence is again led by expert witnesses who will refer to legal texts and cases. In the end the judge himself will have to decide what the foreign law is, and that decision might imply that he agrees with the expert witness of one of the parties and disagrees with that of the other, or he might disagree with both and interpret the foreign legal texts to the best of his own ability, according to the foreign rules of interpretation established in his court, and failing evidence on such rules, according to the English rules of interpretation. A typical example is *Re Duke of Wellington, Glentanar* v. *Wellington*[26] where the question in issue was whether Spanish law accepted or rejected *renvoi*. Three expert witnesses who were all members of the Spanish and the English Bar gave evidence for the various parties in the litigation; they referred extensively to the provisions of the Spanish Civil Code and to Spanish legal literature which was fully considered by the trial judge, *Wynn-Parry* J., in his judgment; the learned judge referred in particular to the works of Senor *Castan* on the „Spanish Civil Law – Common and Regional", to Professor *Trias de Bes'* work an „Private International Law", and to *Alcubilla's* „Dictionary of the Spanish Administration". Moreover, two of the Spanish experts founded themselves on decisions of Spanish courts which – unfortunately – were contradictory, viz. on a decision by the judge of the Hospital Barcelona of June 30, 1900[27], and on a decision of the Court of Appeal of Granada of February 7, 1925. In this state of evidence *Wynn-Parry* J., acting as he thought the Supreme Court of Spain would act, turned to the provisions of the Spanish Civil Code itself, and, in particular, to those of art. 10; he paid particular attention to „the extent to which before the introduction of the Civil Code in 1889 Spanish private international law had been influenced by the *doctrina de los estatutos* with its insistence on the internal law of the lex patriae"[27a] and held that Spanish law would reject *renvoi*.

It follows from these observations that in English law it is not the task of the judge to ascertain the foreign law. In England there does not exist a central institute or organization which gives an authoritative ruling on the meaning and contents of foreign law, nor, in the

[26] [1947] Ch. 506; affd. by C. A. [1948] 1 Ch. 118.
[27] Clunet 28 (1901) 905. [27a] [1947] Ch. 506, 521.

words of Dr. *Cheshire*[28], have „the English courts ... adopted the Continental practice according to which a Government may be requested to give an official statement of the law upon some particular matter". As already observed, the practice is that each party has to lead evidence on foreign law if he wishes to rely on it and has to accept the risk that that evidence will or will not satisfy the judge.

In theory there exists another method for the ascertainment of the rules of foreign law: three statutes authorise the English court to ask the foreign court administering that law for an opinion as to the law applicable to the facts of the case stated. „This power is derived, so far as ... [the Commonwealth is] concerned, from the British Law Ascertainment Act, 1859; so far as British Protectorates, Mandated Territories or foreign countries in which the Queen exercises jurisdiction are concerned, from the Foreign Jurisdiction Act, 1890[29], and so far as other foreign countries are concerned, from the Foreign Law Ascertainment Act, 1861. The Act of 1859 empowers the English courts to remit the case to a superior court in the... [Commonwealth] whenever they consider this course expedient, but, if a remitter is contemplated to the courts of a country to which the Acts of 1861 or 1890 apply, it must first be ascertained whether the relevant Act has been extended by Order in Council to the particular foreign country in question." [30] A number of such Orders has been made under the Act of 1890[31], but no Order appears to have been made under the Foreign Law Ascertainment Act, 1861, with respect to politically foreign countries[32]. Under these enactments the English court has discretion on its own motion or on application of a party to state a case for the opinion of the foreign court but it is not bound to do so if a party applies for such remitter. In practice this slow and cumbersome procedure for the ascertainment of foreign law is used so rarely[33] that its value can be stated to be insignificant. Moreover, the efficacy of this procedure is further reduced by the fact that, by virtue of express provisions in the Acts[34], the opinion of the foreign court is not binding on the English court.

---

[28] *Cheshire*, Private International Law, 7th ed. 1965, p. 116.

[29] S. 5, Sched. 1.

[30] *Schmitthoff*, The English Conflict of Laws, 3rd ed. 1954, p. 418.

[31] For a list of these Orders see *Halsbury's* Laws of England, 3rd ed., vol. 15 (1956), p. 331 n. (c).

[32] *Dicey*'s Conflict of Laws, 7th ed. 1958, p. 1115.

[33] *Duncan* v. *Lawson* (1889), 41 Ch. D. 394 (remitter from the Scottish Court); *Login* v. *Princess Victoria Gouramma of Coorg* (1862), 30 Beav. 632 (remitter to the Bengalese Court); *MacDougall* v. *Chitnavis*, 1937 S. C. 390, 407–408.

[34] British Law Ascertainment Act, 1859, ss. 3 and 4. *Dicey*, on p. 1115, takes the view that the lower English courts are bound by an opinion of a Common-

2. *Exceptions to the traditional doctrine*

The only true exception to the traditional doctrine that in the English courts a problem of foreign law is a question of fact occurs when an English statute provides that such problem shall be treated as a question of law. In view of the supremacy of the Parliament of the United Kingdom, no constitutional bar exists to such enactment but in practice it is to be found only rarely and subject to limiting conditions.

Thus, the Maintenance Orders Act, 1950 (14 Geo. 6, c. 37) provides in s. 22 (2):

„For the purposes of subsection (1) of this section, a court in any part of the United Kingdom may take notice of the law in force in any other part of the United Kingdom."

The section itself deals with the discharge and variation of maintenance orders registered in courts of summary jurisdiction in England or in Sheriff Courts in Scotland; the purpose of the provision is to make it unnecessary, if e. g. an English court wishes to vary a payment due under a Scottish maintenance order or vice versa, to hear expert evidence on the law of the other part of the United Kingdom. In this case the English court can ascertain the foreign law, viz. Scots law, without proof; in short, the issue is treated as an issue of law rather than of fact.

Further, in *In re Claim by Helbert Wagg & Co.*[35] a dispute arose whether a particular enactment, viz. art. 7 (2) of the Distribution of German Enemy Property (No. 2) Order, 1951[36] provided that a determination of German law by the Administrator of German Enemy Property was treated as a determination of a question of fact or of law. The relevant provision stated:

„The determination of the administrator in relation to any claim shall be final: Provided that the claimant, if dissatisfied with the determination as being erroneous in point of law, may ... require the administrator to state and sign a case for the opinion thereon of the High Court."

Upjohn J. rejected the contention that by this provision the determination of German law by the administrator was made an issue of law. *Upjohn* J. said[37]:

wealth court but that the House of Lords or the Privy Council, if they have appellate jurisdiction over the court giving its opinion are not so bound. It is not doubted by *Dicey* or any other writer that the English courts are not bound by an opinion of a politically foreign court.

[35] [1956] Ch. 323, 355–356.

[36] Statutory Instruments 1951 No. 1899.

[37] On p. 356.

„I do not think that the clause was intended ... inferentially to alter a well settled rule of English municipal law. If the draftsman of the order had intended that German law was to be treated as a question of law, even in those parts of the United Kingdom where the municipal law treats it as a question of fact, surely he would have said so in clear and unmistakable terms."

Apart from the case of a United Kingdom enactment expressly stating that foreign law shall be treated as a question of law, there are a few isolated instances in which English judges have taken judicial notice of foreign law or have interpreted the foreign legal texts without proof by the parties but these cases do not reveal a common or general principle. Thus, in *Saxby* v. *Fulton*[38] the court took judicial notice that roulette was not an unlawful game in Monte Carlo, and in *Re Cohn*[39] the court held that the German rule on *commorientes*[40] was part of German substantive law and not an evidential rule, although no evidence on German law was produced by the parties.

3. *The Cristobal case*

New light was shed on the problem under examination by *Stafford Allen & Sons, Ltd.* v. *Pacific Steam Navigation Co.*[41], a case which for brevity's sake will be referred to as „the *Cristobal* case". Goods shipped from the port of Cristobal at the eastern end of the Panama Canal to Liverpool in the motor vessel *Samanco* were damaged in transit, allegedly in consequence of the negligence of the carriers. The terms of the contract of carriage were contained in a bill of lading which exempted the carriers from liability for negligence but the bill contained a clause paramount which provided that with respect to shipments „from a port in the United States" the United States Carriage of Goods by Sea Act, 1936, should apply and that Act invalidated the exemption from liability for negligence in favour of the carriers. The question before the court was whether the port of Cristobal in the Canal Zone was „a port in the United States". *Sellers*, J., thought[42] that this question was not a question of construction of a contractual term but a question of fact, so far as it was a matter of American law. None of the parties called expert witnesses but on the suggestion of the learned judge they sought to obtain the evidence of the United

[38] [1909] 2 K. B. 208, 211; for other cases see *Dicey*'s Conflict of Laws, 7th ed. 1958, p. 1108 n. 13.
[39] [1945] Ch. 5.
[40] § 20 BGB as altered by § 11 VerschG of July 4, 1939.
[41] [1956] 1 Lloyd's Rep. 104 (*Sellers* J.); [1956] 1 W. L. R. 629 (C. A.).
[42] [1956] 1 Lloyd's Rep. 104, 119.

States Government; they placed two questions before the United States authorities, viz. whether Cristobal could be regarded as a port in the United States and whether the Canal Zone was a „district, territory or possesion of the United States", within the meaning of the Carriage of Goods by Sea Act, 1936. They received no reply to the first question but were given an opinion by the Assistant General Counsel to the United States Maritime Administration on the second question; counsel after a careful review of the American and Canal Zone court authorities concluded that the United States Act of 1936 was applicable in the Canal Zone. This view was supported by an opinion by Mr. *Arnold W. Knauth,* of the New York Bar, the author of the well-known treatise on „The American Law of Ocean Bills of Lading". The British Foreign Office had likewise been asked to pronounce on the question whether Cristobal was a port in the United States, but declined to do so on the ground that this was not a question of fact but of the construction of a commercial document which was the task of the court[43]. Pausing here, this procedure for the procurement of the evidence on foreign law is characteristic of the procedure in the English courts.

It was an unusual step on the part of the judge to indicate what evidence he considered to be best but, having done so, he left it to the parties to obtain the evidence and did not make a formal request *ex curia* to the American authorities. Both British and American authorities avoided a direct answer to a direct question but the American authorities at least produced an expert opinion which proved to be very helpful.

Sellers, J., who, it may be repeated, treated the question as one of fact on American law and not as one of construction of a commercial document, came to the conclusion that for the purpose of the United States Carriage of Goods by Sea Act, 1936, Cristobal was a port in the United States of America. The learned judge relied mainly on the opinion of the American experts.

So far the case does not display any particular features; in the court of first instance it was dealt with and decided as one should expect, having regard to well established rules of English private international law. The unusual treatment of the problem occured in the Court of Appeal.

If the Court of Appeal[44] had applied the traditional doctrine that foreign law is treated as a question of fact, it would have stated that the trial judge, *Sellers,* J. had found as a fact that Cristobal was a port in the United States and that the Court of Appeal saw no reason for interfering with that finding of fact. There was only one judge, *Parker,*

---

[43] See [1956] 1 W. L. R. 629, 632.

[44] [1956] 1 W. L. R. 629.

L. J., who was inclined to take that view[45]. The other two judges, *Denning* and *Birkett*, L. JJ., carefully examined the problem anew. *Denning*, L. J. considered the various American authorities and concluded that the Canal Zone, while not a „district" or „territory" of the United States was a „possession" of that country. He said[46]:

> „On the material which has been put before this court, it seems to me that the term ‚United States' in the Act of 1936 includes the Panama Canal Zone. If this conclusion is right, it means that the local law affecting shipments from Cristobal requires the shipowners to insert in the bill of lading a paramount clause bringing into operation the United States Carriage of Goods by Sea Act, 1936."

Similarly *Birkett*, L. J., re-examined the law applicable to the issue *de novo* and came to the same conclusion as *Denning*, L. J.

It is true that on appeal to the English Court of Appeal a party may demand a decision of that court on questions of fact as well as of law but great weight is normally given to the findings of fact of the judge of first instance and the question in the Court of Appeal is normally only whether his interpretation of the facts was right or wrong. In the present case, however, the Court of Appeal, and in particular *Denning* and *Birkett*, L. JJ. re-examined the whole question of applicability and effect of American law anew, without reference to the judgment of *Sellers*, J. It is unlikely that the Court of Appeal would have treated ordinary facts, such as whether it was proved by witnesses that goods were of defective quality, in the same fashion.

The reason why the Court of Appeal felt free to examine the ascertainment of American law anew is, it is thought, that, unlike *Sellers*, J., it regarded the problem as one of construction of a contract clause, i. e. the clause paramount in the bill of lading, rather than one of fact-finding. Thus, in the judgment of *Denning*, L. J. the phrase occurs: „But in construing this clause we must have regard to the law of the port of shipment" [47]. *Birkett*, L. J. asked himself: „Another question immediately arises, and that is the meaning of clause 29, the clause paramount" [48], and *Parker*, L. J. was even more explicit when stating[49]:

> „When one is construing a contract or other written document, I think in every case it is for the court to bear in mind the context in which the words are used, including the position of the parties, the nature of the transaction, the object of the venture."

---

[45] *Ibid.*, on p. 638. A similar view was taken by *Diplock* J. in *Evera S. A. Commercial* v. *Bank Line, The „Glenbank"*, [1959] 1 Lloyd's Rep. 133, 140.

[46] *Ibid.*, on p. 634. [47] *Ibid.*, on p. 632. [48] *Ibid.*, on p. 635.

[49] *Ibid.*, on p. 637.

It appears, then, from the *Cristobal* case that the traditional rule that foreign law raises a question of fact in the English court is not applied in all strictness in cases in which the ascertainment of the foreign law is necessary for the construction of a contractual clause. That view is supported by *Evera S. A. Commercial* v. *Bank Line, The „Glenbank"* [50] where the issue was whether shipowners could recover an Argentine governmental imposition, calculated as a percentage of the freight, from the charterers under a clause in the charterparty which provided that Argentine maritime pension tax had to be borne by the charterers and that the shipowners, if they had to pay it, could claim reimbursement from the charterers; in that case the courts differed amongst themselves as to the effect of the foreign law – a difference which was due to the different interpretation which they gave to the relevant clause in the charterparty.

III. Conclusions

When attempting to sum up the conclusions of this examination of the application of foreign law in the English private international law, it should be borne in mind that the development of law rarely proceeds by way of an abrupt change. It is rare that a particular principle of law is suddenly abandoned and another one substituted for it. The normal development of the law is that a well-established principle is continued but qualifications and exceptions are admitted, as changing social and economic conditions require. In the end the traditional and orthodox doctrine is undermined and, whilst still lip service is paid to it, the law which the practice applies is far removed from the unreality of the doctrine.

1. As far as the subject under examination is concerned, two conclusions, it is thought, can safely be drawn from the preceding observations:

First, the traditional rule that the application of foreign law in the English private international law raises a question of fact, and not of law, still holds good as a general principle; and

Secondly, that principle is subject to a number of qualifications, the most important of which are:

(a) foreign law is regarded as a matter of law, and not of fact, where it is used as comparative legal material in order to enable the English court to arrive at the correct decision;

---

[50] [1961] 1 Lloyd's Rep. 231 (H. L.); [1960] 1 Lloyd's Rep. 178 (C. A.); [1959] 1 Lloyd's Rep. 133 (*Diplock* J.).

(b) the same is true where a foreign precedent – mostly a Commonwealth decision – is referred to as a binding or persuasive authority, in cases in which the court which gave the prior decision is *forum commune* with the English court or is closely identified with the English jurisdiction;
(c) an English statute may provide that a question of foreign law shall be treated as a question of law, and not of fact; and
(d) where the question of foreign law arises incidentally to the construction of a contractual clause, the higher English courts appear to be prepared to relax the strict traditional rule and on appeal to review the applicability and effect of the foreign law.

In the result, while the traditional rule is still the accepted general principle of English private international law, qualifications and exceptions are admitted in the modern practice.

2. It is well-known that Professor *Imre Zajtay* in his penetrating work „Zur Stellung des ausländischen Rechts im französischen internationalen Privatrecht" [51] has indicated that it is characteristic of the application of foreign law by the municipal courts that it raises a question of *mélange du fait et du droit*. While according to Professor *Zajtay* the traditional rule still prevails in France as a general principle, the *Cour de Cassation* has, in exceptional cases, resumed control over the application of foreign law, particularly by means of the remedy of *dénaturation* [52].

In view of the different approach by the courts and the different structure of the legal systems in France and England it cannot be expected that the qualification of the traditional rule takes the same form in both legal systems. It is, however, significant that qualifications of and exceptions to the traditional rule are admitted in English as well as in French law because they are the first indications that the fictitious nature of the rule that foreign law raises a question of fact is beginning to be realised in both legal systems.

---

[51] Berlin und Tübingen 1963.
[52] *Ibid.*, p. 44 and p. 154 et seq.

VEREINIGTE STAATEN VON AMERIKA

Prof. Dr. Peter Hay, Champaign/Illinois

I. Einleitung

Die Frage, wie Fremdrecht im Zivilprozeß behandelt werden soll, ist für das amerikanische internationale Privatrecht von ganz besonderer Bedeutung, fällt doch unter den Begriff „Fremdrecht" dort nicht nur ausländisches Recht, sondern auch das Recht jedes anderen amerikanischen Einzelstaates[1]. Es geht also allein innerhalb der USA um die Behandlung des Fremdrechts in und von über fünfzig Privatrechtsordnungen – den fünfzig Staaten, dem Bund und den überseeischen US-Gebieten, z. B. den Virgin Islands.

Die Vielzahl der gesetzlichen und fallrechtlichen Regelungen soll im folgenden, nach Hauptgruppen geordnet, untersucht werden. Die Darstellung beschränkt sich dabei nicht nur auf das geltende Recht, sondern befaßt sich auch mit der Entwicklung der Rechtsregeln und der gegenwärtigen Tendenz in Rechtsprechung und Gesetzgebung. Auf diese Weise kann das Fortschreiten vom Faktizitätsprinzip, das noch ganz dem Begrifflichen verhaftet ist, zu neueren, mehr pragmatischen und Rechtsvereinheitlichung anstrebenden Lösungsversuchen verfolgt werden.

II. Das Faktizitätsprinzip des Common Law

Die Lehre von der Faktizität ausländischen Rechts beginnt in England mit einer Entscheidung Lord *Mansfields* aus dem Jahre 1774[2]; 1804 wurde sie durch Chief Justice *Marshall* und das oberste Bundesgericht für die Vereinigten Staaten übernommen[3]. Diese Einstellung gegenüber dem ausländischen Recht hat – wenn konsequent durch-

---

[1] Für die Beantwortung grundlegender Fragen über die Anwendung ausländischen Rechts im amerikanischen Zivilprozeß sei besonders auf die Untersuchung von *Schlesinger*, Die Behandlung des Fremdrechts im amerikanischen Zivilprozeß: RabelsZ 27 (1962) 54 ff. hingewiesen.

[2] *Mostyn* v. *Fabrigas* (1774), 1 Cowp. 161, 174.

[3] *Church v. Hubbart*, 2 Cranch 187, 236 (1804).

geführt – weitreichende und schwerwiegende Folgen[4]: Fremdes Recht kann nur berücksichtigt werden, wenn es in der Klagschrift oder -beantwortung *(pleadings)* behauptet worden ist; eine fremdrechtliche Norm unterliegt nicht der Prüfung durch das Gericht, wenn sie von den Parteien unbestritten ist[5]; ist sie bestritten, so bedarf die Rechtsnorm des Beweises, muß möglicherweise wie jede andere Tatsache von der Jury und nicht vom Gericht festgestellt werden – wobei deren Entscheid in der Regel nicht durch letztinstanzliche Gerichte nachgeprüft werden kann –, und die ihrer Beweislast nicht genügende Partei muß den Prozeß verlieren.

Offensichtlich führt die logische Verwirklichung des Common Law-Faktizitätsprinzips zu unhaltbaren Ergebnissen: Wird die „best evidence rule" angewandt, so müssen die Jury oder der Richter den fremden (und fremdsprachigen) Gesetzestext heranziehen und dürfen nicht das Gutachten eines Sachverständigen einholen[6]; werden Sachverständige gehört, so entsteht ein Ringen mit Verhör und Kreuzverhör, auf Grund dessen Jury oder Richter den Inhalt des fremden Rechts genauso wie etwa die Schuld „objektiv" bestimmen müssen; und, um nur ein Beispiel des materiellen Rechts anzuführen, muß man möglicherweise Rückforderungsansprüchen aus ungerechtfertigter Bereicherung bei Fremdrechtsirrtum entgegen der üblichen Regelung der lex fori stattgeben, weil der Irrtum ja Tatsachenirrtum war[7].

Gelegentlich werden die Auswüchse des Faktizitätsprinzips durch Vermutungen gemildert und eingedämmt. Auf Grund dieser sich teilweise überschneidenden Vermutungen wird angenommen:

1. das fremde Recht gehöre dem Common Law-Rechtskreis an,
2. es sei mit dem des Forums identisch,
3. es lägen ihm dieselben allgemein anerkannten Rechtsgrundsätze zugrunde wie der lex fori oder
4. die Parteien hätten beim Fehlen einer gegenteiligen Willensbekundung der Anwendung des Forumrechts zugestimmt.

Die Entscheidung *Leary* v. *Gladhill*[8] zeigt, wie mehrere Vermutungen gleichzeitig zur Anwendung kommen können und wie schwer sich die Vermutungen theoretisch einordnen lassen. In dieser Entscheidung sagte der Supreme Court von New Jersey, die erste Vermutung sei widerlegt, weil es sich um französisches Recht handle, die drei anderen Vermutungen aber seien anwendbar. Unverständlicherweise erklärte er nicht, warum die zweite Vermutung durch denselben Umstand nicht

---

[4] Vgl. *Schlesinger* (oben N. 1) 57–60.

[5] Vgl. die englische Entscheidung *Prowse* v. *European and American Steam Shipping Co.* (1860), 13 Moo. 484 (P. C.).

[6] Siehe unten N. 68.

[7] Vgl. Restatement of the Law of Restitution (1937) s. 46 (c).

[8] 8 N. J. 260, 84 A. 2d 725 (1951).

ebenso widerlegt wird (und in der Tat fand diese Vermutung in einem späteren Fall auf holländisches Recht Anwendung[9]). Der Supreme Court folgte indessen trotzdem dem erstinstanzlichen Richter, der auf Grund der lex fori entschieden hatte, berief sich dabei aber nicht wie jener auf die dritte, sondern auf die vierte Vermutung. Der Fall zeigt deutlich, daß die Vermutungen nur dem praktischen (und begrüßenswerten) Zweck dienen, die Härten des Faktizitätsprinzips abzuschwächen, vor allem die Folge der Klagabweisung zu vermeiden, hingegen nicht zu einer rechtstheoretischen Klärung beizutragen vermögen.

Nur in sieben der 50 Staaten (Alabama, Alaska, Arizona, Idaho, Nevada, New Hampshire und Utah) ist das Common Law auf diesem Gebiet heute noch nicht ganz oder teilweise gesetzlich abgeändert. Die Zahl wächst aber auf 12, rechnet man die Staaten hinzu, die zwar gesetzliche Bestimmungen über die Anwendung von Rechtsregeln anderer amerikanischer Einzelstaaten, aber nicht von ausländischem Recht haben; es sind dies: Georgia, Iowa, New Mexico, Texas und Vermont. Texas, auch vom kaufmännischen Standpunkt der wichtigste Staat dieser Gruppe, mag als Beispiel dienen. Der Richter darf hier ausländisches[10] Recht nicht als eine gerichtsbekannte und daher des Beweises nicht bedürftige Tatsache *(judicial notice)* behandeln, vielmehr müssen die Parteien die ausländischen Rechtsregeln wie jede andere Tatsache behaupten und beweisen[11]. Der Entscheid über den Inhalt einer bestrittenen Fremdrechtsnorm obliegt der Jury, doch können der Richter und letztinstanzliche Gerichte eine dem Beweismaterial völlig zuwiderlaufende Entscheidung aufheben[12]. Die Behauptung einer Fremdrechtsregel im *Demurrer*-Verfahren wird wie bei Tatsachen als zugestanden angesehen[13]. Der Beweis kann durch Sachverständige, die dann dem Verhör und Gegenverhör unterliegen, erbracht werden[14]. Bleibt das ausländische Recht unbewiesen, so gilt die Vermutung seiner Identität mit dem texanischen Recht[15].

Im Gegensatz zu den genannten zwölf Staaten haben die anderen Staaten heute jedoch gesetzliche Bestimmungen, die sich entweder auf

---

[9] *Somerville Container Sales v. General Metal Corp.*, 39 N. J. Super. 348, 120 A. 2d 866 (1956).

[10] Im Gegensatz zu anderem einzelstaatlichen Recht, dessen Berücksichtigung durch eine gesetzliche Bestimmung geregelt wird: Tex. Civ. Pro. Rule 184 A (1948).

[11] *Purvis v. Morehead*, 304 S. W. 2d 221 (1957); *Carras v. Birge*, 211 S. W. 2d 998 (1948) (dictum); *Martinez v. Gutiessez*, 66 S. W. 2d 678 (1933); *Gozza v. Klepper*, 15 S. W. 2d 194 (1929).

[12] *Purvis v. Morehead* oben N. 11.

[13] *Martinez v. Gutiessez* oben N. 11.

[14] *Illinois Central R. Co. v. Ryan*, 214 S. W. 644 (1919).

[15] *Tortugero Logging Operation, Ltd. v. Houston*, 349 S. W. 2d 315 (1961) (Costa Rica); *Mendiola v. Gonzales*, 185 S. W. 389 (1916) (mexikanisches Recht).

die Anwendung allen Fremdrechts beziehen oder zwischen ausländischem und einzelstaatlichem Fremdrecht unterscheiden. Die Vielzahl der gesetzlichen Regelungen erschwert den Überblick. Im folgenden sollen jedoch einige Hauptgruppen aufgezeigt werden; innerhalb der einzelnen Gruppen bestehen allerdings wiederum Nuancen.

III. Abweichung vom Common Law im Recht der Einzelstaaten

A. Zwingende Vorschriften zur Berücksichtigung ausländischer Rechtsregeln durch den Richter (mandatory judicial notice)

In sieben Staaten ist zwingend vorgeschrieben, daß ausländische[16] Rechtsregeln durch den Richter zu finden sind *(mandatory judicial notice)*. Der Gebrauch des Begriffes *„judicial notice"* kann in diesem Zusammenhang leicht irreführen, denn diese Bestimmungen verpflichten den Richter in der Regel nicht, Fremdrecht von Amts wegen zu erforschen. Vielmehr liegt die Bedeutung der Bestimmungen meist nur darin, daß die Entscheidung von der Jury auf den Richter verlagert wird, daß der Richter unabhängig von den Parteien auch zusätzliche, von diesen nicht angeführte Quellen berücksichtigen darf und die Parteien nicht eine übliche Beweisführung antreten, sondern lediglich einer Unterstützungspflicht genügen. Die konkreten Grenzen der *judicial notice* werden im folgenden klarer.

Die Staaten, in denen *mandatory judicial notice*-Bestimmungen gelten, sind Kansas, Massachusetts, Mississippi, New York, North Carolina, Virginia und West Virginia[17]. Dasselbe gilt in Connecticut für ausländische Gesetzestexte, aber nicht für Fallrecht[18]. Eine ähnliche Vorschrift in Kalifornien wurde mit Wirkung vom 1. 1. 1967 durch eine richterliche Ermessensvorschrift ersetzt[19]. Die Bestimmungen der Staaten Massachusetts und New York mögen als Beispiel dienen.

---

[16] Rechnet man die Staaten hinzu, in denen *judicial notice* nur für anderes einzelstaatliches Recht zwingend vorgeschrieben ist, so haben insgesamt 37 Staaten derartige Vorschriften.

[17] Kan. Civ. Pro. Stat. Ann. s. 60–409 (Vernon 1965); Mass. Ann. Laws ch. 233 s. 70 (1956); Miss. Code Ann. s. 1761 (1956); N. Y. Civ. Prac. Rule 4511; N. C. Gen. Stat. s. 8–4 (1953); Va. Code Ann. s. 8–273 (1957); W. Va. Code Ann. s. 5711 (1961).

[18] Conn. Gen. Stat. Rev. ss. 52–163, 52–164 (1958). Vgl. auch unten N. 59–61.

[19] Calif. Evid. Code s. 452 (a), (f).

1. Massachusetts

Das Massachusetts-Gesetz trifft eine einheitliche Regelung für die Anwendung ausländischen Rechts und des Rechts anderer amerikanischer Einzelstaaten; es bestimmt, daß der Richter dem Fremdrecht *judicial notice* zu gewähren habe[20]. Fremdrecht bleibt dabei jedoch eine Tatsachenfrage, die im *Demurrer*-Verfahren nicht entschieden werden kann[21].

Die richterliche Pflicht zur *judicial notice* hat durch die Rechtsprechung in den Fällen eine Einschränkung erfahren, in denen es sich um ausländisches Recht handelt. Das zeigt sich darin, daß die Vorschrift erst dann eingreift, wenn die Parteien die Fremdrechtsnorm behauptet[22] und das Gericht durch Hinweise unterrichtet und unterstützt haben[23]. Die Unterstützung des Gerichts durch die Parteien geschieht in Form von Hinweisen auf fremde Gesetzestexte[24] oder fremdes Fallrecht[25] oder durch Beibringung von Sachverständigen[26]. Versäumen es die Parteien, ihrer Unterstützungspflicht nachzukommen, so findet die Zwangsvorschrift keine Anwendung, und die Erforschung der fremden Rechtsregel durch das Gericht liegt im freien richterlichen Ermessen[27].

Ähnliche Grenzen lassen sich auch im Berufungsverfahren beobachten. Ältere Fälle entschieden, daß das Berufungsgericht Fremdrecht nur berücksichtigen könne, wenn über die Frage in der ersten Instanz verhandelt und entschieden worden sei[28]. In neueren Entscheidungen befaßt sich das Berufungsgericht jedoch auch mit noch nicht vorher behandelten Fremdrechtsfragen[29]. Unter diesen Umständen ist die Berücksichtigung des Fremdrechts aber wieder eine Ermessensfrage[30], und zumindest in einem Falle lehnte es das Berufungsgericht ab, sich

---

[20] Mass. Ann. Laws ch. 233 s. 70 (1956).

[21] *McCarthy v. Hawes,* 299 Mass. 340, 12 N. E. 2d 722 (1938).

[22] *Alropa Corp. v. Bloom,* 311 Mass. 442, 42 N. E. 2d 269 (1942).

[23] *Tsacoyeanes v. Canadian Pacific R. Co.,* 399 Mass. 726, 162 N. E. 2d 23 (1959); *Knych v. Trustees of New York, N. H. & H. R. Co.,* 320 Mass. 339, 69 N. E. 2d 575 (1946); *Smith v. Brown,* 302 Mass. 432, 19 N. E. 2d 732 (1939); *Bradbury v. Central Vermont Ry.,* 299 Mass. 230, 12 N. E. 2d 732 (1938); *Hanson v. Hanson,* 287 Mass. 154, 191 N. E. 673 (1934); *Lennon v. Cohen,* 264 Mass. 414, 163 N. E. 63 (1928).

[24] Vgl. jedoch *Rodrigues v. Rodrigues,* 286 Mass. 77, 190 N. E. 20 (1934).

[25] *Bradbury v. Central Vermont Ry.* oben N. 23.

[26] *Eastern Offices, Inc. v. P. F. O'Keefe Advertising Agency,* 289 Mass. 83, 193 N. E. 837 (1935).

[27] *Dadmun v. Dadmun,* 279 Mass. 217, 181 N. E. 2d 264 (1932). Siehe auch die oben in N. 23 angeführten Entscheidungen.

[28] *Lennon v. Cohen* oben N. 23.

[29] *DeGategno v. DeGategno,* 336 Mass. 426, 146 N. E. 2d 497 (1957); *Hiller v. American Tel. & Tel. Co.,* 324 Mass. 24, 84 N. E. 2d 548 (1949); *Walker v. Lloyd,* 295 Mass. 507, 4 N. E. 2d 306 (1936).

[30] *Donahue v. Dal,* 314 Mass. 460, 50 N. E. 2d 207 (1943).

mit Fremdrechtsfragen zu befassen, die in erster Instanz nicht vorgebracht worden waren, da sonst der Gegenpartei ein Nachteil erwachsen würde[31].

Im Ergebnis zeigt sich, daß auch die Massachusetts-Vorschrift die Fremdrechtsfragen noch größtenteils den Parteien überläßt. Sie ändert das Common Law insoweit, als die Entscheidung dem Gericht und nicht der Jury anvertraut ist und, noch wichtiger, als die Parteien das Gericht nur zu unterstützen brauchen, nicht aber den üblichen Tatsachenbeweis antreten müssen.

2. New York

New York ist von besonderem Interesse, weil sich dort die Mehrzahl der Fremdrechtsprozesse abspielt und eine Gesetzesreform aus den Jahren 1962–1963 wichtige Neuerungen gebracht hat. Da die neuen Bestimmungen bislang nur in wenigen Fällen zur Anwendung gekommen sind, ist es instruktiv, zuerst das bisherige Recht zu untersuchen, auf dem die Reform aufbaut.

Paragraph 344 a des New York Civil Practice Act gewährte dem Richter Ermessensfreiheit, Fremdrecht (ausländischem und einzelstaatlichem) *judicial notice* zuzuerkennen, und bestimmte, daß das Fehlen einer Fremdrechtsbehauptung in den *pleadings* den Richter nicht an der Ausübung seines Ermessens hindere[32]. In Fällen mit Fragen ausländischen Rechts machten New Yorker Gerichte jedoch keinen Ge-

---

[31] Vgl. *DeGategno v. DeGategno* und *Hiller v. American Tel. & Tel. Co.* oben N. 29.

[32] S. 344 a lautete wie folgt:

A. Except as otherwise expressly required by law, any trial or appellate court, in its discretion, may take judicial notice of the following matters of law:
   1. A law, statute, proclamation, edict, decree, ordinance, or the unwritten or common law of a sister state, territory or other jurisdiction of the United States, or of a foreign country or a political subdivision thereof...

B. Whether a matter of law is judicially noticed pursuant to this section, or formal proof is taken pursuant to other sections of this act, such law shall be determined by the court or referee and included in its findings, or charged to the jury as the case may be. Such finding or charge shall be subject to review on appeal and shall be known and otherwise treated as a finding or charge on a matter of law.

C. Where a matter of law specified in this section is judicially noticed, the court may consider any testimony, document, information or argument on the subject, whether the same is offered by counsel, a third party, or discovered through its own research.

D. The failure of either party to plead any matter of law specified in this section shall not be held to preclude either the trial or appellate court from taking judicial notice thereof.

Dazu *Ames v. Ideal Cement Co.,* 37 Misc. 2d 883, 235 N. Y. S. 2d 622 (1962) (dictum); *Chamberlain v. Chamberlain,* 32 Misc. 2d 308, 222 N. Y. S. 2d 622 (1962); vgl. auch *Rosmini v. Rosmini,* 230 N. Y. S. 2d 319 (1962).

brauch von ihrer Ermessensfreiheit, wenn eine Behauptung in den *pleadings* fehlte. Lediglich in zwei Entscheidungen, darunter einer neueren, die aber als dictum angesehen werden muß[33], wurde erklärt, Gesetzesrecht der kanadischen Provinz Ontario brauche nicht behauptet zu werden, um dem Gericht die Gewährung von *judicial notice* und die eigene Erforschung des Fremdrechts zu erlauben. In allen anderen Fällen mußte Fremdrecht behauptet werden[34], ausgenommen dann, wenn aus dem Tatbestand klar hervorging, daß dem eingeklagten Anspruch eine vom Recht aller zivilisierten Länder anerkannte Verpflichtung zugrunde lag[35]. War diese Annahme nach dem Tatbestand nicht möglich oder erschien die Erforschung des fremden Rechts schwierig, so mußte das Fremdrecht wie jede andere Tatsache mit Angabe von Einzelheiten behauptet werden, um dem Gegner die Möglichkeit zum Gegenbeweis zu bieten[36]. Genügte die Behauptung in den *pleadings* diesem Minimum, so konnte das Gericht in Ausübung seiner Ermessensfreiheit die Fremdrechtsfrage von Amts wegen erforschen und entscheiden oder aber die Parteien den Beweis antreten lassen.

Zuerst ein Blick auf diese Möglichkeit.

Nach der Behauptung in den *pleadings* konnte der Prozeßgegner zur besseren Vorbereitung durch Antrag eine noch detailliertere Behauptung des Fremdrechts erzwingen *(motion for a bill of particulars)*[37]. Für die Prozeßverhandlung selbst bestimmte § 391 des Civil Practice Act die Beweismethoden[38]. Die Rechtsprechung ließ demnach beispiels-

[33] *Turnowski v. Turnowski*, 33 Misc. 2d 864, 226 N. Y. S. 2d 738 (1962); *Olson v. Kilian*, 203 Misc. 847, 119 N. Y. S. 2d (1953), app. dismissed, 5 App. Div. 2d 807, 171 N. Y. S. 2d 260 (1958).

[34] Das Gericht gestattete jedoch eine geringe Abweichung in der Sache *Sinai v. Levi*, 208 Misc. 650, 144 N. Y. S. 2d 316 (1955), in der es die Vorlage einer eidesstattlichen Erklärung über italienische Verjährungsbestimmungen anstelle einer formellen Behauptung in den *pleadings* erlaubte.

[35] *Arams v. Arams*, 182 Misc. 328, 45 N. Y. S. 2d 251 (1943). Diese Ausnahme fand auch in *Silberfeld v. Swiss Bank Corp.*, 183 Misc. 234, 50 N. Y. S. 2d 838 (1944) Anwendung.

[36] *Berkule v. Feldman*, 39 Misc. 2d 250, 240 N. Y. S. 2d 462 (1963), aff'd, 20 App. Div. 2d 261, 247 N. Y. S. 2d 551 (1964).

[37] *Pfleugner v. Pfleugner*, 304 N. Y. 148, 106 N. E. 2d 495 (1952); *McQuade v. Sztykgold*, 1 App. Div. 2d 872, 149 N. Y. S. 2d 378 (1956), motion to strike the demand denied, 151 N. Y. S. 2d 599 (1956).

[38] S. 391 lautete wie folgt: „A printed copy of a statute, or other written law, of another state, or of a territory, or of a foreign country ... contained in a book or publication purporting or proved to have been published by the authority thereof, or proved to be commonly admitted as evidence of the existing law in the judicial tribunals thereof, is presumptive evidence of the statute [or] law... The unwritten or common law of another state, or of a territory, or of a foreign country, may be proved as a fact by oral evidence. The books of reports of cases adjuged in the courts thereof must also be admitted as presumptive evidence of the unwritten or common law thereof."

weise den mündlichen Beweis durch Sachverständige über die Frage zu, ob eine ungarische Entscheidung dem ungarischen Gesetzestext entspreche[39] oder die Auslegung eines italienischen Gesetzes zutreffe[40], und akzeptierte ein schriftliches Gutachten eines solicitors über Fragen des englischen Rechts[41].

Von der anderen Möglichkeit, Fremdrecht *judicial notice* zu gewähren, hat die New Yorker Rechtsprechung nur sehr geringen Gebrauch gemacht, hauptsächlich wohl wegen der engen Auslegung, die § 344a im Falle *Arams v. Arams* erfahren hatte[42]. In dieser Entscheidung hatte das Gericht erklärt, die richterliche Ermessensfreiheit könne nicht dazu führen, die Parteien von der Aufgabe zu befreien, die fremden Rechtsnormen vorzutragen. Es begründete seine Ansicht damit, daß § 344a zwar neue Beweismethoden eingeführt habe, aber den Prozeßgegner nicht seines ihm aus den Erfordernissen der Rechtsstaatlichkeit *(due process)* erwachsenden Anspruches beraube, genau über die Grundlagen des Klageanspruchs unterrichtet zu werden. Die Partei muß demnach die fremden Rechtsnormen vorbringen, und dem Gericht obliegt nur ihre Prüfung[43]. Die einzige Ausnahme bildet der schon beschriebene Fall, in dem ein Anspruch auf einer von allen zivilisierten Ländern anerkannten Verpflichtung beruht. Diese Ausnahme ist ihrer Natur nach nur in den wenigsten Fällen anwendbar[44], und es kann deshalb nicht verwundern, daß nach *Arams* nur drei Entscheidungen fremden Rechtsnormen nach § 344a *judicial notice* gewährt haben[45]. Anderer-

[39] *In re Geiger's Estate*, 35 Misc. 2d 562, 230 N. Y. S. 2d 602 (1962).

[40] *Fusco v. Fusco*, 200 Misc. 1039, 107 N. Y. S. 2d 286 (1951).

[41] *La Nationale v. Lavan*, 2 Misc. 2d 100, 151 N. Y. S. 2d 539 (1956).

[42] Oben N. 35.

[43] Die enge Regel der *Arams*-Entscheidung wurde danach auch in einem das italienische Recht betreffenden Fall angewandt: *In re Mason's Estate*, 144 Misc. 308, 86 N. Y. S. 2d 232 (1948).

[44] Die Ausnahme hat anscheinend seit der *Silberfeld*-Entscheidung (oben N. 35) keine Anwendung gefunden. In einer Entscheidung aus dem Jahre 1958 wurde ihre Anwendung erwogen, aber wieder verworfen: *Andretto Bank A. G. v. Goodbody & Co.*, 15 Misc. 2d 395, 181 N. Y. S. 2d 343 (1958).

[45] *Southwestern Shipping Corp. v. National City Bank of New York*, 11 Misc. 2d 397, 173 N. Y. S. 2d 509 (1958) (italienisches Recht); *In re Baruch's Estate*, 131 N. Y. S. 2d 84 (1954), retried, 205 Misc. 1122, 132 N. Y. S. 2d 402 (1954) (niederländisches Recht); *Olson v. Kilian* oben N. 33. Vgl. auch *Klarish v. Klarish*, 38 Misc. 2d 326, 239 N. Y. S. 2d 700 (1963), rev'd on other grounds, 19 App. Div. 2d 170, 241 N. Y. S. 2d 179 (1963) (Virgin Islands).

In den folgenden Fällen lehnten es die Gerichte ab, ausländischem Recht *judicial notice* zu gewähren: *Wagner v. Derecktor*, 306 N. Y. 386, 118 N. E. 2d 570 (1954) (mexikanisches Recht); *Sonneson v. Panama Transport Co.*, 298 N. Y. 262, 82 N. E. 2d 569 (1948), motion denied, 298 N. Y. 856 (1949), cert. denied, 337 U.S. 919 (1949) (Panama); *Weiler v. Weiler*, 23 Misc. 2d 248, 201 N. Y. S. 2d 216 (1960) (Mexiko); *De Sairigne v. Gould*, 3 Misc. 2d 452, 148 N. Y. S. 2d 57 (1955), aff'd, 1 App. Div. 2d 820, 150 N. Y. S. 2d 152 (1955), motion

seits machten die Gerichte gelegentlich größeren Gebrauch von ihrer Ermessensfreiheit, wenn es sich um Vorverhandlungsanträge *(pre-trial motions)* handelte. So wurde zum Beispiel einem Antrag auf Klagabweisung in einem Fall nicht stattgegeben, in dem der Kläger die Fremdrechtsnorm zwar ungenügend behauptet hatte, der Beklagte aber den Inhalt des Fremdrechts nicht bestritt[46]. Brachte der sich auf Fremdrecht berufende *Kläger* aber einen Vorverhandlungsantrag, z. B. auf *summary judgment,* zeigte sich allerdings die übliche ablehnende Haltung[47], und ein derartiger Antrag griff nur selten durch[48].

Wenn das Gericht es ablehnte, selbst das fremde Recht zu erforschen, und die Parteien den Beweis nicht erbrachten, wurden Fremdrechtsfragen entweder durch Vermutungen gelöst (z. B. durch Annahme eines fiktiven Rechtszustandes, wie im Falle *Arams,* oder der Identität mit dem Recht des Forums[49]) oder führten vereinzelt dazu, daß die Partei, die ihrer Beweisführungspflicht nicht gerecht wurde, den Prozeß verlor[50].

Die Reform der Jahre 1962–1963 verbindet §§ 344 a und 391 des Civil Practice Act und bringt daneben weitere Neuerungen. Die neue Bestimmung (§ 4511 der Civil Practice Laws and Rules[51]), die in ähnlicher

denied, 1 App. Div. 2d 885, 150 N. Y. S. 2d 780 (1955), aff'd, 2 App. Div. 2d 848, 156 N. Y. S. 2d 870 (1956) (französisches Recht); *Mangrelli* v. *Italian Line,* 208 Misc. 685, 144 N. Y. S. 2d 570 (1955) (italienisches Recht); *In re Mason's Estate* oben N. 43 (italienisches Recht); *Berg v. Consolidated Mining Co.,* 70 N. Y. S. 2d 19 (1947) (schweizerisches Recht).

[46] *Rosmini v. Rosmini* oben N. 32.

[47] Siehe *Rubino v. Bondi,* 36 Misc. 2d 973, 234 N. Y. S. 2d 247 (1962); *Schwartz v. Schwartz,* 190 Misc. 757, 75 N. Y. S. 2d 592 (1947); *Squillace v. Squillace,* 38 Misc. 2d 5, 236 N. Y. S. 2d 679 (1963); *Sandberg v. Aktiebolaget Svenska,* 6 Misc. 2d 1069, 163 N. Y. S. 2d 253 (1955); *Weiler v. Weiler* oben N. 45.

[48] *La Nationale v. Lavan* oben N. 41.

[49] *In re Haskel's Estate,* 31 Misc. 2d 680, 221 N. Y. S. 2d 2 (1961); *Ehag Eisenbahnwerte Holding Aktiengesellschaft v. Banca Nationala a Romaniei,* 306 N. Y. 242, 117 N. E. 2d 346 (1954); *Bril v. Suomen Pankki Finlands Bank,* 199 Misc. 11, 97 N. Y. S. 2d 22 (1950), appeal dismissed, 101 N. Y. S. 2d 256 (1950).

[50] *Berg v. Consolidated Mining Co.* oben N. 45. Vgl. jedoch *International Film Distribution Establishment v. Paramount Pictures Corp.,* 14 Misc. 2d 203, 155 N. Y. S. 2d 767 (1956).

[51] Rule 4511 lautet wie folgt:

"(a) *When judicial notice shall be taken without request.* Every court shall take judicial notice without request of the common law, constitutions and public statutes ... of every state of the United States...

(b) *When judicial notice may be taken without request; when it shall be taken on request.* Every court may take judicial notice without request of ... the laws of foreign countries or their political subdivisions. Judicial notice shall be taken of matters specified in this subdivision if a party requests it, furnishes the court with sufficient information to enable it to comply with the request, and has given each adverse party notice of his intention to request it.

Form im Jahre 1963 auch vom Staate Kansas eingeführt wurde[52], unterscheidet sich von § 344 a wie folgt:

(1) Nach § 344 a war die Gewährung von *judicial notice* für Fremdrechtsfragen immer eine Ermessensfrage. Nach § 4511 ist sie für alle Fremdrechtsfragen zwingend vorgeschrieben, bei ausländischem Recht aber nur, wenn drei Vorbedingungen erfüllt sind: ein dahingehender Parteiantrag; Vorlage von genügendem Material durch die Partei, wodurch das Gericht in die Lage versetzt wird, dem Antrag Folge zu leisten; Mitteilung über den Antrag an die Gegenpartei durch den Antragsteller.

(2) Nach § 344a (C) durfte der Richter sich jeder Quelle zur Erforschung des Fremdrechts bedienen. Nach § 4511 gilt dasselbe nur für die Vorfrage, ob dem Fremdrecht überhaupt *judicial notice* zuteil werden soll. Die materielle Entscheidung muß sich aber auf die in der Bestimmung genannten Quellen und Erforschungsmethoden stützen.

(3) § 344 a (D) bestimmte, daß das Fehlen einer Fremdrechts*behauptung judicial notice* nicht ausschließe. Die neue Bestimmung regelt diese Frage nicht, doch darf angenommen werden, daß dies auch hier zutrifft. Nur dürfte die Gewährung von *judicial notice* unter diesen Umständen nach § 4511 (b) wieder im richterlichen Ermessen liegen.

§ 391 wurde wie folgt geändert:

(1) Die in der neuen Bestimmung genannten Beweisregeln finden Anwendung ohne Rücksicht darauf, ob über das Fremdrecht im *judicial notice*-Verfahren entschieden wird oder nicht. § 391 sagte darüber nichts aus.

(2) Fremde Gesetzestexte sind als prima facie-Beweis und nicht, wie nach § 391, als *„presumptive evidence"* anzusehen.

Notice shall be given in the pleadings or prior to the presentation of any evidence at the trial, but a court may require or permit other notice.

(c) *Determination by court; review as matter of law.* Whether a matter is judicially noticed or proof is taken, every matter specified in this section shall be determined by the judge or referee, and included in his findings or charged to the jury. Such findings or charge shall be subject to review on appeal as a finding or charge on a matter of law.

(d) *Evidence to be received on matters to be judicially noticed.* In considering whether a matter of law should be judicially noticed and in determining the matter of law to be judicially noticed, the court may consider any testimony, document, information or argument on the subject, whether offered by a party or discovered through its own research. Whether or not judicial notice is taken, a printed copy of a statute or other written law ... purporting to have been published by a government or commonly admitted as evidence of the existing law in the judicial tribunals of the jurisdiction where it is in force, is prima facie evidence of such law and the unwritten or common law of a jurisdiction may be proved by witnesses or printed reports of cases of the courts of the jurisdiction."

[52] Kan. Civ. Pro. Stat. Ann. s. 60–409 (Vernon 1965).

(3) Fremde Gerichtsentscheidungen können zum Beweis des Fremdrechts herangezogen werden und haben daher größeres Gewicht als in § 391, wonach sie bloß *„presumptive evidence"* erbrachten.

Die Untersuchung zeigt, daß die New Yorker Neuregelung etwas über die oben beschriebene Massachusetts-Bestimmung hinausgeht, besonders weil sie die Unterstützungspflicht der Parteien verringert. Aber nur wenige Entscheidungen zeigen bisher den praktischen Effekt der Reform. In drei Entscheidungen wurde erklärt, daß § 4511 jetzt die Berücksichtigung von anderem einzelstaatlichen Recht sogar selbst dann zwingend vorschreibe[53], wenn das Fremdrecht nicht behauptet wurde[54]. In keiner höchstrichterlichen Entscheidung wurde indessen § 4511 bisher auf ausländisches Recht angewandt.

B. Berücksichtigung ausländischer Rechtsregeln durch den Richter nach freiem Ermessen (discretionary judicial notice)

Im Gegensatz zu den Staaten der ersten Gruppe bestimmen zwei Staaten, Kalifornien (ab 1. 1. 1967) und Michigan[55], daß *judicial notice* immer dem richterlichen Ermessen überlassen bleibt. Die beiden Gruppen berühren sich also dort, wo etwa wie in New York die Parteien ihren Auflagen nicht nachkommen und die Zwangsvorschrift zu einer Ermessensvorschrift wird. Der Staat Connecticut trifft eine Kompromißlösung, wonach gedruckten ausländischen Gesetzestexten stets, ausländischem Fallrecht aber nur nach dem Ermessen des Gerichts *judicial notice* gewährt wird[56].

Nur wenige Entscheidungen aus Michigan befassen sich mit der Frage[57], und nur ein Fall handelt von ausländischem, im Gegensatz zu einzelstaatlichem, Fremdrecht[58]. In diesem Fall wurde ein Sachverständiger über kanadisches Recht gehört. Sein Verhör mußte sich jedoch im Rahmen der allgemeinen Beweisregeln bewegen, und er durfte nur Rechtsprinzipien vortragen, sich aber nicht zu ihrer Anwendung auf den konkreten Tatbestand äußern. Die Ermessensfreiheit wurde demnach

---

[53] *Monka v. Cicoria,* 46 Misc. 2d 565, 260 N. Y. S. 2d 70 (1965); *Hatoff v. Hatoff,* 41 Misc. 2d 1007, 246 N. Y. S. 2d 711 (1964); vgl. auch *Emonz v. New York, N. H. & H. R. Co.,* 42 Misc. 2d 957, 249 N. Y. S. 2d 506 (1964).

[54] *Monka v. Cicoria* und *Hatoff v. Hatoff* oben N. 53.

[55] Calif. Evid. Code s. 452 (a), (f); Mich. Stat. Ann. ss. 27 A. 2114, 27 A. 2118 (1962).

[56] Conn. Gen. Stat. Rev. ss. 52–163, 52–164 (1958).

[57] *Johnson v. Di Giovanni,* 347 Mich. 1118, 78 N. W. 2d 560 (1956); *Bostrom v. Jennings,* 326 Mich. 146, 40 N. W. 2d 97 (1949); *Walton School of Commerce v. Stroud,* 248 Mich. 84, 226 N. W. 883 (1929). Vgl. auch *Laughlin v. Michigan Motor Freight Lines,* 276 Mich. 545, 268 N. W. 887 (1936).

[58] *Shields v. Weller,* 270 Mich. 7, 257 N. W. 765 (1934).

– falls überhaupt auf ausländisches Recht anwendbar – eng ausgelegt. Die Bestimmung in Connecticut ist bisher nur auf einzelstaatliches Recht angewandt worden[59], nicht aber auf ausländisches[60]. Die Vermutung der Identität gelangt zur Anwendung, wenn die Parteien die Fremdrechtsnorm nicht selbst bewiesen haben[61].

C. Der Uniform Judicial Notice of Foreign Law Act

Rechtsvereinheitlichung wird in den Vereinigten Staaten hauptsächlich auf zwei Arten betrieben. Für das Fallrecht versucht das American Law Institute, durch seine *Restatements* verschiedener Rechtsgebiete größere Klarheit zu schaffen, indem es die Vielzahl der einzelstaatlichen Entscheidungen auswertet und ordnend zusammenfaßt. Die National Conference of Commissioners on Uniform State Laws, der alle Staaten angehören, arbeitet *Uniform Laws* oder *Model Laws* aus, die dann den einzelstaatlichen Gesetzgebern zur einheitlichen Verabschiedung vorgeschlagen werden. Ein solches *Uniform Law* ist der 1936 vorgeschlagene *Uniform Judicial Notice of Foreign Law Act*[62], der heute, teils in ursprünglicher, teils in abgeänderter Form in 26 amerikanischen Staaten eingeführt ist: Delaware, Florida, Hawaii, Illinois, Indiana, Kentucky, Louisiana, Maine, Maryland, Minnesota, Missouri, Montana, Nebraska, New Jersey, North Dakota, Ohio, Oklahoma, Oregon, Pennsylvania, Rhode Island, South Carolina, South Dakota, Tennessee, Washington, Wisconsin und Wyoming[63]. Weiter gilt

[59] *Shogstrand v. St. John,* 18 Conn. Supp. 201 (1951); *Cooper v. April,* 14 Conn. Supp. 494 (1946); *Edwards v. Douglas,* 8 Conn. Supp. 256 (1940); *Tuttle v. Jackmus,* 106 Conn. 683 (1927); *Warneke v. Preissner,* 103 Conn. 503, 131 A. 23 (1925); *Appeal of Eva,* 93 Conn. 38, 104 A. 238 (1918); *Appeal of Woodward,* 81 Conn. 152, 70 A. 453 (1908).

[60] Vgl. *Adamsen v. Adamsen,* 151 Conn. 172, 195 A. 2d 418 (1963); *McLoughlin v. Shaw,* 95 Conn. 102, 111 A. 62 (1920).

[61] *Adamsen v. Adamsen* oben N. 60; *White v. White,* 138 Conn. 1, 81 A. 2d 450 (1951); *Thompson v. Thompson,* 14 Conn. Supp. 511 (1947); *McDonald v. Hartford Trust Co.,* 104 Conn. 169, 132 A. 902 (1926). Vgl. auch *American Woolen Co. v. Maaget,* 86 Conn. 234, 85 A. 583 (1912).

[62] 9 A Uniform Laws Annotated 318–330 (1957).

[63] Del. Code Ann. tit. 10 ss. 4313–4314 (1953); Fla. Stat. Ann. s. 92.031 (1960); Hawaii Rev. Laws ss. 226–1 – 226–3 (1955); Ill. Rev. Stat. 51 s. 48(c)–(n) (1965); Ind. Ann. Stat. ss. 2–4801 – 2–4807 (1946); Ky. Rev. Stat. ss. 422.081 – 422.087 (1960); La. Code Civ. Pro. Ann. art. 1391 (1960); Me. Rev. Stat. Ann. tit. 16 ss. 401–406 (1964); Md. Ann. Code art. 35 ss. 47–53 (1965); Minn. Stat. Ann. ss. 599.04–599.10 (1947); Mo. Ann. Stat. ss. 490.070–490.120 (1949); Mont. Rev. Codes Ann. ss. 93–501–2 – 93–501–8 (1964); Neb. Rev. Stat. ss. 25–12, 101 – 25–12, 107 (1956); N. J. Stat. Ann. ss. 2 A: 82–27 – 2 A: 82–33 (Supp. 1965); N. D. Cent. Code s. 31–10–03 (1960); Ohio Rev. Code Ann. ss. 2317.44 – 2317.46 (Pace 1964); Okla. Stat. Ann. tit. 12 ss. 541–547 (1960); Ore. Compiled Laws Ann. ss. 2–503 – 2–509 (1940); Pa. Stat. Ann. tit. 28 ss. 291–297 (1958); R. I. Gen. Laws

er in einem abhängigen überseeischen US-Gebiet, den Virgin Islands[64].

Das *Uniform Law* unterscheidet zwischen einzelstaatlichem und ausländischem Fremdrecht. Für ersteres bestimmt es in seinem § 1:

> Every court of this state shall take judicial notice of the common law and statutes of every state, territory and other jurisdiction of the United States.

§§ 2–3 ermächtigen den Richter, sich jeder Quelle zur Erforschung des Fremdrechts zu bedienen, und bestimmen, daß die Fremdrechtsentscheidung vom Berufungsgericht nachprüfbar ist. Obgleich das Gericht nach § 2 die Parteien zur Unterstützung anhalten kann, bewirkt diese Bestimmung, daß die Parteien zum Teil entlastet werden und auch nicht an die üblichen formellen Regeln der Beweisführung gebunden sind.

Die Regelung ist jedoch ganz anders, wenn es sich um eine auslandsrechtliche Frage handelt. § 5 bestimmt hier:

> The law of a jurisdiction other than those referred to in Section 1 shall be an issue for the court, but shall not be subject to the foregoing provisions concerning judicial notice.

Die Regel bewirkt also nur, daß die Fremdrechtsfrage vom Richter und nicht von der Jury zu entscheiden ist, befreit die Parteien aber nicht von der Notwendigkeit, das Fremdrecht zu behaupten und zu beweisen. Auch besagt sie nichts über die Funktion der Berufungsgerichte. Von den hier besprochenen gesetzlichen Regelungen kommt das *Uniform Law* also dem Zustand nach Common Law am nächsten. Ein kurzer Überblick über die Rechtsentwicklung in drei Staaten, die das *Uniform Law* in unveränderter Form übernommen haben, bestätigt diese Aussage.

1. Das Uniform Law in unveränderter Form

Illinois, Minnesota und Pennsylvania übernahmen im Jahre 1939 das *Uniform Law* in unveränderter Form. Minnesota weist keine nach Inkrafttreten des Gesetzes ergangene Entscheidung auf. Ältere Entscheidungen erklären, Auslandsrecht müsse wie jede andere Tatsache behauptet und bewiesen werden[65] und bei ungenügendem Beweis sei die Klage abzuweisen, da die Vermutung der Identität mit Common Law

---

Ann. ss. 9–1–2 – 9–1–8 (1956); S. C. Code Ann. ss. 26–61 – 26–68 (1962); S. D. Code s. 36.0702 (Supp. 1960); Tenn. Code Ann. 24–607 – 24–612 (1955); Wash. Rev. Code ss. 5.24.010 – 5.24.070 (1963); Wis. Stat. Ann. s. 328.01 (1959); Wyo. Stat. Ann. s. 1–180 (1957).

[64] 5 V. I. C. ss. 791–794.

[65] *Greear v. Paust,* 202 Minn. 633, 279 N. W. 568 (1938); *Manitoba Traders' Trust Co. v. Davidson,* 146 Minn. 224, 178 N. W. 735 (1920).

auf gesetzlich geregelte Materien nicht zutreffe[66]. Daß das *Uniform Law* diese Minnesota Common Law-Entscheidungen wahrscheinlich nicht berührt, zeigen Entscheidungen aus Illinois, die nach Inkrafttreten des *Uniform Law* ergangen sind. Auch dort muß Auslandsrecht noch von den Parteien behauptet und bewiesen werden, wobei ausländisches Gesetzesrecht durch Beibringen der Gesetzestexte oder mittels Sachverständigenverhör zu beweisen ist. In den einzigen beiden Entscheidungen genügte die Partei der ihr obliegenden Beweislast nicht[67]. Ähnlich ist die Rechtslage im Staat Pennsylvania, der jedoch noch mehr als Illinois in seinen Entscheidungen dem Common Law folgt. Obwohl das *Uniform Law* bestimmt, Fremdrechtsfragen seien vom Richter und nicht von der Jury zu entscheiden, und damit ermöglicht, die strikten Common Law-Beweisregeln aufzulockern, unterliegt der Beweis ausländischen Gesetzesrechts noch immer der *„best evidence rule"*. Sie besagt, daß das ausländische Recht nur dann durch Verhör von Zeugen und Sachverständigen bewiesen werden darf, wenn der Gesetzestext selber *(the best evidence)* nicht erhältlich ist[68]. Auch schränkte eine Entscheidung aus dem Jahre 1965 die ältere allgemein geltende Vermutung der Identität des ausländischen Rechts mit dem Recht von Pennsylvania ein, indem sie die Vermutung nicht auf das Recht der Sowjetunion anwandte und die Klage abwies[69].

2. Das Uniform Law mit einzelstaatlichen Änderungen

In zwei Staaten, Maryland und New Jersey, hat der Gesetzgeber das *Uniform Law* abgeändert.

In Maryland ist die *judicial notice*-Bestimmung des § 1 des *Uniform Law* auch auf ausländisches Fremdrecht erweitert worden, das seinen „Ursprung im Common Law Englands" hat[70]. Die Anwendung der Bestimmung setzt voraus, daß die Partei dem Richter in den *pleadings* oder auf andere Weise frühzeitig mitteilt, daß sie *judicial notice* beantragen werde[71]. Ein Ausbleiben der Mitteilung wurde bisher nur in einer Entscheidung (die sich allerdings nur mit einzelstaatlichem Recht befaßte) als unerheblich angesehen[72]. Nur in einer Entscheidung fand

---

[66] *Manitoba Traders' Trust Co. v. Davidson* oben N. 65; vgl. auch *Desnoyer v. McDonald,* 4 Minn. 515 (Gil. 402) (1860).

[67] *In re Glenos' Estate,* 53 Ill. App. 2d 283, 202 N. E. 2d 833 (1964); *Groone v. Freyn Engineering Co.,* 374 Ill. 113, 28 N. E. 2d 274 (1940).

[68] *Demas v. Hanvouros,* 99 Pitt. L. J. 177 (1951); *In re Demezuck's Estate,* 8 D. & C. 2d 462 (1965).

[69] *In re Demezuck's Estate* oben N. 68.

[70] Md. Ann. Code art. 35 ss. 47–53 (1965).

[71] *Maccabees v. Lipps,* 182 Md. 190, 34 A. 2d 424 (1943); *Prudential Ins. Co. of America v. Shumaker,* 178 Md. 189, 12 A. 2d 618 (1940).

[72] *Staley v. Safe Deposit & Trust Co.,* 189 Md. 447, 56 A. 2d 144 (1947).

die Maryland-Bestimmung auf ausländisches Recht Anwendung. In diesem Fall erforschte das Gericht palästinisches Recht mit Hilfe von Sachverständigen und wandte es auf den Tatbestand an[73].

Die seit dem Jahre 1960 in New Jersey geltende Änderung weicht am weitesten von dem *Uniform Law* ab und gleicht dadurch der – unabhängig davon entstandenen – New Yorker Bestimmung[74]. *Judicial notice* ist in New Jersey für ausländisches Recht zwingend vorgeschrieben, wenn die Fremdrechtsnorm in den *pleadings* behauptet oder *judicial notice* nach den gesetzlichen Bestimmungen beantragt worden ist. In der einzigen bisher bekannten Entscheidung erklärte das Berufungsgericht, der erstinstanzliche Richter habe zu Unrecht das Recht der kanadischen Provinz Quebec angewandt, denn die gesetzlichen Vorbedingungen seien nicht erfüllt gewesen. Der Beklagte hatte erst während der Verhandlung behauptet, der gegen ihn aus einem Verkehrsunfall erhobene Anspruch sei nach Quebec-Recht verjährt; zudem hatte er nur eine nichtbeglaubigte Übersetzung der dort geltenden gesetzlichen Bestimmung vorgelegt. Ohne seine Entscheidung näher zu begründen, hatte der erstinstanzliche Richter Quebec-Recht ausgelegt und angewandt und die Klage abgewiesen[75]. Es ist nicht ganz klar, ob das Berufungsgericht nur auf die gesetzlichen Vorbedingungen für *judicial notice* abstellte (denn in diesem Fall hätte der Vorderrichter immer noch auf Grund seiner Ermessensfreiheit *judicial notice* gewähren können[76]), ob es der Ansicht war, der Beklagte habe seiner in beiden Fällen bestehenden Unterstützungspflicht[77] nicht Genüge getan, oder ob es sagen wollte, Fremdrecht sei aus Gründen der Qualifikation der Verjährungsbestimmung überhaupt nicht anzuwenden. Obschon die Grundlage der Entscheidung also leider nicht klar ist, kann der Entscheidung entnommen werden, daß Auslandsrecht wie einzelstaatliches Recht grundsätzlich dem *judicial notice*-Verfahren unterliegt und, wenn auch Tatsachenfrage, auch dem Berufungsverfahren zugänglich ist.

D. Zusammenfassung

Als Ergebnis lassen sich in der Vielzahl der einzelstaatlichen Regelungen die folgenden Strömungen feststellen:

---

[73] *Reisig v. Associated Jewish Charities*, 182 Md. 432, 34 A. 2d 842 (1943).

[74] N. J. Stat. Ann. ss. 2 A: 82–27 – 2 A: 82–33 (Supp. 1965).

[75] *Ennis v. Petry*, 29 N. J. 236, 148 A. 2d 722 (1959).

[76] Vgl. *Fitzgerald v. Fitzgerald*, 66 N. J. Super. 277, 168 A. 2d 851 (1961) (dictum).

[77] Der Richter darf aber auch selbst das Fremdrecht erforschen. Siehe *Pine Grove Manor, Section no. 1 v. Director, Division of Taxation*, 68 N. J. Super. 135, 171 A. 2d 676 (1961).

(1) Die Grundsätze des Common Law herrschen zur Zeit noch vor, aber sie sind in ihrer Anwendung weniger mit veralteten Vorstellungen belastet und so im modernen Prozeß leichter praktikabel. Neben den wenigen echten Common Law-Staaten folgen 24 der *Uniform Law*-Staaten dem Common Law-Faktizitätsprinzip, das Behauptung und Beweis durch die Parteien fordert, die Entscheidung aber dem Richter überläßt. Letzteres mag die Common Law-Beweisregeln gelegentlich auflockern und ermächtigt auch das Berufungsgericht, die erstinstanzliche Entscheidung wenigstens auf ihre grundsätzliche Übereinstimmung mit dem erbrachten Beweis zu überprüfen.

(2) Die neuere Tendenz – noch in verschwindender Minderheit – sieht *judicial notice* vor; Beispiel dafür ist das New Yorker Modell. Dabei ist aber wichtig zu betonen, daß nur die Zwangsvorschriften eine wirkliche Neuerung darstellen. In den Fällen, in denen *judicial notice* in diesen Staaten nur nach Ermessen gewährt wird, sowie dort, wo – wie in Kalifornien und Michigan – *judicial notice* immer eine Ermessensfrage ist, ist die Rechtsprechung nur wenig geneigt, sich der Ermessensfreiheit zu bedienen, und kommt in der Regel immer wieder auf das Common Law zurück. Tatsächlich wirksame *judicial notice*-Bestimmungen sind deshalb immer in Zwangsvorschriften gekleidet – jedoch erscheinen diese erst in der allerjüngsten Entwicklung.

(3) Selbst Zwangsvorschriften für *judicial notice* stellen in unterschiedlichem Maße auf Parteiunterstützung durch Materialbeibringung ab; zudem bürden sie den Parteien diverse andere Pflichten auf, wie Antrag und Benachrichtigung der Gegenpartei. Insoweit zeigt sich auch hier, wie die Grundeinstellung zum fremden Recht als Tatsache weiter besteht und wie der amerikanische Prozeß als Parteiprozeß die Erfordernisse rechtsstaatlichen Verhaltens gegenüber der Gegenpartei betont. Vom praktischen Standpunkt tun diese Bestimmungen und Regeln der Berücksichtigung ausländischen Rechts keinen Abbruch. In einem bundesstaatlichen Rechtssystem mit über 50 verschiedenen einzelstaatlichen Rechtsordnungen, vom wirklichen Auslandsrecht ganz abgesehen, ist es prozeßökonomisch wohl sogar zu begrüßen, wenn der Richter auch bei der Anwendung von einzelstaatlichem Fremdrecht von den Parteien aktiv unterstützt wird.

IV. Ausländisches Recht vor den Bundesgerichten

Die Zuständigkeit der amerikanischen Bundesgerichte beruht u. a. auf der verschiedenen Staatsangehörigkeit (einschließlich Einzelstaatszugehörigkeit) der Parteien bei einem Mindeststreitwert von $ 10 000 *(diversity jurisdiction)*. In diesem Bereich werden Bundesgerichte konkurrierend und auf gleicher Ebene mit einzelstaatlichen Gerichten tätig; den Parteien steht es frei, zwischen Staats- oder Bundesgericht zu wählen (Einreichung der Klage durch den Kläger oder *removal* von Staats- zu Bundesgericht durch den Beklagten). Die Berücksichtigung von Auslandsrecht muß daher auch für diese Gerichte untersucht werden. Die Frage ist hier besonders bedeutsam, da die Parteien häufig verschiedener Staatsangehörigkeit sind und zudem gewisse Bundesgerichte, z. B. die des Second Circuit (New York, Connecticut, Vermont) in handelsrechtlichen Sachen als führend angesehen werden.

Für das Bundesrecht sind am 1. Juli 1966 neue Bestimmungen in Kraft getreten. Ihre Tragweite wird durch eine Gegenüberstellung mit dem bisher geltenden Recht klar.

A. Bisheriges Recht

Die wichtigste Bestimmung des bisherigen Bundesrechts war Rule 43 der Federal Rules of Civil Procedure:

> (a) *Form and Admissibility.* In all trials the testimony of witnesses shall be taken orally in open court, unless otherwise provided by these rules. All evidence shall be admitted which is admissible under the statutes of the United States, or under the rules of evidence heretofore applied in the courts of the United States on the hearing of suits in equity, or under the rules of evidence applied in the courts of general jurisdiction of the state in which the United States court is held. In any case the statute or rule which favors the reception of the evidence governs and the evidence shall be presented according to the most convenient method prescribed in any of the statutes or rules to which reference is herein made. The competency of a witness to testify shall be determined in like manner.

Die folgenden beiden Abschnitte untersuchen die Grenzen dieser Vorschrift.

1. Behauptungen in den pleadings

Rule 8 der Federal Rules of Civil Procedure ist die Grundlage für sog. *„notice pleadings"* in bundesgerichtlicher Praxis. Danach braucht ein Kläger nicht, wie nach dem Common Law, seinen Anspruch unter Angabe von Einzelheiten und der anzuwendenden Rechtsbestimmungen zu behaupten, sondern muß nur – ohne Rechtsanführung – eine kurze schriftliche, nicht an besondere Form gebundene Erklärung abgeben, aus der die Grundlagen des Klaganspruchs hervorgehen. Rule 8 läßt unbeantwortet, ob ausländisches Recht als Tatsache betrachtet und in den *pleadings* angegeben werden muß oder ob es als eine nicht zu behauptende, dem Anspruch zugrunde liegende *Rechtsnorm* angesehen werden darf. In *Siegelman v. Cunard White Star*[78] bekannte sich der Court of Appeal des Second Circuit zur zweiten Auffassung: ausländisches (in diesem Falle englisches) Recht brauche nicht behauptet zu werden. Andere Bundesgerichte, mit Ausnahme des District Court für das abhängige US-Gebiet Guam[79], sind dieser Ansicht nicht gefolgt, und der Court of Appeal des Second Circuit selbst hat 1956 seine Praxis wieder geändert[80].

Eine zweite Möglichkeit, das *pleading*-Problem zu lösen, schien die oben wiedergegebene Rule 43 (a) zu enthalten. Auf Grund dieser Vorschrift könnte man sagen, eine Fremdrechtsbehauptung sei dann nicht erforderlich, wenn das Bundesgericht seinen Sitz in einem *judicial notice*-Staat habe. Dieser Auslegung stand jedoch der Wortlaut der Rule 43 (a) entgegen. Sie erlaubte die Anwendung einzelstaatlicher *Beweisregeln* im bundesgerichtlichen Verfahren, besagte aber nichts über die verfahrensrechtliche Frage der Klagform. Ohne eine entsprechende gesetzliche Verweisungsvorschrift unterliegt das bundesgerichtliche Verfahren dem Bundesrecht und seiner Auslegung durch die Bundesgerichte, und die Verweisungen auf einzelstaatliches materielles Recht in den berühmten höchstrichterlichen Entscheidungen *Tompkins v. Erie Railroad*[81] und *Klaxon v. Stentor Electric Manufacturing*[82] finden deshalb keine Anwendung. Die Bundesrechtsprechung lehnte jedoch die *Siegelman*-Entscheidung überwiegend ab. Ausländisches Recht war deshalb in den *pleadings* zu behaupten[83].

2. *Beweiserbringung*

Die Bundesgerichte folgten weitgehend der durch Rule 43 (a) gegebenen Möglichkeit, Fremdrecht in Übereinstimmung mit der Praxis der örtlichen Staatsgerichte zu berücksichtigen[84]. Auch hierfür ist die

---

[78] 221 F. 2d 189 (2d Cir. 1955).

[79] *Pederson v. United States*, 191 F. Supp. 95 (D. Guam 1961).

[80] *Walton v. Arabian American Oil Co.*, 233 F. 2d 541 (2d Cir. 1956); siehe auch unten N. 86.

[81] 304 U.S. 64, 82 L. Ed. 1188, 58 Sup. Ct. 817 (1938).

[82] 313 U.S. 487, 61 Sup. Ct. 1020 (1941).

[83] In *Telesphore Couture v. Watkins*, 162 F. Supp. 727 (E. D. N. Y. 1958) erklärte das Gericht: „[The defendant] does not plead even the substance of these alleged sections of the Civil Code in its answer. The moving affidavit of the attorney for the defendant... purports to set forth only certain portions of § 2262 of the Civil Code of Quebec. Nor is the motion supported by a memorandum of law quoting the entire alleged applicable statute and one or more citations of decisional law, if there be any... [The party] should do more than merely allege conclusions or ‚short excerpts' from the allegedly pertinent statute. He should set out the substance of the alleged foreign law to such an extent that the court may judge whether it has the effect that he ascribes to it."

[84] *Smit/Miller*, International Cooperation in Civil Litigation, A Report on Practices and Procedures Prevailing in the United States (1961) 73.

Siegelman-Entscheidung ein guter Ausgangspunkt. Dort machte der Kläger einen Haftungsanspruch für einen von seiner Ehefrau auf einem Passagierschiff der beklagten Cunard Lines erlittenen Unfall geltend. Die Beklagte verwies auf die Verjährungsbestimmung (ein Jahr) in dem Beförderungsvertrag, aber keine der Parteien behauptete ausdrücklich die Anwendbarkeit und den Inhalt des englischen Rechts, dem der Beförderungsvertrag ausdrücklich unterlag. Der erstinstanzliche Richter wies die Klage ab mit der Begründung, ein dem Kläger von der Beklagten mündlich erteiltes Versprechen, sich nicht auf die Verjährungsbestimmung zu berufen, sei nach New Yorker Recht nicht rechtsgültig und eine gegenteilige englische Rechtsregel hätten die Parteien nicht bewiesen. Das Berufungsgericht – der Berufung stattgebend – sagte, der erstinstanzliche Richter hätte die New Yorker *judicial notice*-Bestimmung heranziehen sollen und englisches Recht von Amts wegen berücksichtigen müssen. Diese Entscheidung wurde in der Literatur stark kritisiert[85], wahrscheinlich zu Recht, denn sie läßt der New Yorker Bestimmung eine liberalere Auslegung zuteil werden als sie durch die New Yorker Staatsgerichte selbst erfährt. Schon im folgenden Jahr schränkte das Berufungsgericht die *Siegelman*-Entscheidung deshalb auch wieder ein, und zwar in einem Fall, in dem es um saudi-arabisches Recht ging. Das Gericht erklärte:

„In *Siegelman v. Cunard White Star*... we took judicial notice of English ‚law' which had been neither pleaded nor proved. Our decision, in that respect, has been criticized; but it may be justified on the ground that an American court can easily comprehend, and therefore, under the statute, take judicial notice of, English decisions, like those of any state in the United States. However, where, as here, comprehension of foreign ‚law' is, to say the least, not easy, then, according to the somewhat narrow interpretation of the New York statute by the New York courts, a court ‚abuses' its discretion under that statute perhaps if it takes judicial notice of foreign ‚law' when it is not pleaded, and surely does so unless the party, who would otherwise have had the burden of proving that ‚law', has in some way adequately assisted the court in judicially learning it." [86]

Andere New Yorker Bundesgerichte begründeten ihre Ablehnung, von der innerstaatlichen Ermessensvorschrift für *judicial notice* Gebrauch zu machen, mit prozeßökonomischen Erwägungen. So erklärte ein erstinstanzliches Gericht im Jahre 1958, die Gerichtsbibliothek reiche zur Erforschung ausländischer Rechtsregeln (hier Quebec) nicht aus, das Gericht wolle nicht die Einrichtungen anderer oder außerstaatlicher Stellen in Anspruch nehmen und der Beweis müsse daher

---

[85] *Sommerich/Busch*, Foreign Law, A Guide to Pleading and Practice (1959) 131 n. 9.

[86] *Walton v. Arabian American Oil Co.*, oben N. 80, 544.

den Parteien obliegen[87]. Mit Ausnahme der *Siegelman*-Entscheidung wurden landesrechtliche *judicial notice*-Bestimmungen also kaum weiter ausgelegt, wenn der Rechtsstreit vor einem Bundesgericht anhängig war.

Die Parteien mußten also das Auslandsrecht in der Regel beweisen; es fanden dabei ähnliche, etwas aufgelockerte Beweisregeln wie in den Nicht-Common-Law-Staaten Anwendung. Sachverständige konnten über die Anwendung des fremden Rechts gehört werden[88], dagegen waren eidesstattliche Erklärungen abwesender Sachverständiger unzulässig[89]. Der Richter entschied über die Befähigung zum Sachverständigen[90]. Diese konnte auch dann gegeben sein, wenn der Sachverständige nicht Angehöriger des fremden Landes war[91].

B. Geltendes Recht

1. Die Reform des Jahres 1966

Im Jahre 1958 bestellte der Kongreß eine Commission on International Rules of Judicial Procedure[92]. In ihrem ersten Bericht stellte die Commission fest:

> „Traditional common law methods of proving foreign law as a fact for the jury, or even as a fact for the court, by expert testimony are expensive and time consuming. Foreign law experts and ample foreign law materials exist in only a few of the large metropolitan areas. The United States has no agreement with any foreign country for the reciprocal furnishing of certified copies of texts of codes, statutes, decrees, judicial decisions and other information for the purpose of proving foreign law in litigation.
> Depositions before consular officers in the country whose law is to be proved may be forbidden or limited to American citizens who would normally be unqualified as experts on the law of that country. The alternative of depositions by letter rogatory is not available. Civil law courts do not execute letters rogatory for the examination of experts on the law of their country as such experts are not regarded by them as witnesses in the usual sense." [93]

---

[87] *Telesphore Couture v. Watkins* oben N. 83.

[88] *Esso Standard Oil, S. A. v. S. S. Gasbras Sul*, 239 F. Supp. 212 (S. D. N. Y. 1964).

[89] *Pisacane v. Italia Societa Per Azioni di Navigazione*, 219 F. Supp. 424 (S. D. N. Y. 1963).

[90] *Smit/Miller*, oben N. 84, 73.

[91] Vgl. *Danisch v. Guardian Life Ins. Co. of America*, 19 F. R. D. 235 (S. D. N. Y. 1956); *Bostrum v. Seuguros Tepeyac*, S. A., 225 F. Supp. 222 (N. D. Tex. 1963).

[92] Act of September 2, 1958, PL 85–906, 72 Stat. 1743 (1948).

[93] First Annual Report of the Commission on International Judicial Procedure (1959) 15 f.

Auf Grund der Arbeit der Commission sind bisher die folgenden bundesrechtlichen Bestimmungen geändert worden: Titel 18 § 3491 (ausländische Dokumente in Strafprozessen) und Titel 28 §§ 1741, 1781 und 1783 des U.S. Code (ausländische öffentliche Urkunden, *letters rogatory* und Ladung im Ausland ansässiger Personen), sowie Rules 28 (Erklärungen an Eides Statt, depositions) und 44 (ausländische öffentliche Urkunden – siehe unten) der Federal Rules of Civil Procedure. Die Commission hat sich darüber hinaus auch mit der Reform der Rule 43 (a) befaßt. Der Erfolg dieser Bestrebungen soll im folgenden kurz untersucht werden.

Die Verweisung der Rule 43 (a) auf das einzelstaatliche Recht am Sitz des Bundesgerichts hatte zur Folge, daß sich einzelstaatliche Unterschiede auf Bundesebene widerspiegelten. Um die bundesgerichtliche Praxis zu vereinheitlichen, schlug die Commission eine neue Rule 44.1 vor, die eigenes Bundesrecht schaffen und dadurch Rule 43 (a) in dieser Hinsicht außer Kraft setzen sollte. Dieser Vorschlag wurde am 31. März 1964 den Gerichts- und Anwaltsorganisationen zugeleitet. Am 28. 2. 1966 ist die neue Rule vom obersten Bundesgerichtshof (Supreme Court)[94] verkündet und dem Kongreß zugeleitet worden. Am 1. Juli 1966 ist sie in Kraft getreten.

Die Rule lautet:

„A party who intends to raise an issue concerning the law of a foreign country shall give notice in his pleadings or other reasonable written notice. The court, in determining foreign law, may consider any relevant material or source, including testimony, whether or not submitted by a party or admissible under Rule 43. The court's determination shall be treated as a ruling on a question of law."

Der erste Satz der Rule soll die Ungewißheit beseitigen, ob Auslandsrecht in den *pleadings* zu behaupten sei[95]. Er stellt ausdrücklich auf *Benachrichtigung* des Gerichts und der Gegenpartei ab, betont also nur das Erfordernis der Rechtsstaatlichkeit und verlangt keine besonderen Formerfordernisse. In dieser Hinsicht ist die Bestimmung den *judicial notice*-Bestimmungen des New Yorker Modells ähnlich. Den Zweck des ersten Satzes, der Rechtsstaatlichkeit zu dienen, betont auch der beratende Ausschuß der Commission im Zusammenhang mit der Frage, ob *notice* auch noch in einem fortgeschrittenen Stadium gegeben werden könne:

„In determining whether notice given at an advanced point in the proceedings is reasonable, the court must balance the importance of the issue,

[94] Aufgrund der Ermächtigung in 28 U. S. C. s. 72 (1958).

[95] Fourth Annual Report of the Commission on International Judicial Procedure (1962) 63.

the stage of the proceeding, and the reasonableness of counsel's failure to raise the issue at an earlier time." [96]

Der zweite Satz der Rule gibt dem Gericht freie Hand – ohne jedoch *judicial notice* vorzuschreiben[97] –, jegliche Quellen zur Entscheidung der Fremdrechtsfrage zu berücksichtigen, und befreit das Gericht und die Parteien von den Grenzen der Beweiszulässigkeit der Rule 43. Es liegt demnach im richterlichen Ermessen – wiederum ähnlich wie in den *judicial notice*-Staaten –, weitgehende oder nur geringe Parteiunterstützung zu verlangen, ja selbst das Fremdrecht von Amts wegen zu berücksichtigen. Der beratende Ausschuß der Commission ist sogar der Ansicht, dem Richter obliege eine auf die Rechtsstaatlichkeit zurückzuführende Pflicht, den Parteien von dem Fremdrecht Kenntnis zu geben, das von Amts wegen gefunden wurde und von der seitens der Parteien vertretenen Rechtsauffassung erheblich abweicht[98].

Der dritte Satz der Bestimmung vermeidet es, die Fremdrechtsfrage klar als eine *Rechtsfrage* zu bezeichnen. Das erklärt sich aus der Beweisbedürftigkeit des Fremdrechts, das demnach gegenüber einheimischen Rechtsnormen im Prozeß wenigstens mit *Tatsachencharakter* in Erscheinung tritt. Jedoch machen der zweite und dritte Satz klar, daß die Entscheidung dem Richter (und nicht der Jury) obliegt, und der dritte Satz gibt dem Fremdrecht *Rechtscharakter* für Zwecke des *Berufungsverfahrens*. Die Vorschrift, Fremdrecht sei „wie eine Rechtsfrage" zu behandeln, bindet das Berufungsgericht nicht an die engen Schranken der Rule 52(a), die ihm die Überprüfung einer Tatsachenentscheidung nur dann erlaubt, wenn sie „offensichtlich irrig" *(clearly erroneous)* ist[99].

Mit dem Inkrafttreten der Rule 44.1 gleicht das Bundesrecht also weitgehend dem Recht der *judicial notice*-Staaten.

2. *Andere neue bundesrechtliche Vorschriften*

Eine besondere Bestimmung, erst im Jahre 1964 in Kraft getreten, betrifft den Beweis ausländischer Urkunden. Titel 28 § 1741 des U.S. Code[100] bestimmt:

---

[96] Ebenda 64.

[97] Ein ausdrücklicher Hinweis auf *judicial notice* wurde unterlassen mit Rücksicht auf „the confusion and controversy concerning its character". Ebenda 64–65.

[98] Ebenda 64–65. Vgl. *Wyzanski*, A Trial Judge's Freedom and Responsibility, Harv. L. Rev. 65 (1952) 1281, 1296.

[99] Vgl. Note, Harv. L. Rev. 72 (1958) 318.

[100] 28 U.S.C. s. 1741, as amended 78 Stat. 996 (1964).

„An official record or document of a foreign country may be evidenced by a copy, summary or excerpt when authenticated as provided in the Federal Rules of Procedures."

Die „Rule", auf die diese Vorschrift verweist, ist Rule 44. Bisher sehr eng gefaßt, wurde auch sie mit Wirkung vom 1. Juli 1966 geändert; ihre Absätze a (2) und b lauten wie folgt:

„(a) (2) *Foreign.* A foreign official record, or an entry therein, when admissible for any purpose, may be evidenced by an official publication thereof; or a copy thereof, attested by a person authorized to make the attestation, and accompanied by a final certification as to the genuineness of the signature and official position (i) of the attesting person, or (ii) of any foreign official whose certificate of genuineness of signature and official position relates to the attestation or is in a chain of certificates of genuineness of signature and official position relating to the attestation. A final certification may be made by a secretary of embassy or legation, consul general, consul, vice consul, or consular agent of the United States, or a diplomatic or consular official of the foreign country assigned or accredited to the United States. If reasonable opportunity has been given to all parties to investigate the authenticity and accuracy of the documents, the court may, for good cause shown, (i) admit an attested copy without final certification or (ii) permit the foreign official record to be evidenced by an attested summary with or without a final certification.
(b) *Lack of Record.* A written statement that after diligent search no record or entry of a specified tenor is found to exist in the records designated by the statement, authenticated as provided in ... subdivision (a) (2) of this rule for a summary in the case of a foreign record, is admissible as evidence that the records contain no such record or entry."

3. *Internationale Gerichts- und Prozeßhilfe*

Die Erforschung oder der Beweis des Fremdrechts in bundesgerichtlichen Verfahren wird möglicherweise auch durch die Bestimmungen über internationale Gerichts- und Prozeßhilfe erleichtert. Dies setzt voraus, daß die beteiligten ausländischen Behörden die nötige Unterstützung gewähren, was aber z. B. bei *letters rogatory* für ein Sachverständigenverhör meist nicht der Fall ist. In dieser Beziehung stehen ausländischen Stellen in den Vereinigten Staaten größere Hilfsmittel zur Verfügung.

Titel 28 § 1781 des U.S. Code, in der Fassung des Jahres 1964[101], bestimmt, daß das U.S.-Außenministerium ermächtigt ist, *letters rogatory* auf Ersuchen eines Gerichts an die zuständigen ausländischen Behörden weiterzuleiten. In *judicial notice*-Staaten kann das Gericht (Bundes- oder Einzelstaatsgericht) in gegebenen Fällen selbst den Versuch unter-

---

[101] 28 U. S. C. s. 1781, as amended 78 Stat. 996 (1964).

nehmen, von ausländischen Stellen Auskunft einzuholen. Für die Parteien erleichtert die Rule 28 (b) der Federal Rules of Civil Procedure u. U. die Beweisführung. Die Rule lautet:

„In a foreign country, depositions may be taken (1) on notice before a person authorized to administer oaths in the place in which the examination is held, either by the law thereof or by law of the United States, or (2) before a person commissioned by the court, and a person so commissioned shall have power by virtue of his commission to administer any necessary oath and take testimony, or (3) pursuant to a letter rogatory. A commission or a letter rogatory shall be issued on application and notice, and on terms that are just and appropriate. It is not requisite to the issuance of a commission or a letter rogatory that the taking of the deposition in any other manner is impracticable or inconvenient; and both a commission and a letter rogatory may be issued in proper cases. A notice or commission may designate the person before whom the deposition is to be taken either by name or descriptive title. A letter rogatory may be addressed ‚To the Appropriate Authority in [here name the country]'. Evidence obtained in response to a letter rogatory need not to be excluded merely for the reason that it is not a verbatim transcript or that the testimony was not taken under oath or for any similar departure from the requirements for depositions taken within the United States under these rules."

Parteien können demnach im Ausland abgegebene Erklärungen von Sachverständigen zum Beweis des Auslandsrechts beibringen. Wird die Erklärung im Ausland mit Hilfe eines *letter rogatory* erhalten, so bestimmt Rule 28 (b), daß der Inhalt auch dann zum Beweis zugelassen werden darf, wenn er das Verhör nicht verbatim wiedergibt. Letztere Bestimmung unterscheidet das Bundesrecht vom einzelstaatlichen Recht. Auch im Recht der Einzelstaaten finden sich Bestimmungen über die Beweisaufnahme im Ausland (z. B. die Rule 19–2 des Illinois Supreme Court [102]), doch es ist nicht ganz klar, ob ein so gewonnener Beweis von den Common Law-Beweisregeln befreit ist.

Andere bundesrechtliche Bestimmungen, die u. U. zur Anwendung gelangen können, sind Rules 29 (Parteivereinbarung über Zeugenerklärungen), 30 (mündlich abgegebene Erklärungen), 31 (Erklärungen auf Grund schriftlicher Anfragen), 34 (Entdeckung und Beibringung von Dokumenten), 36 (Beglaubigung von Dokumenten) und 44 (Beglaubigung von Abschriften) sowie Titel 28 § 1783 [103] des U.S. Code (Ladung amerikanischer Staatsbürger und Einwohner, die sich im Ausland aufhalten). Jedoch, wie schon betont, stellen alle genannten Bestimmungen in erster Linie auf den Zeugen- und Tatsachenbeweis ab und sind nur sekundär und in seltenen Fällen für den Beweis ausländischen Rechts von Nutzen.

[102] Ill. Rev. Stat. 110 s. 101.19–2 (1965).
[103] 28 U. S. C. s. 1783, as amended 78 Stat. 996 (1964).

V. Reformvorschläge für das einzelstaatliche Recht

Die Reform des Bundesrechts hat die National Conference of Commissioners on Uniform State Laws im Jahre 1962 veranlaßt, den Einzelstaaten die Annahme eines dem neuen Bundesrecht nachgebildeten *Uniform Interstate and International Procedure Act* vorzuschlagen[104]. Absätze 2, 4 und 5 seines Artikels V wiederholen fast wörtlich die neue bundesrechtliche Rule 44 (a) (2)–(c). Artikel IV bestimmt, wiederum in fast wörtlicher Anlehnung an die bundesrechtliche Rule 44.1 (nur wegen der Einbeziehung anderen einzelstaatlichen Rechts weitergefaßt), folgendes:

„§ 4.01. A party who intends to raise an issue concerning the law of any jurisdiction or governmental unit thereof outside this state shall give notice in his pleadings or other reasonable written notice.

§ 4.02. In determining the law of any jurisdiction or governmental unit thereof outside this state, the court may consider any relevant material or source, including testimony, whether or not submitted by a party or admissible under the rules of evidence.

§ 4.03. The court, not jury, shall determine the law of any governmental unit outside this state. Its determination is subject to review on appeal as a ruling on a question of law.

§ 4.04. This Article does not repeal or modify any other law of this state permitting another procedure for the determination of foreign law."

Von besonderem Interesse sind §§ 4.03 und 4.04. Der erste gibt dem Fremdrecht noch mehr den Charakter einer *Rechtsnorm* im innerstaatlichen Verfahren als es die bundesstaatliche Bestimmung tut. § 4.04[105] zeigt ferner, daß der *Uniform Act* neben das bisherige Recht treten soll in dem Sinne, daß stets die liberalere Vorschrift vorgeht. Da der *Uniform Act,* wie die bundesrechtliche Regelung, nicht auf eine Berücksichtigung von Amts wegen abstellt, können also weit ausgelegte Zwangsvorschriften zur *judicial notice* immer noch Anwendung finden.

Der *Uniform Act* ist bisher erst in Arkansas in Kraft getreten[106]. Sollte er jedoch allgemeine Anwendung finden, so wäre die Berücksichtigung ausländischen Rechts in Amerika zum erstenmal einheitlich geregelt.

---

[104] Handbook of the National Conference of Commissioners on Uniform State Laws (1962) 219–241.

[105] Der Entwurf überläßt es dem Gesetzgeber, s. 4.04 oder die weitergefaßte, auf den ganzen Act zutreffende *saving clause* der s. 6.01 anzunehmen.

[106] Ark. Stat. Ann. ss. 27–2501 – 27–2507 (1965).

VI. Ausblick

Die neuere amerikanische Entwicklung hat bereits einige begrüßenswerte Lösungen zum Problem der Berücksichtigung von Fremdrechtsnormen gezeigt. Sie hat erkannt, daß Fremdrechtsregeln schon aus prozeßökonomischen Gründen einheimischen Rechtsnormen nicht gleichgestellt werden können, sich aber andererseits durch ihren normativen Charakter von echten Tatsachenfragen entscheidend abheben. Diese Erwägungen führten dazu, Fremdrechtsnormen als *Tatsachen mit Rechtscharakter* zu betrachten, die zwar von den Parteien bewiesen werden müssen, aber durch den Richter, nicht durch die Jury, zu berücksichtigen und dem Berufungsverfahren zugänglich sind. Der Beweis vor dem Richter ist ferner mittels aufgelockerter, vom Common Law abweichender Methoden zu erbringen. Die begriffsbeschwerte Anschauungsweise (Faktizitätsprinzip) weicht der praktischen Notwendigkeit, dem Gericht schnell und leicht genaue Kenntnis des Fremdrechts zu verschaffen und zugleich die Parteien und die Jury von der Last eines Tatsachenprozesses zu befreien.

Die Vereinheitlichung der Regelungen in den einzelstaatlichen Rechtsordnungen durch die neue Entwicklung steht jedoch erst am Anfang. Die bundesrechtliche Reform stammt aus dem Jahre 1966, und der neue *Uniform Act* ist erst in einem Staate Gesetz. Da aber die für Fremdrechtsprozesse wichtigsten Staaten schon unabhängig von dem neuen *Uniform Act* ähnlichen Regeln folgen, darf man eine weitgehende Rechtsvereinheitlichung erwarten. Sie mag zur Folge haben, daß gewisse noch nicht völlig befriedigend geregelte Bestimmungen über Beweiszulässigkeit (besonders im einzelstaatlichen Recht, z. B. über die Zulässigkeit im Ausland abgegebener Sachverständigengutachten) eine neue gesetzliche Regelung erfahren werden.

SKANDINAVIEN

Prof. Dr. Ole Lando, Kopenhagen *

I. Wird fremdes Recht auf Antrag oder von Amts wegen angewandt?

A. Auffassung von Lehre und Rechtsprechung

Die skandinavischen Gesetze enthalten keine Regelung der Frage, ob die Gerichte ausländisches Recht nur *auf Antrag oder von Amts wegen* anzuwenden haben.

1. In Sachen, die *der Parteidisposition nicht unterstehen*, z. B. im Ehe-, Kindschafts- und Entmündigungsverfahren, sind nach herrschender Lehre[1] und Praxis die Gerichte verpflichtet, das ausländische Recht von Amts wegen anzuwenden. Das bedeutet, daß auch die Frage, ob inländisches oder ausländisches Recht anwendbar ist, von Amts wegen geprüft werden muß[2].

2. Für diejenigen Verfahren, die *der Parteidisposition* unterstehen, ist sich die skandinavische *Doktrin* nicht einig.

Die meisten Autoren sind jetzt der Auffassung, daß die Frage, ob ausländisches Recht anwendbar ist, vom Gericht von Amts wegen er-

---

* Für die dänische Fassung siehe *Lando*, Fremmed ret for skandinaviske domstole: Juristen 49 (1967) 1–11.

Abgekürzt werden zitiert: *Per Augdahl*, Norsk civilprosess, 3. Aufl., Trondheim 1961; *O. A. Borum*, Lovkonflikter, 4. Aufl. unter Mitwirkung von *Allan Philip*, Kopenhagen 1957; *Hilding Eek*, Internationell privaträtt, metod och material, Stockholm 1962; *Hilding Eek*, Lex causae okänd storhet, Tidsskrift for Rettsvitenskap 1955, 132 ff.; *Hurwitz-Gomard*, Tvistemål, 4. Aufl., Kopenhagen 1965; *Neuhaus*, Die Grundbegriffe des internationalen Privatrechts, Berlin u. Tübingen 1962; *Allan Philip*, Om domstolenes anvendelse af fremmed ret, Ugeskrift for Retsvæsen 1960 B 149 ff.; Sonstige Abkürzungen: SHT = Sø-og Handelsretstidende; NDS = Nordiske Domme i Sjøfartsanliggender; NJA = Nytt Juridiskt Arkiv; NRT = Norsk Retstidende; UfR = Ugeskrift for Retsvæsen; TfR = Tidsskrift for Rettsvitenskap.

[1] Z. B. *Eek* 103; *Borum* 67; *Philip* 161.

[2] Die Zweifel in der dänischen Praxis sind jetzt überwunden, siehe z. B. Østre Landsret 14. 6. 1949, UfR 1949 A 1049.

örtert werden muß[3]. Die Parteien können aber jederzeit die Anwendung der lex fori vereinbaren. Begründet wird diese Auffassung aus dem Wesen des Rechts: Das Internationale Privatrecht ist Recht, und das Recht muß von Amts wegen angewendet werden; es gibt keinen Anhaltspunkt dafür, daß das Internationale Privatrecht und das fremde Recht, auf das es verweist, als Recht zweiten Ranges behandelt werden kann.

Auch heute gibt es jedoch noch Stimmen, die eine von der herrschenden Lehre abweichende Auffassung vertreten. So meint ein dänischer Autor[4], fremdes Recht dürfe nur dann vom Gericht angewandt werden, wenn eine Partei sich darauf berufe oder wenn ausländische Tatbestandsmerkmale, welche die Anwendung fremden Rechts begründeten, von der Partei vorgebracht worden seien. Die Partei braucht danach also nicht auf die Anwendung von ruritanischem Recht anzutragen; es genügt, wenn sie sagt: Dieses holographische Testament muß anerkannt werden, weil es in Ruritanien errichtet worden ist.

Der Verfasser gibt aber selber zu, daß eine Partei nur selten ausländische Tatbestandsmerkmale als Begründung vorbringen wird, ohne zugleich die Anwendung des betreffenden fremden Rechts zu beantragen. Der Verfasser scheint also der Auffassung zuzuneigen, daß die Anwendung fremden Rechts beantragt werden muß.

Desgleichen ging die ältere Theorie davon aus, daß das fremde Recht als eine Tatsache behandelt werden müsse und deshalb nur auf Antrag angewandt werden könne.

In der *Praxis* scheint diese Auffassung – wenigstens im Ergebnis – auch heute noch zumeist akzeptiert zu werden. Die Gerichte pflegen das ausländische Recht nur dann anzuwenden, wenn eine Partei sich darauf berufen hat. In vielen publizierten Fällen mit Auslandsberührung ist die Frage nach der Anwendung fremden Rechts von den Parteien oder vom Gericht überhaupt nicht angeschnitten worden. Diese Sachen sind in den dänischen „Law Reports" viel zahlreicher als diejenigen, in welchen die Frage erörtert worden ist. In einigen Fällen sieht man, daß die Parteien sich geeinigt haben, das Recht des Forums anzuwenden. Allerdings scheint in einem dänischen Urteil über einen Autounfall in Holstein das Gericht die Auffassung zu vertreten, daß das Schuldrecht des ausländischen Tatortes von Amts wegen angewandt werden müsse[5]. Dies dürfte jedoch eine Ausnahme sein.

B. Eigene Stellungnahme

1. In Sachen, die der Parteidisposition *entzogen* sind, gibt es keinen Zweifel mehr. Mit Recht fühlen sich hier die Gerichte verpflichtet, die

[3] *Eek* 101 ff.; *Borum* 65 ff.; *Hurwitz-Gomard* 206.
[4] *Philip* 159 ff. [5] Vestre Landsret 13. 5. 1963, UfR 1963 A 838.

Frage nach der Anwendung fremden Rechts aufzuwerfen und das ausländische Recht, wenn es anwendbar ist, auch von Amts wegen anzuwenden.

2. In Sachen, die der Parteidisposition *unterstehen*, ist die Frage zweifelhafter und kann m. E. kaum mit einem allgemeinen Ja oder Nein beantwortet werden.

In ihrer Begründung geht die herrschende Doktrin prinzipiell davon aus, daß fremdes Recht Recht ist und nicht als Recht zweiten Ranges oder als Tatsache behandelt werden darf. Auf der anderen Seite gibt sie zu, daß der Richter nicht die Pflicht hat, fremdes Recht zu kennen oder zu ermitteln, sondern die Ermittlung in der Regel den Parteien aufbürden kann, die damit auch die Kosten der Ermittlung des fremden Rechts zu tragen haben. In dieser Beziehung besteht also eine Ähnlichkeit mit der Tatsachenermittlung.

In der Rechtsprechung vieler Länder ist die Frage nach der Anwendung fremden Rechts, soviel ich sehen kann[6], nur aufgeworfen worden, wenn eine der Parteien es beantragt hat. Dies hat dazu geführt, daß die Zahl der Sachen, in denen die Frage tatsächlich eine Rolle spielte, im Verhältnis zur Zahl der Sachen mit ausländischer Verknüpfung verhältnismäßig gering ist. Der Grund dafür ist nicht immer der beste gewesen. Oft haben die Parteien oder ihre Anwälte das Problem gar nicht erkannt, oft sind sie bewußt dem Internationalen Privatrecht und den Schwierigkeiten, welche die Anwendung von fremdem materiellem Recht mit sich bringt, ausgewichen[7].

Die Frage geht dahin, ob diese Praxis aufrechterhalten werden soll, ob es weiter den Parteien überlassen sein soll zu entscheiden, ob einheimisches oder fremdes Recht anzuwenden ist. Wie erwähnt, ist demgegenüber in der skandinavischen (und deutschen) Doktrin die Auffassung weit verbreitet, daß die Gerichte fremdes Recht ex officio anwenden müssen[8].

In den vermögensrechtlichen Streitigkeiten sind Doktrin und Praxis jedoch nicht weit voneinander entfernt. Beide sind sich darin einig, daß die Parteien in Fällen, die der Parteidisposition unterstehen, im Prozeß bestimmen können, welches Recht gelten soll[9]. Das Problem ist, wie das Gericht sich in den Fällen zu verhalten hat, in denen die Parteien die Frage nicht aufwerfen. Soll es sich während des Verfahrens passiv verhalten und danach selbst ausländisches Recht anwenden?

[6] Siehe *Lando*, Kontraktstattutet, Kopenhagen 1962, 256.

[7] Vgl. *Max Rheinstein* über die Verhältnisse in den Vereinigten Staaten: „... and even today the average lawyer shys away from conflicts problems as from terra incognita": Law and Contemp. Prob. 16 (1951) 129.

[8] *Borum* 65 ff.; *Philip* 149; *Neuhaus* 224.

[9] *Borum* 67 und *Philip* 162. Aus der neueren Rechtsprechung kann Sø-og Handelsret København 12. 4. 1958, SHT 1958, 168 erwähnt werden.

Soll es eingreifen und den Parteien eine Erklärung über die Frage abfordern? Oder soll es sich passiv verhalten und einheimisches Recht anwenden?

Wenn das Gericht nicht früh im Prozeß die Frage aufwirft, werden die Parteien in der Regel davon ausgehen, daß die lex fori gelten soll, und ihre Beweisführung darauf abstellen. Wenn das Gericht dann später ausländisches Recht ex officio anwendet, wird es auf einer anderen Grundlage als derjenigen, auf der die Beweisführung und das übrige Verfahren vor sich gegangen sind, urteilen. Dies ist, soviel ich weiß, noch nicht geschehen und sollte auch nicht geschehen[10].

Soll das Gericht also rechtzeitig eingreifen und die Parteien zur Stellungnahme auffordern?

Meines Erachtens ist es kaum rätlich, diese Frage nach einer festen Regel ein für allemal zu beantworten.

In vielen Sachen läßt sich nur schwer beurteilen, ob ausländisches oder einheimisches Recht angewandt werden muß. Wo das Gericht sich nicht einigermaßen sicher fühlt, ob überhaupt fremdes Recht maßgeblich ist, wird es durch Aufwerfen der Frage oft nur einen Zwischenstreit darüber heraufbeschwören, der letzten Endes zu nichts führt.

Das Gericht kann deshalb sicher nicht die Pflicht haben, auch dann die Frage aufzuwerfen, wenn es selbst nicht glaubt, daß es zu einer Anwendung fremden Rechts kommen werde. *Hält es das Gericht für wahrscheinlich, daß die lex fori anzuwenden ist, darf es schweigen.*

Ferner ist es oft schwierig, kostspielig und zeitraubend, den Inhalt fremden Rechts herbeizuschaffen. Die Zahl der Fälle, in denen der Versuch, fremdes Recht zu ermitteln, gescheitert ist, ist nicht ganz gering. Die Untersuchung kann in Sachen, die nicht ganz einfach liegen, nur von einem Institut für Rechtsvergleichung oder von einem Experten, der sowohl das fremde Rechtssystem als auch die lex fori kennt, übernommen werden. Die Zahl dieser Experten aber ist klein. Je schwieriger es ist, ausländisches Recht zu ermitteln, je weniger sollte das Gericht angetrieben werden, das Problem der Anwendung ausländischen Rechts aufzuwerfen. In *kleinen Sachen* kann dies aus den genannten Gründen oft ganz und gar unzweckmäßig sein.

Dagegen ließe sich einwenden, daß die Frage von seiten des Gerichtes immer in einer Weise aufgeworfen werden könne, welche auf die Parteien keinen Druck ausübt, sich mit ihr auseinanderzusetzen. In den meisten kleinen Sachen wird jedoch ein solcher Hinweis des Gerichts nur eine leere Formalität sein, eine Verbeugung vor dem Prinzip des „Rechtscharakters" des fremden Rechts. Außerdem besteht die Gefahr, daß auch dieser „neutrale" Hinweis mißverstanden wird, zeit-

---

[10] Siehe z. B. Højesteret 16. 4. 1923, UfR 1923 A 533, wo das Gericht sich weigerte, die Frage als Berufungsinstanz zu entscheiden. Siehe auch *Neuhaus* 224.

raubende und kostspielige Untersuchungen in Gang bringt und einen Antrag auf Aussetzung des Verfahrens veranlaßt. Aus diesen Gründen sollte das Gericht nicht generell die Pflicht haben, die Frage der Anwendung fremden Rechts aufzuwerfen.

Die Sicherheit und die Voraussicht, welche die Regeln des Internationalen Privatrechts geben, werden nicht dadurch verscherzt, daß die Anwendung fremden Rechts nur auf Antrag geschieht.

In *Sachen mit größerem Streitwert oder von größerer prinzipieller Bedeutung,* in denen die Untersuchung nicht in einem offenen Mißverhältnis zum Wert des Streitgegenstandes steht, muß es dagegen m. E. die Pflicht des Gerichtes sein, die Frage rechtzeitig aufzuwerfen. Auch *in gewissen anderen Sachen* ist eine solche Pflicht anzuerkennen. Das sind zunächst die Fälle, in denen das Gericht weiß, daß der Inhalt des fremden Rechts leicht ermittelt werden kann. Ferner ist an Streitigkeiten über solche Verträge zu denken, bei denen jede Verknüpfung mit der lex fori fehlt. Hier steht fest, daß Schweigen über das Problem einer Partei schaden wird. Es wäre unbegreiflich, wenn die Partei, die vor Gericht ohne Anwalt oder mit einem wenig befähigten Anwalt erschienen ist, allein wegen ihrer Unkenntnis die Sache verlieren würde [11].

II. Ermittlung des fremden Rechts

Die norwegische Zivilprozeßordnung enthält im § 191 eine Bestimmung über die Ermittlung fremden Rechts:

„Rechtssätze bedürfen keines Beweises. Das Gericht muß sie von Amts wegen selber ermitteln und anwenden. Das Gericht kann jedoch eine Beweisführung über Rechtssätze gestatten, und wenn es sich um lokales Gewohnheitsrecht oder ausländisches Recht handelt, kann es verlangen, daß die Parteien Auskünfte darüber einholen."

Die schwedische Prozeßordnung, RB 35 : 2, stellt fest, daß

„Rechtssätze keines Beweises bedürfen. Soll ausländisches Recht angewandt werden, kann jedoch das Gericht die Partei auffordern, Beweis darüber zu führen."

Ferner bestimmt das schwedische Gesetz über internationale Rechtsverhältnisse betreffend die rechtlichen Wirkungen der Eheschließung vom 1. 6. 1912 im § 3, daß das Gericht, wenn ihm der Inhalt des fremden Rechts nicht bekannt ist, einer Partei aufgeben kann, ihm Aufklärung über dieses Recht zu verschaffen.

---

[11] Weiter sollte die Frage aufgeworfen werden, wenn – was selten vorkommt – eine der Parteien sich auf Tatsachen beruft, die nur Bedeutung haben, wenn fremdes Recht angewandt wird; siehe *Philip* 159.

Die dänische Prozeßordnung enthält keine allgemeine Regelung der Frage.

Nach den gleichlautenden Wechsel- und Scheckgesetzen der drei Länder kann das Gericht, wenn es fremdes Recht anzuwenden hat und dieses ihm unbekannt ist, den Parteien aufgeben, die notwendigen Auskünfte herbeizubringen. Nach Art. 6 der skandinavischen Konvention über Erbschaft und Nachlaßteilung vom 19. November 1934 kann das Gericht, wenn ein Erbe die Anwendung des Rechts des fremden Heimatstaates verlangt, den Erben veranlassen, den Inhalt dieses Rechtes darzulegen.

Diese speziellen Bestimmungen sind die einzigen, die man in Dänemark zu dieser Frage hat. Nach ständiger dänischer Praxis ist jedoch ebenso wie in Schweden und Norwegen das Gericht verpflichtet, das fremde Recht anzuwenden, das es kennt, und es kann die Parteien auffordern, das fremde Recht, das es nicht kennt, zu ermitteln. Die Rechtslage in Skandinavien ähnelt also der in Deutschland.

In Schweden hat man in Ehesachen die Ermittlung des fremden Rechts erleichtert. Die Rechtsabteilung des schwedischen Außenministeriums ist verpflichtet, Ausländern, die in Schweden heiraten wollen, Zeugnisse über die im Heimatrecht normierten Ehehindernisse, und Schweden, die im Ausland leben, Ehefähigkeitszeugnisse auszustellen. Nach der Praxis der Rechtsabteilung werden auch Auskünfte über ausländisches Recht in anderen familienrechtlichen sowie in erbrechtlichen Angelegenheiten erteilt, sofern die Frage unkompliziert ist, z. B. wenn es sich nur um die Ermittlung eines Gesetzestextes handelt. Ist die Frage schwieriger, handelt es sich etwa um die Auslegung eines Gesetzes oder um die Ermittlung einer Gerichtspraxis, so weist die Rechtsabteilung oft auf einen Rechtsanwalt in dem betreffenden ausländischen Staat hin, der der dortigen schwedischen Botschaft bekannt ist. Auskünfte über ausländisches Familien- und Erbrecht sind in Schweden öfter nötig als in Dänemark und Norwegen, weil Schweden dem Staatsangehörigkeitsprinzip anhängt, während man in den beiden anderen Ländern das Domizilprinzip befolgt.

Im übrigen gibt es in Skandinavien keine Regeln über die Frage, wie das ausländische Recht ermittelt werden soll. Wie sich die skandinavischen Gerichte die fehlende Kenntnis verschaffen, steht ganz bei ihnen. In den dispositiven Sachen wird die Ermittlung des fremden Rechts, wenn sie nicht einfach ist, den Parteien anheimgestellt. In Sachen, welche der Parteiherrschaft entzogen sind, wird man oft versuchen, das ausländische Recht von dem Botschafter in dem betreffenden Lande zu erfahren. Dieser wird oft den Anwalt der Botschaft konsultieren.

Die Würdigung des herbeigeschafften Materials ist allein Sache des Gerichts. Es kann das Material durch eigene Studien kontrollieren und

Auskünfte von anderen Quellen einholen. Die Praxis auf diesem Gebiet, so haben mir viele Richter erzählt, ist sehr spärlich. Ein festes Schema besteht jedenfalls nicht.

In der Doktrin hat sich *Hilding Eek*[12] mit dem Mangel an internationaler Zusammenarbeit auf diesem Gebiet beschäftigt. Mit Recht betont er, wie wichtig es sei, Gutachten von Juristen zu erhalten, die nicht nur die lex causae kennen, sondern auch mit der lex fori vertraut sind. Die Institutionalisierung einer solchen internationalen Gutachtenerstattung wird m. E. mit jedem Tage nötiger.

III. Der Beweis fremden Rechts

A. Grad des Beweises

Die skandinavische *Doktrin* hat sich bisher wenig mit der Frage befaßt, ob das Gericht für den Inhalt des fremden Rechts vollen Beweis oder nur eine gewisse Glaubhaftmachung fordern soll.

Einige dänische *Entscheidungen* haben ein sehr hohes Maß von Überzeugung verlangt und es abgelehnt, sich mit einer ziemlich großen Wahrscheinlichkeit für den Inhalt des fremden Rechts zu begnügen[13].

Dies ist von *Sjur Brækhus*[14] aus folgenden Gründen kritisiert worden: Zweifel bestehen oft, wenn die Frage von der Rechtsprechung in dem fremden Lande abhängt, diese nicht ganz eindeutig ist und eine Entscheidung „on all fours" nicht ermittelt werden kann. Hier liegt es sehr nahe, daß die Gerichte im Lande der lex causae eine der behaupteten Lösungen gutheißen. Dann aber muß die wahrscheinlichste Lösung zugrunde gelegt werden. Der Richter soll richten wie ein Richter im Lande der lex causae wahrscheinlich gerichtet hätte.

Meines Erachtens ist diese Kritik berechtigt. Ein absoluter Beweis dafür, daß die geltend gemachte Forderung nach der fremden lex causae besteht oder daß sich die lex causae von der lex fori unterscheidet, darf nicht verlangt werden. Der Richter wird in der Regel mehr Gerechtigkeit üben, wenn er die wahrscheinlichste Lösung der fremden lex causae befolgt, als wenn er die lex fori anwendet oder die Klage ohne Erfolg bleiben läßt, weil er sich von der Richtigkeit der behaupteten Regel nicht zu 100 %, sondern nur zu 80 % überzeugt fühlt.

B. „Beweislast" und „Beweislastregeln"

Die *Doktrin* hat sich bisher kaum mit der Frage beschäftigt, ob und wann eine Vermutung für einen bestimmten Inhalt des ausländischen

---

[12] *Eek*, TfR 1955, 151.
[13] Højesteret 10. 12. 1959, UfR 1960 A 104.
[14] *Brækhus*, Arkiv for Sjørett 4 (1957–61) 526 ff.

Rechts besteht. Für sie ist die Frage wichtiger, welche Lösung vorzuziehen ist, wenn das fremde Recht nicht mit genügender Sicherheit ermittelt werden kann.

Die *Praxis* zeigt, daß keine feste „Beweislastregel" über den Inhalt des ausländischen Rechts besteht. Ab und zu wird die Vermutung aufgestellt, das fremde Recht gleiche der lex fori[15]. Diese Vermutung besteht jedoch nur, wenn das Ergebnis eine gewisse Wahrscheinlichkeit für sich hat. In anderen Fällen hat das Gericht die Beweislast für das Vorhandensein eines Anspruches dem Kläger auferlegt[16], insbesondere in „technischen" Fragen, wo Recht und Billigkeit keine bestimmte Lösung geboten. Einige Urteile scheinen aber zu zeigen, daß eine Vermutung da gilt, wo eine Billigkeitsentscheidung die Gerichte lockt. Hier wird angenommen, die lex causae stimme mit Recht und Billigkeit überein[17].

Im Grunde läßt sich diese Frage kaum von der Frage trennen, welche Lösung vorzuziehen ist, wenn das fremde Recht nicht ermittelt werden kann. Sagt man z. B., es besteht eine Vermutung dafür, daß das fremde Recht der lex fori ähnlich ist, so stellt man eine „Beweislastregel" auf. Sagt man, daß die lex fori angewendet werden muß, wenn das ausländische Recht nicht ermittelt werden kann, so stellt man eine Regel über die Anwendung eines Ersatzrechtes auf. Das Ergebnis aber ist beidemal dasselbe.

C. Beweisfälligkeit

Die Frage, was geschieht, wenn das fremde Recht nicht ermittelt werden kann, regelt die skandinavische *Gesetzgebung* im allgemeinen nicht.

Im Kapitel 7 § 4 des schwedischen Gesetzes über gewisse internationale Rechtsverhältnisse betreffend Ehe, Vormundschaft und Adoption vom 8. 7. 1904 wird jedoch folgendes bestimmt:

> „Vermag derjenige, der eine Klage auf Nichtigerklärung der Ehe, auf Ehescheidung oder auf Trennung erhoben hat, den Inhalt eines fremden Gesetzes, welches nach den vorstehenden Bestimmungen anzuwenden ist, nicht glaubhaft zu machen, und ist der Inhalt des Gesetzes auch dem Gericht nicht bekannt, so ist die Sache abzuweisen." [17a]

---

[15] Vgl. die älteren Entscheidungen: Gjældskommissionen 7. 2. 1884, UfR 1884, 648; Landsover- samt Hof- og Stadsretten 10. 10. 1892, UfR 1892, 1314; Gjæsteret København 7. 7. 1868, UfR 1868, 916; Landsover- samt Hof- og Stadsretten 29. 4. 1889, UfR 1889, 756; ferner Sø-og Handelsret København 27. 7. 1911, NDS 1911, 329.

[16] Gjæsteret København 22. 5. 1855, Juridisk Ugeskrift 1855, 413; Sø-og Handelsret København 7. 5. 1923, SHT 1923, 209; Højesteret (oben N. 13).

[17] Z. B. Sø-og Handelsret København 24. 11. 1864, SHT 1864, 209.

[17a] Die Übersetzungen von *Makarov,* Quellen des IPR I, 1953, Schweden

1. In der *Doktrin* werden verschiedene Auffassungen vertreten: Einige wollen die lex fori anwenden[18]. Die Begründung ist diese: Die Sache muß entschieden werden. Die Klage gutzuheißen, wenn der Beklagte seine Behauptungen über den Inhalt des fremden Rechts nicht beweisen kann, und die Klage abzuweisen, wenn der Kläger in derselben Situation ist, wäre eine Art Rechtsverweigerung, speziell wenn die Ermittlung des fremden Rechts kostspielig und zeitraubend oder vielleicht praktisch unmöglich ist. Speziell in den Sachen, die der Parteidisposition nicht unterstehen, *muß* in der Regel eine Entscheidung zur Sache getroffen werden.

Für Prozeßabweisung sprechen sich andere aus[19]: Die Parteien (und auch die Gerichte) müssen einen Anreiz haben, sich energisch für die Ermittlung des fremden Rechts einzusetzen. Eine Anwendung der lex fori führt zu einer Negation des Internationalen Privatrechts, und aus dem gleichen Grunde ist auch die Ermittlung eines anderen bekannten Ersatzrechts unbefriedigend. Wenn Zweifel über den Inhalt des fremden Rechts bestehen, soll sich das Gericht einer Entscheidung in der Sache enthalten. In dubiis abstine, sagt *Hilding Eek*[20]. Wenn das fremde Recht ermittelt ist, kann die Klage aufs neue angestrengt werden.

2. Die *norwegische*[21] und *schwedische* Rechtsprechung scheinen dazu zu neigen, die lex fori anzuwenden. Die einzige bekanntgewordene schwedische Entscheidung ist die eines Hovrätts[22]. In ihr wird die Vermutung aufgestellt, daß das fremde Recht, wenn es nicht befriedigend ermittelt werden kann, dem schwedischen ähnlich sei. Die *dänische* Rechtsprechung hat keine bestimmte Lösung befolgt, hat jedoch meines Wissens nie die Sache wegen Nichtaufklärung abgewiesen. Die ältere Rechtsprechung schien zu vermuten, dänisches Recht sei dem fremden ähnlich. Einige Entscheidungen wandten „allgemeine Rechtsgrundsätze und Billigkeit" an. In neuerer Zeit sind verschiedene andere Lösungen benutzt worden. Eine dänische Entscheidung hat finnisches Recht angewandt in einem Fall, in dem polnisches Recht als die lex loci delicti hätte angewandt werden müssen, wo aber die Klägerin, eine finnische Reederei, sich auf finnisches Recht berufen hatte[22a].

S. 22 („so ist die *Klage* abzuweisen") und von *Bergmann*, Internationales Ehe- und Kindschaftsrecht, 3. Aufl. 1952 ff., Schweden S. 13 („so soll die *Klage* abgewiesen werden") sind nicht ganz korrekt.

[18] *Philip* 164; *Hurwitz-Gomard* 209; *Ph. Hult*, Föräldrar och barn enligt svensk internationell privaträtt, Stockholm 1943, 47; *Augdahl* 126.

[19] *Borum* 73; *Eek*, TfR 1955, 145 ff.; *Gjelsvik*, Millomfolkeleg privatrett, 2. Aufl., Oslo 1936, 70.

[20] *Eek*, TfR 1955, 146.

[21] Vgl. Høiesteret, NRT 1871, 521 und 1896, 238; siehe auch *Gjelsvik* (oben N. 19).

[22] Svea Hovrätt 10. 11. 1949, Svensk Juristtidning 1950, 958.

[22a] Sø-og Handelsret København 4. 11. 1958, UfR 1959 A 419.

Es sind auch Fälle vorgekommen, wo die Möglichkeit, auf die lex fori zurückzugreifen, sich als unpraktisch erwiesen und man eine Art Beweisregel aufgestellt hat. Das Gericht gab der Klage nur statt, wenn das Bestehen des Anspruchs nach dem ausländischen Recht bewiesen wurde. So hatte ein Angestellter einer russischen Aktiengesellschaft behauptet, er sei auch befugt, für die Gesellschaft Wechsel auszustellen. Der Kläger, der daran geglaubt und einen von dem Angestellten im Namen der Gesellschaft ausgestellten Wechsel erworben hatte, forderte von der Gesellschaft in Kopenhagen die Einlösung des Wechsels. Die Beklagte behauptete, der Angestellte habe nach dem damaligen russischen Recht keine Vollmacht gehabt, den Wechsel auszustellen. Da die Vollmacht in russischer Sprache erteilt war und es sich um ein in Rußland abgeschlossenes Geschäft handelte, wäre, als sich das russische Vollmachtsrecht nicht klar ermitteln ließ, eine Anwendung der dänischen lex fori sehr unangemessen gewesen. Das Gericht kam deshalb zum Ergebnis, daß die Gesellschaft den Wechsel nicht einzulösen brauche, da eine entsprechende Bevollmächtigung des Angestellten nicht bewiesen worden sei [23].

Einem anderen Fall lag eine Schiffskollision in amerikanischen Gewässern zugrunde, die nach amerikanischem Recht zu beurteilen war [24]. Die Versicherer der beiden Schiffe, eines amerikanischen und eines dänischen, hatten sich vor einem amerikanischen Gericht verglichen. Es fehlte nur eine Abrechnung zwischen den dänischen Kaskoversicherern des dänischen Schiffes und den dänischen Haftpflichtversicherern des Schiffes. Die Kaskoversicherer meinten, sie hätten nach amerikanischer Rechtsprechung eine Rückgriffsforderung gegen die Haftpflichtversicherer. Daß dieser Anspruch nach amerikanischem Recht bestand, konnte aber nicht mit der von dem dänischen Obersten Gerichtshof geforderten Sicherheit bewiesen werden. Deshalb blieb die Klage ohne Erfolg. Eine Anwendung der dänischen lex fori kam hier nicht in Betracht, denn die ganze Abmachung zwischen den beteiligten Parteien sollte amerikanischem Recht unterliegen. Eine Beurteilung nach dänischem Recht hätte keinen Sinn gehabt, weil bei Zugrundelegung dänischen Rechts ganz andere Abmachungen getroffen worden wären.

3. Meines Erachtens ist die Frage auch hier schwierig und kaum mit *einer* Lösung zu beantworten. In Betracht kommen: Prozeßabweisung, Anwendung der lex fori und Entscheidung nach Billigkeit. Der Anwendungsbereich dieser verschiedenen Lösungen läßt sich schwerlich erschöpfend abgrenzen.

a) Die Abweisung der Sache ist in der Regel eine schlechte Lösung. Sie läuft in den meisten Fällen auf eine Rechtsverweigerung hinaus.

---

[23] Sø-og Handelsret København (oben N. 16).

[24] Højesteret (oben N. 13).

Das gilt jedenfalls dann, wenn die Ermittlung des ausländischen Rechts im Verhältnis zum Streitwert unangemessen kostspielig oder zeitraubend ist. Prozeßabweisung ist unangemessen, wenn der Beklagte sich auf ein fremdes Recht, das er nicht ermitteln kann oder will, beruft, und sie ist ungerecht, wenn es sich herausgestellt hat, daß der Inhalt des fremden Rechts ungewiß bleibt.

Dagegen kommt Prozeßabweisung in Betracht, wenn der Kläger seine Mitwirkung an der Ermittlung des fremden Rechts, worauf er sich berufen hat, verweigert, obwohl er Auskünfte beibringen könnte. Ebenso könnte zu entscheiden sein, wenn an einem *forum non conveniens* geklagt wird, so wenn der Kläger den Gerichtsstand des Vermögens, z. B. nach § 23 ZPO, gewählt hat und es für den Beklagten unverhältnismäßig kostspielig oder zeitraubend gewesen ist, das fremde Recht zu ermitteln.

Die Tendenz einiger Entscheidungen, die *Klage* abzuweisen, wenn der Kläger seinen Anspruch rechtlich nicht beweist, ist unbefriedigend. Wird am vereinbarten Gerichtsstand geklagt, so muß hier entweder nach der lex fori oder nach dem wahrscheinlichsten Inhalt des fremden Rechts entschieden werden. Hat z. B. der Beklagte eine Ware von dem Kläger in Ruritanien gekauft, aber nicht bezahlt, dann wäre es sehr unbefriedigend, Beweis dafür zu fordern, daß der Käufer nach ruritanischem Recht verpflichtet ist, gekaufte Sachen zu bezahlen.

b) Die Anwendung der *lex fori* scheint für viele Fälle angemessener zu sein. In den indispositiven Sachen, die entschieden werden *müssen*, ist sie oft eine Notwendigkeit. In den anderen Sachen wird sie in der Regel zu einer praktischen Lösung führen. Soll deshalb eine Regel für unsere Frage aufgestellt werden, muß sie m. E. die lex-fori-Regel sein. Diese Lösung stimmt mit einem großen Teil der skandinavischen Rechtsprechung und Doktrin überein. Sooft sich Richter in Dänemark außerhalb des Gerichtssaales über die Frage geäußert haben, haben sie sich für diese Regel als Hauptregel ausgesprochen. Sie scheint auch mit der deutschen Rechtsprechung übereinzustimmen.

c) Überall anwendbar ist die lex-fori-Regel aber nicht. Ab und zu muß man, wie erwähnt, die wahrscheinlichste Lösung des fremden Rechts einschlagen, auch wenn man nur sehr wenige Auskünfte darüber besitzt. Eigentlich gehört dieser Weg nicht hierher, weil ja fremdes Recht angewandt wird. Praktisch gesehen aber gehört er doch dazu. Geht es um die Beurteilung eines fremden Rechtsinstituts, z. B. um eine nach amerikanischem Recht aufgemachte Dispache, um einen Trust oder einen Anspruch aus einer nach fremdem Recht vorgenommenen Nachlaßverteilung, so kann man die lex fori nicht in das fremde System einpassen. Klagt z. B. ein „beneficiary" eines englischen trust gegen den „trustee" auf Aushändigung der trust-Mittel, würde die Anwendung der lex fori keinen Sinn haben. Die wahrscheinlichste Lösung der lex causae, oder, wenn völlige Ungewißheit besteht, die billigste Lösung muß dann vorgezogen werden.

IV. Revisibilität ausländischen Rechts

Analysiert man die Behandlung des ausländischen Rechts im Verfahren, sieht man, daß es sowohl Ähnlichkeiten mit *factum* als auch mit *jus* hat.

In den Sachen, die der Parteidisposition unterliegen, können sich die Parteien darüber einigen, ob die Sache fremdem Recht unterstehen soll. In vielen Fällen wird das fremde Recht nur auf Antrag angewandt; die Aufklärung des fremden Rechts obliegt meistens einer der Parteien. Das Gericht hat nur den Wunsch, das fremde Recht aufgeklärt zu sehen. Anders als beim eigenen Recht ist es nicht seine Aufgabe, es zu vervollkommnen und weiterzuentwickeln. Das Gericht kümmert sich deshalb mehr darum, wie das ausländische Recht tatsächlich aussieht, als wie es sein sollte. Der Grundsatz, daß der Richter beim Schweigen des Gesetzes wie ein Gesetzgeber entscheiden darf, gilt bei der Anwendung ausländischen Rechts grundsätzlich nicht.

Das fremde Recht trägt aber auch Züge, die es mit dem einheimischen Recht gemeinsam hat. Seine Ermittlung ist nicht immer Aufgabe der Parteien. In Sachen, die der Parteidisposition entzogen sind, muß das Gericht von Amts wegen zu der Frage, ob fremdes Recht angewandt werden soll, Stellung nehmen. Auch die Ermittlung des anzuwendenden fremden Rechts obliegt hier in der Regel dem Gericht. In den anderen Sachen kann das Gericht auch selbst nach dem Inhalt des ausländischen Rechts forschen. Der Richter kann frei sein privates Wissen benutzen. Eine Beweisführung durch Parteivernehmung findet nicht statt. Obwohl von den Gerichten einige Vermutungen über den Inhalt des fremden Rechts aufgestellt worden sind, kann man kaum von Beweislastregeln sprechen.

Die Frage nach dem Tatsachencharakter des ausländischen Rechts wird deshalb in der skandinavischen Doktrin nicht mehr gestellt[25]. Das fremde Recht in eine der beiden Kategorien Tatsache oder einheimisches Recht einzuordnen, wäre gefährlich, da eine solche Qualifikation zu falschen Deduktionen führen könnte.

Für die deutsche ZPO und andere Prozeßordnungen besteht diese Freiheit, das fremde Recht als ein tertium zu behandeln, aber nicht immer. So kann z. B. in Deutschland die Revision nur auf eine Rechts-

---

[25] *Philip* 158.

verletzung gestützt werden; die Nachprüfung der Tatsachenfeststellung ist der Revisionsinstanz entzogen (§§ 549, 561 II ZPO). Hier gibt es nach herrschender Meinung nur zwei Alternativen. Entweder ist fremdes Recht Tatsache oder Recht. Tertium non datur. Dabei ist in der deutschen und auch in anderen Zivilprozeßordnungen bestimmt, daß das ausländische Recht wie eine Tatsache zu behandeln, also irrevisibel ist[26].

Diese Notwendigkeit einer Qualifikation besteht in Skandinavien nicht. Hier ist in Zivilsachen sowohl Tatbestandsfeststellung als auch Gesetzesanwendung durch den obersten Gerichtshof nachprüfbar. In Strafsachen, wo das Problem in Dänemark und Norwegen auftauchen könnte, hat es meines Wissens noch nie zur Entscheidung gestanden. Würde dies vorkommen, würde sich der dänische Oberste Gerichtshof kaum von Überlegungen über den Rechts- oder Tatsachencharakter des fremden Rechts, sondern mehr von pragmatischen Überlegungen leiten lassen, und ich halte es für durchaus denkbar, daß er die Revision zulassen würde.

Meines Erachtens ist es realistischer, die Frage von der Tatsachen/Recht-Terminologie frei zu machen. Wie wird das fremde Recht von den Gerichten behandelt, und wie soll es unseres Erachtens behandelt werden? Wir haben gesehen, daß es in gewissen Beziehungen wie eine Tatsache, in anderen wie Recht und in noch anderen Beziehungen abweichend von beiden behandelt wird. Ausländisches Recht ist also ein „tertium". Es gibt in den Prozeßordnungen drei Kategorien: einheimisches Recht, ausländisches Recht und Tatsachen. Diese Dreiteilung ist in der modernen Zeit noch berechtigter als früher, denn die Fragen bezüglich der Anwendung ausländischen Rechts tauchen häufiger und häufiger auf.

---

[26] *Rosenberg*, Lehrbuch des deutschen Zivilprozeßrechts, 9. Aufl. 1961, 700 ff.

SOWJETUNION

Prof. L. A. LUNZ, Moskau

1. Die Jahre 1961 bis 1964 waren eine Periode der Neugestaltung des sowjetischen Zivilrechts: Im Dezember 1961 wurden die Grundlagen der Zivilgesetzgebung und die Grundlagen des Zivilprozeßrechts der UdSSR angenommen. Sie sind am 1. Mai 1962 in Kraft getreten. Die angeführten „Grundlagen", auf denen wiederum die neuen Zivilgesetzbücher und Zivilprozeßgesetzbücher der Unionsrepubliken beruhen, enthalten u. a. Normen des Internationalen Privatrechts, die ohne Änderungen und Ergänzungen in die neuen Zivilgesetzbücher und Zivilprozeßgesetzbücher der Unionsrepubliken übernommen worden sind.

Die Anwendung ausländischen Rechts erfolgt kraft der Kollisionsnormen, die in den Grundlagen der Zivilgesetzgebung (Art. 125–128), in einigen anderen Gesetzen (im Seehandelsgesetzbuch der UdSSR, in der Scheckordnung, in den Gesetzbüchern über Ehe und Familie der Unionsrepubliken u. a.) sowie in einer Anzahl internationaler Verträge der UdSSR oder der Unionsrepubliken mit fremden Staaten (in Handelsverträgen, Konsularverträgen, Verträgen über die Rechtshilfe mit anderen sozialistischen Ländern, den „Allgemeinen Lieferbedingungen" zwischen den Ländern des Rates für gegenseitige Wirtschaftshilfe u. a.) enthalten sind. Arbitrageentscheidungen in Außenhandelsgeschäften (die Sprüche der Kommission für Außenhandelsarbitrage und der Kommission für Seearbitrage bei der Allunions-Handelskammer in Moskau) haben in zahlreichen Fällen Lücken der sowjetischen Kollisionsgesetzgebung (etwa in Fragen des Personalstatuts ausländischer juristischer Personen) durch Verweisung auf im internationalen Handelsverkehr allgemein anerkannte Kollisionsregeln gefüllt.

2. Art. 12 der Grundlagen des Zivilprozeßrechts sowie die entsprechenden Artikel der Zivilprozeßgesetzbücher der Unionsrepubliken verpflichten die Gerichte zur „Entscheidung der Streitsachen aufgrund der geltenden Gesetzgebung" (so lautet die Artikelüberschrift).

Abs. 1 enthält eine Aufzählung der Quellen des sowjetischen Rechts, aufgrund deren das Gericht die Streitsachen zu entscheiden hat: Aufgeführt werden hier die Gesetze (im formellen Sinne) sowie alle Normativakte der Staatsgewalt ohne Gesetzesrang.

Abs. 2 lautet: „Das Gericht wendet in Übereinstimmung mit dem Gesetz die Normen des ausländischen Rechts an."

Abs. 3 schreibt vor, daß Lücken im gesetzten Recht mittels Gesetzes- und Rechtsanalogie zu füllen sind. Es steht außer Zweifel, daß dies auch für die Füllung von Lücken im geltenden sowjetischen Kollisionsrecht gilt.

Die Lücken im Kollisionsrecht, soweit es die Anwendung fremden Rechts regelt, können jedoch nicht mittels „analoger" Anwendung derjenigen sowjetischen Normen gefüllt werden, welche die Frage der Anwendung der Zivilgesetzgebung einer Unionsrepublik in einer anderen Unionsrepublik der Sowjetunion beantworten: Die „internationalen" und die „interrepublikanischen" Kollisionen fallen in völlig verschiedene rechtliche Kategorien. Deshalb dürfen Lücken der Kollisionsnormen „internationalen" Charakters nicht mittels „analoger" Anwendung der (sich auf interrepublikanische „Kollisionen" beziehenden) Sondervorschriften des Art. 18 der Grundlagen der Zivilgesetzgebung gefüllt werden.

3. Aus Art. 12 der Grundlagen des Zivilprozeßrechts folgt:

a) *Das sowjetische Gericht wendet das ausländische Recht ex officio kraft der für das Gericht verbindlichen Kollisionsnorm* an;

b) *das ausländische Recht, das auf diese Weise anzuwenden ist, wird als juristische Kategorie, als Rechtsnorm,* nicht jedoch als tatsächlicher Umstand angesehen, der für den zu entscheidenden Rechtsstreit wesentlich ist. Hieraus erhellt auch, daß nicht vom „Beweis" des anzuwendenden ausländischen Rechts, sondern nur von der Feststellung seines Inhalts gesprochen werden kann.

4. Das Gericht muß die ausländische Rechtsnorm kraft der sowjetischen Kollisionsnorm anwenden, und zwar unabhängig davon, ob die Parteien sich zur Begründung ihrer Ansprüche oder Einwendungen auf sie berufen haben. Vom Parteiwillen ist die Antwort auf die Frage, ob ausländisches Recht auf die Regelung der Parteibeziehungen anwendbar ist oder nicht, nur dann abhängig, wenn die sowjetische Kollisionsnorm dispositiven Charakter hat. So bestimmt etwa Art. 126 der Grundlagen der Zivilgesetzgebung, daß „die Rechte und Pflichten der Parteien aus einem Außenhandelsgeschäft sich nach den Gesetzen am Abschlußort bestimmen, wenn die Parteien nichts anderes vereinbart haben".

5. Die Feststellung des Inhalts der anzuwendenden ausländischen Rechtsnorm hat die Anerkennung derjenigen subjektiven Rechte zum Ziel, die aufgrund des maßgeblichen ausländischen Gesetzes entstanden sind. Die Verweisung auf das ausländische Gesetz erfordert die Anwendung dieses Gesetzes in der Art und Weise, wie es „in seiner Heimat" angewandt wird. So kann sich das sowjetische Gericht bei der

Auslegung und beim Füllen von Lücken des ausländischen Rechts nicht der gleichen Methoden wie beim sowjetischen Recht bedienen. Das Gericht muß vielmehr feststellen, wie die ausländische Norm von den Gerichten des jeweiligen ausländischen Staates ausgelegt und angewandt wird. Hieraus folgt, daß das sowjetische Gericht sich nicht nur von dem einschlägigen ausländischen Gesetz, sondern auch von den Gewohnheiten in dem jeweiligen Lande sowie der dortigen Gerichtspraxis in den Grenzen und nach den Grundsätzen leiten lassen muß, nach denen diese Praxis dort als Rechtsquelle gilt.

So wendet das sowjetische Gericht, falls die sowjetische Kollisionsnorm im konkreten Falle auf belgisches Recht verweist, den entsprechenden Artikel des belgischen Code civil in derjenigen Interpretation an, die der Artikel in der Praxis des belgischen Kassationshofs erfahren hat. Der Umstand, daß in Belgien derselbe „Code Napoléon" wie in Frankreich gilt, berechtigt das sowjetische Gericht nicht, der belgischen Interpretation die Interpretation vorzuziehen, die dieser Artikel in der Praxis des französischen Kassationsgerichts gefunden hat, auch wenn sie dem sowjetischen Gericht richtiger erscheint: Denn im vorliegenden Fall handelt es sich um die Anwendung des in Belgien geltenden Rechts. Selbstverständlich bleibt von dem Gesagten Art. 128 der Grundlagen der Zivilgesetzgebung unberührt, wonach die Anwendung einer ausländischen Rechtsnorm unzulässig ist, wenn sie mit den Grundsätzen der sowjetischen Ordnung in Widerspruch steht (ordre public-Klausel).

6. Beim Vorliegen einer kollisionsrechtlichen Verweisung auf das Recht eines fremden Staates hängt die Anwendung dieses Rechts nicht davon ab, ob der fremde Staat in der konkreten Frage auch seinerseits das Recht des Forumstaates anwendet – in diesem Sinne kennt das Kollisionsrecht *kein Gegenseitigkeitsprinzip*. Dies ist auch die Auffassung, die im Schrifttum einiger sozialistischer Länder vertreten wird, so von *Réczei* (Budapest), *Eisner* (Zagreb), *Blagojević* (Belgrad), *Lunz* (Moskau) u. a. Und tatsächlich finden sich in keiner einzigen sowjetischen Kollisionsnorm Einschränkungen der Verweisung auf ausländisches Recht durch das Gegenseitigkeitsprinzip. Das schließt indessen eine Retorsion aufgrund besonderer Verordnung der Regierung nicht aus: Die Möglichkeit solcher Retorsionen ist jedoch nur in Art. 122 der Grundlagen der Zivilgesetzgebung und in Art. 59 der Grundlagen des Zivilprozeßrechts im Zusammenhang mit dem in diesen Artikeln enthaltenen Grundsatz vorgesehen, daß die (materielle und prozessuale) Rechtsfähigkeit aufgrund der „nationalen Rechtsordnung" bestimmt wird.

7. Wie ist das Verfahren der Feststellung des Inhalts der ausländischen Rechtsnorm im Zivilprozeß?

Vom sowjetischen Gericht kann die Kenntnis der maßgeblichen ausländischen Rechtsnormen nicht verlangt werden: Der Satz „Jura novit curia" bezieht sich nur auf das sowjetische Recht. Für die Feststellung des Inhalts des fremden Rechts gilt deswegen aber nicht das Verfahren, das im Zivilprozeß für die Feststellung des Vorliegens oder Fehlens von Tatsachen vorgeschrieben ist, welche die Ansprüche oder Einwendungen der Parteien begründen: Die Normen des Kapitels 6 des Zivilprozeßgesetzbuches der RSFSR (ZPGB RSFSR) über die „Beweise" und die entsprechenden Normen der Zivilprozeßgesetzbücher der anderen Unionsrepubliken finden hier keine Anwendung.

Das Verfahren des Tatsachenbeweises im sowjetischen Zivilprozeß beruht bekanntlich auf zwei Grundsätzen: Der Beweislast der Parteien („Jede Partei hat die Tatsachen zu beweisen, auf die sie sich zur Begründung ihrer Ansprüche und Einwendungen beruft", Art. 50 I ZPGB RSFSR) und der Initiative des Gerichts („Die Beweise werden von den Parteien und den anderen Prozeßbeteiligten beigebracht. Reichen die beigebrachten Beweise nicht aus, so regt das Gericht die Parteien und die anderen Prozeßbeteiligten an, zusätzliche Beweise beizubringen, oder erhebt diese von Amts wegen", Art. 50 II). So kommt der richterlichen Aktivität im Bereich der Beweiserhebung nur subsidiärer Charakter zu: Das Gericht muß, wenn die von den Parteien aufgrund der ihnen obliegenden Beweislast beigebrachten Beweise nicht ausreichen, zusätzlichen Beweis erheben.

Bei der Feststellung des Inhalts einer ausländischen Rechtsnorm, die „in Übereinstimmung mit dem Gesetz" anzuwenden ist, obliegt es *in vollem Umfange dem Gericht,* den Inhalt der Norm festzustellen: Vom Gericht wird – wie gesagt – nicht die Kenntnis der ausländischen Norm verlangt, es muß jedoch im Rahmen des anhängigen Prozesses den Inhalt dieser Norm feststellen: Es kann dabei die eine oder andere Partei veranlassen, erforderliches Material beizubringen, es kann Sachverständige hinzuziehen, es kann von den zuständigen sowjetischen Institutionen und wissenschaftlichen Instituten Hilfsmittel erbitten und es kann schließlich (durch Vermittlung des Ministeriums für auswärtige Angelegenheiten) an die kompetenten Organisationen im Ausland die Bitte um Hilfe richten. In diesem Zusammenhang ist der Hinweis von Interesse, daß in den Verträgen über die Rechtshilfe in Zivil-, Familien- und Strafsachen, die zwischen der Sowjetunion und anderen sozialistischen Ländern geschlossen worden sind, das prozessuale Verfahren der Feststellung des Inhalts einer ausländischen Rechtsnorm äußerst zweckmäßig geregelt ist. So bestimmt der entsprechende Vertrag zwischen der UdSSR und der Tschechoslowakischen Sozialistischen Republik in Art. 14: „Die Juristische Kommission beim Ministerrat der UdSSR und das Justizministerium oder die Generalprokuratur der Tschechoslowakischen Republik stellen sich gegenseitig auf Ersuchen hin Unterlagen über das jetzt oder früher in ihren Staaten geltende Recht zur Verfügung."

8. Läßt sich der Inhalt der anzuwendenden ausländischen Rechtsnorm nicht feststellen, so bedeutet dies, daß im konkreten Falle der Zweck der sowjetischen Kollisionsnorm nicht erreicht werden kann. In diesem Falle sind zwei Entscheidungen möglich: Klagabweisung oder Anwendung des sowjetischen Rechts (der lex fori). In der sowjetischen Lehre wird mit Entschiedenheit die letzte Alternative befürwortet.

9. Kann die unrichtige Anwendung der ausländischen Rechtsnorm als Grund für die Aufhebung des Gerichtsurteils im Kassationsverfahren dienen?

Das geltende Zivilprozeßrecht (Art. 306 f. ZPGB RSFSR) enthält folgende Bestimmungen:

Art. 306: *Gründe für die Aufhebung eines Urteils im Kassationsverfahren*

Gründe für die Aufhebung eines Gerichtsurteils im Kassationsverfahren und für die Zurückweisung der Sache an das Gericht erster Instanz zur erneuten Verhandlung sind:

1. die unvollständige Aufklärung der Tatsachen, welche für die Sache von Bedeutung sind;
2. der fehlende Beweis für Tatsachen, die für die Sache von Bedeutung sind und die das Gericht für festgestellt erachtet;
3. die Abweichung der im Urteil gezogenen Schlußfolgerungen vom Sachverhalt;
4. ein Verstoß gegen Normen des materiellen Rechts oder des Prozeßrechts oder deren unrichtige Anwendung.

Ein der Sache nach richtiges Urteil darf nicht allein aus formalen Erwägungen aufgehoben werden.

Art. 307: *Verletzung oder unrichtige Anwendung von Normen des materiellen Rechts*

Normen des materiellen Rechts gelten als verletzt oder nicht richtig angewandt:

1. wenn das Gericht das anzuwendende Gesetz nicht angewandt hat;
2. wenn das Gericht ein Gesetz angewandt hat, das nicht anzuwenden war;
3. wenn das Gericht ein Gesetz unrichtig ausgelegt hat.

Aus den obigen Ausführungen über die juristische Qualifikation der ausländischen Rechtsnormen folgt, daß eine unrichtige Anwendung dieser Normen unter Art. 306 Nr. 4 und Art. 307 ZPGB RSFSR fällt.

In der sozialistischen Doktrin wird überwiegend die Auffassung vertreten, daß der „unrichtigen Anwendung" die „Nichtanwendung" einer ausländischen Rechtsnorm, auf welche die Kollisionsnorm des Gerichts verweist, gleichzustellen ist. *Die unrichtige Anwendung der ausländischen Rechtsnorm stellt ihrem Wesen nach eine Verletzung der Kollisionsnorm des Gerichts dar.*

10. Diese Frage ist auch für die Arbitragepraxis von Bedeutung. Die Sprüche der Kommission für Außenhandelsarbitrage bei der Allunions-Handelskammer sind endgültig und unanfechtbar. Die Sprüche der Seearbitragekommission kann das Oberste Gericht der UdSSR nach deren Satzung im Falle des „Verstoßes gegen ein Gesetz oder unrichtiger Anwendung eines Gesetzes auf Beschwerde der Prokuratur der UdSSR hin aufheben. Dann wird die Sache an die Seearbitragekommission zur erneuten Arbitrageverhandlung zurückverwiesen."

Anzunehmen ist, daß unter „Verstoß gegen ein Gesetz oder unrichtige Anwendung eines Gesetzes" auch die unrichtige Anwendung einer ausländischen Rechtsnorm fällt.

JUGOSLAWIEN

Prof. Dr. NATKO KATIČIĆ, Zagreb *

I. Fragestellung

Führt man das Zentralproblem der Anwendung ausländischen Rechts auf drei Hauptfragen zurück, nämlich 1. ist solches Recht „Recht" oder „Tatsache", 2. wie wird dessen Inhalt festgestellt und 3. wie kontrollieren die obersten Gerichte dessen Anwendung? – so kann man allgemein wie auch für das jugoslawische Recht sagen, daß die Beantwortung der ersten Frage, obwohl an sich grundlegend, von der konkreten Regelung der beiden anderen abhängt. Eine ausdrückliche Erklärung, daß ausländisches Recht als Recht zu behandeln sei, wird man in den jugoslawischen Vorschriften – sehr natürlich, da es sich um eine theoretische Feststellung handelt – nicht finden; jedoch kann dem Inhalt der Vorschriften, die sich mit den Fragen 2 und 3 befassen, eine klare und positive Stellungnahme zu dem Problem entnommen werden. Es ist daher zweckmäßig, mit diesen Fragen zu beginnen.

II. Die Ermittlung des ausländischen Rechts

a) Die Regel *jura novit curia* ist in Art. 136 der jugoslawischen Verfassung von 1963 wie folgt niedergelegt:

---

* Im folgenden werden angeführt: *Blagojević,* Međunarodno privatno pravo, Beograd 1950; *Cigoj,* Mednarodno zasebno pravo, Ljubljana 1966; *Eisner,* Međunarodno privatno pravo, I, Zagreb 1953; *Juhart,* Civilno procesno pravo, Ljubljana 1961; *Kamhi,* Građanski sudski postupak, Sarajevo 1961; *Katičić,* Les conflits de lois en matière de preuve et le droit yougoslave, Referat, im Druck in Atti del Congresso internazionale di diritto processuale civile, Venezia 1962; *Köhler,* Internationales Privatrecht, 3. Aufl., Wien 1966; *Neumann,* Kommentar zu den Zivilprozeßgesetzen vom 1. August 1895, 3. Aufl., II, Wien 1915; *Poznić,* Građansko procesno pravo, 2. Aufl., Beograd 1965; *Stempihar,* Uvod v mednarodno zasebno pravo, Ljubljana 1953; *Triva,* Građansko procesno pravo, I, Zagreb 1964; *Zuglia,* Građanski parnični postupak FNRJ, Zagreb 1957; *Zuglia-Triva,* Komentar zakona o parničnom postupku I, II, Zagreb 1957.

„Die Gerichte sind in der Ausübung der richterlichen Funktion unabhängig und urteilen auf Grund der Verfassung und der Gesetze."

Diese Bestimmung findet sich auch in den Verfassungen der einzelnen jugoslawischen Republiken und wird in den Gerichtsorganisationsgesetzen wiederholt[1]. Da also das Gericht das Recht anwendet, hat es dasselbe auch zu kennen. Dies ist für das innerstaatliche Recht ein allgemein anerkannter Grundsatz[2].

Dieser Grundsatz erstreckt sich jedoch nicht oder nicht im ganzen Umfang auf ausländisches Recht, da die Feststellung dessen Inhalts erschwert oder sogar unmöglich sein kann. Daher ist eine solche Feststellung Sondervorschriften unterworfen, welche Art. 211 der jugoslawischen Zivilprozeßordnung (Gesetz über das Streitverfahren von 1956, im folgenden GSV)[3] anführt.

Art. 211 GSV:

„(1) Wenn dem Gericht das in einem anderen Staate geltende Recht unbekannt ist, wird es sich an das Sekretariat für Justiz des Bundes-Exekutivrates um Auskunft wenden.

(2) Das Gericht kann auch von den Parteien die Beibringung eines von seiten des zuständigen ausländischen Organs ausgestellten Dokuments verlangen, mit welchem bestätigt wird, welches Recht in dem anderen Staate gilt."

Aus dieser Vorschrift erhellt, und wird auch von der jugoslawischen Lehrmeinung so verstanden, daß man nicht eine unbegrenzte richterliche Kenntnis des ausländischen Rechts voraussetzen kann und daß daher dem Richter die erwähnten zwei speziellen Mittel zur Erlangung solcher Kenntnis zur Verfügung stehen, wenn er sie nicht bereits besitzt. Daraus folgt zweierlei: zunächst hat der Richter ausländisches Recht anzuwenden, wenn es ihm bekannt ist (soweit gilt der Satz *jura novit curia*); weiterhin hat er unbekanntes ausländisches Recht zu ermitteln.

b) Es ergibt sich hier das Problem, welcher Natur die Feststellung des Inhalts ausländischen Rechts ist, in Sonderheit, ob dieselbe *Ermittlung* oder *Beweisführung* ist.

Der Unterschied zwischen Rechtsermittlung und Beweisführung wird besonders scharf von den jugoslawischen Prozessualisten *Triva*[4] und *Poznić*[5] herausgearbeitet. Diese betonen, daß die Frage, ob eine Rechts-

---

[1] Art. 3 des Grundgesetzes über die Gerichte allgemeiner Zuständigkeit, Službeni list Nr. 7/1965 Pos. 82; Art. 2 des Gesetzes über die Wirtschaftsgerichte, ibid. Pos. 83; Art. 2 des Gesetzes über die Militärgerichte, ibid. Pos. 84.

[2] *Zuglia* 320; *Triva* 133; *Poznić* Nr. 76; ebenso *Juhart, Kamhi* und die Autoren aus dem Gebiet des IPR.

[3] Sl. l. Nr. 4/1957 Pos. 26. [4] *Triva* 92 und 397. [5] *Poznić* Nr. 76.

vorschrift besteht und wie sie lautet, eine Rechtsfrage ist, über welche nicht Beweis geführt wird. Auf Grund dessen unterliege die gerichtliche Ermittlung von Rechtsnormen nicht den Regeln über Beweisführung.

Eine entgegengesetzte Auffassung, welche noch auf die Literatur zur österreichischen ZPO zurückgeht[6], vertritt in Jugoslawien *Juhart*[7], der das ausländische Recht als Beweisgegenstand ansieht. Diese Auffassung kam auch in der ersten jugoslawischen ZPO aus dem Jahre 1929 zum Ausdruck, welche überhaupt die Prinzipien und Formulierungen der österreichischen ZPO und Jurisdiktionsnorm von 1895 weitgehend übernahm und in Art. 367 vorschrieb, daß dem Richter unbekanntes ausländisches Recht zu beweisen sei. Gerade diese Wendung wurde aber im GSV von 1956 ausgelassen[8], was für die Absicht des Gesetzgebers spricht, die Ermittlung ausländischen Rechts nicht als Beweisverfahren anzusehen.

Ein weiteres Argument für die Behandlung fremden Rechts als Beweisgegenstand könnte darin gesehen werden, daß Art. 211 GSV, welcher diese Frage regelt, im Hauptstück über Beweise und Beweisführung steht. Dem ist aber entgegenzuhalten, daß im vorangehenden Art. 210 die Fälle angeführt sind, in welchen grundsätzlich ein Beweis nicht geführt wird. Es ist also berechtigt, auch die gleich nachfolgende Sonderbestimmung über die Ermittlung ausländischen Rechts so zu verstehen, daß es sich hier nicht um eine Beweisführung handelt.

Die Entwicklung des Rechts und der Lehrmeinung in Jugoslawien geht also dahin, die Ermittlung ausländischen Rechts als eine richterliche Funktion anzusehen, deren Ausübung eigenen Vorschriften und nicht den Regeln über Beweisführung unterliegt.

c) Aus dem Gesagten ergibt sich bereits, daß die Feststellung über Geltung und Inhalt ausländischen Rechts *von Amts wegen* erfolgt, gleichgültig, ob man hierin einen Akt der Rechtsermittlung oder der Beweisführung sieht, was auch von den Vertretern beider Ansichten einhellig angenommen wird. Dies zeigt auch in Art. 211 GSV die Auslassung des Satzes, daß ausländisches Recht bewiesen werden muß. Die amtswegige Feststellung (wenn auch in Form einer Beweisführung) war bereits für die österreichische ZPO unbestritten[9]. Für das heutige Recht in Jugoslawien bestätigen sie sämtliche jugoslawischen Autoren, Prozessualisten und Internationalisten, welche zu dieser Frage Stellung genommen haben. Daraus folgt: Der Richter, wenn er das ausländische Recht nicht selbst kennt und wenn ihm die Anfrage bei der obersten Justizbehörde oder die Aufforderung an die Parteien zur Beibringung eines entsprechenden amtlichen Dokuments nicht hilft – und

---

[6] *Neumann* 1079 f. [7] *Juhart* 356.

[8] Dieser Umstand wird bei *Zuglia-Triva* (I 528) hervorgehoben.

[9] *Neumann* aaO und die dort in Anm. 2 und 3 angeführte Literatur.

es besteht für die Parteien keine Pflicht, einer solchen Aufforderung nachzukommen[10] –, ist seinerseits keineswegs der Pflicht enthoben, auf jede mögliche Weise die erforderliche Kenntnis des ausländischen Rechts zu erlangen. Er ist hierbei weder an die Mitteilung der obersten Justizbehörde noch an die von den Parteien beigebrachten Dokumente oder an deren Erklärungen, auch wenn sie übereinstimmen, gebunden. Der Richter kann sich auf eigene Kenntnisse stützen, mag er sie auf Grund wissenschaftlicher Studien, früherer Fälle oder wie immer sonst erworben haben. Er ist nicht genötigt, seiner Entscheidung eines der ihm zur Verfügung stehenden Erkenntnismittel zugrunde zu legen, wenn es ihm nicht genügend erscheint[11].

Im Ergebnis geht in Jugoslawien aus dem positiven Recht wie aus der Doktrin in ihrer neuesten Entwicklung eindeutig hervor, daß die bisher angeführten Gegensatzpaare – ausländisches Recht ist Recht oder Tatsache; die Feststellung von dessen Existenz und Inhalt ist Rechtsermittlung oder Beweisführung; sie erfolgt von Amts wegen oder auf Antrag der Parteien; *jura novit* resp. *non novit curia* – nicht durchweg voneinander abhängig sind. In Jugoslawien wird ausländisches Recht als Recht behandelt; seine Feststellung ist nach der vorherrschenden Ansicht Rechtsermittlung und wird von Amts wegen vorgenommen, wobei der Grundsatz jura novit curia nicht unbeschränkt gilt.

d) Diese Auffassung wird durch eine rezente Entscheidung bestätigt. Die jugoslawische Rechtsprechung hat sich sonst mit diesem Problem nicht ausdrücklich befaßt, was, wie auch anderswo, dem Umstand zuzuschreiben ist, daß die Frage praktisch oft auf andere Weise gelöst wird, insbesondere die Parteien, wenn die Anwendung ausländischen Rechts in ihrem Interesse liegt, dieses Recht mit allen verfügbaren Mitteln dem Gericht bekanntgeben, wodurch sich eine prinzipielle Erörterung der Frage erübrigt. In einer – unveröffentlichten – Entscheidung der Außenhandelsarbitrage der jugoslawischen Bundeshandelskammer vom 25. Mai 1966 wurde indessen zum Problem der Anwendung ausländischen Rechts eingehend Stellung genommen. Es handelte sich um einen Rechtsstreit zwischen ausländischen Unternehmungen gemeinsamer Staatszugehörigkeit, und es war klar ersichtlich, daß die Entscheidung in dem betreffenden Lande vollstreckt werden würde. Streitig war unter anderem die Gültigkeit des Schiedsvertrages im Hinblick auf die Befugnisse eines der Unterzeichner. Das Schiedsgericht erklärte zunächst, daß in einem solchen Falle dasjenige Recht anzuwen-

---

[10] So die jugoslawischen Autoren; *Neumann* sagt „unbedingte Pflicht".

[11] Für die österr. ZPO *Neumann* aaO; *Köhler* 26–28; für das jugoslawische Recht *Zuglia* 320; *Zuglia-Triva* aaO; *Juhart* 356; *Triva* 397–398; *Poznić* Nr. 408; ferner *Blagojević* 124–125; *Štempihar* 58; *Eisner* 108; *Katičić* 114; *Cigoj* 69.

den sei, welches den Parteien die Vollstreckbarkeit des Schiedsspruchs am besten gewährleiste, da sie andernfalls in eine schlimmere Lage kommen könnten, als wenn das Verfahren vor dem Schiedsgericht überhaupt nicht eingeleitet worden wäre. Das war im konkreten Fall die *lex patriae*. Hierbei zog das Gericht das gesamte Rechtssystem des betreffenden Staates in Betracht, also die Gesetze und sonstigen Vorschriften sowie die Rechtsprechung, wobei es besonders die in der Judikatur auffindbaren Entwicklungstendenzen berücksichtigte und mit dem Rechte anderer Staaten verglich. Bei alledem ging das Gericht ganz klar davon aus, daß das ausländische Recht als Recht und von Amts wegen anzuwenden sei, und zwar auf Grund einer eigenen kritischen Untersuchung auch derjenigen Angaben, welche die Parteien beigebracht hatten, und unter Heranziehung aller Kenntnisse, welche das Gericht auch von sich aus zu erlangen imstande war. Gleich hier sei gesagt, daß die Ermittlung ausschließlich im Rahmen des Systems des angewendeten Rechts und dessen Analyse erfolgte und alle Gesichtspunkte einer Betrachtung von außen, also aus den Prinzipien anderer Rechtssysteme, einschließlich des jugoslawischen Rechts als der *lex fori* des – institutionellen – Schiedsgerichts ausdrücklich beiseite gelassen wurden.

Die Entscheidung ist darum so interessant, weil sie eigentlich nur das auf den erwähnten Fall anzuwendende Recht hätte festzustellen brauchen, wobei – wie gesagt – die Vollstreckungsmöglichkeit des Schiedsspruchs für diese Bestimmung wesentlich war, während sie die Anwendung des einmal bestimmten ausländischen Rechts an und für sich ebensogut als Rechts- als auch als Tatsachenfrage und die Methode der Feststellung als Rechtsermittlung wie als Beweisführung ansehen konnte. Da die Entscheidung eindeutig jeweils den ersten Standpunkt eingenommen hat, kann sie als bedeutsame Stufe in der Entwicklung der jugoslawischen Rechtsprechung und als volle Bestätigung der dargestellten Lehrmeinung gewertet werden.

III. Beweisführung

Das ausländische Recht wird also als Recht und von Amts wegen angewendet. Seine Ermittlung unterliegt, wie gesagt, nicht den Regeln über die Beweisführung, und vor allem nicht den Bestimmungen über die Fälle, in denen das Gericht für das Beweisverfahren nicht an die Beweisanträge der Parteien und deren sonstige Dispositionen gebunden ist. Hier ist indessen eine zusätzliche Bemerkung am Platz. Dazu sollen vorerst die wichtigsten Bestimmungen des GSV über die Dispositionsfreiheit der Parteien und die Ingerenz des Gerichts auch in Beweisfragen angeführt werden.

Art. 3 GSV:

„(1) Die Parteien können frei über die Ansprüche verfügen, welche sie im Laufe des Verfahrens zur Entscheidung gestellt haben.
(2) Sie können von den Ansprüchen abstehen, gegnerische Ansprüche anerkennen und einen Vergleich schließen.
(3) Das Gericht wird Parteiverfügungen nicht anerkennen, die
gegen zwingende Vorschriften über die Verwaltung gesellschaftlichen Vermögens oder die Verfügung darüber sowie gegen andere zwingende Vorschriften,
gegen Bestimmungen internationaler Verträge,
gegen die öffentliche Moral verstoßen."

Art. 6 GSV:

„(1) Das Gericht hat die bestrittenen Tatsachen, von denen es abhängt, ob der Anspruch begründet ist, vollkommen und wahrhaft zu ermitteln.
(2) Die Parteien haben alle Tatsachen, auf welche sie ihre Ansprüche begründen, vorzubringen und Beweise für die Ermittlung dieser Tatsachen zu beantragen.
(3) Das Gericht kann auch Beweise, welche die Parteien nicht beantragt haben, durchführen, wenn diese Beweise für die Entscheidung notwendig sind.
(4) Das Gericht kann auch Tatsachen ermitteln, welche die Parteien nicht vorgebracht haben, wenn aus dem Ergebnis der Verhandlung und der Beweisaufnahme hervorgeht, daß es die Absicht der Parteien ist, über Ansprüche zu verfügen, über welche zu verfügen sie nicht ermächtigt sind (Art. 3 III)."

Aus diesen Vorschriften ergibt sich, wieweit die Parteien, solange ein Prozeß überhaupt geführt wird, die Ermittlung der materiellen Wahrheit für Teile des Sachverhalts – und natürlich, bei Zurücknahme der Klage, für den gesamten Sachverhalt – verhindern können, wieweit aber auf der anderen Seite das Gericht an bestimmte Verfügungen der Parteien nicht gebunden ist und namentlich selbst Tatsachen, welche die Parteien nicht vorgebracht haben, in das Beweisverfahren einbeziehen kann, wenn die in Art. 3 III angeführten Vorschriften umgangen werden sollen.

All dies bezieht sich auf den Beweis von Tatsachen. Handelt es sich hingegen um die Ermittlung von Recht, also auch von ausländischem Recht, so ist das Gericht von dem Verhalten der Parteien vollkommen unabhängig und kann alle Mittel zur erforderlichen Feststellung der Existenz und des Inhaltes dieses Rechts gebrauchen, ohne Rücksicht auf die in Art. 6 III und IV bzw. Art. 3 III gesteckten Grenzen. Dies folgt bereits aus dem bisher Gesagten. Wenn es aber dennoch hervorgehoben wurde, so geschah dies, weil hier folgender Schluß auf der Hand liegt: Der Richter ist in der Tat bei der Ermittlung des Rechts nicht an die Bestimmungen über Beweisführung gebunden; umgekehrt gilt dieser Satz jedoch nicht. Durch Ermittlung *ex officio* kann der Richter auf Rechtsvorschriften stoßen, auf Grund deren sich im Hinblick auf den Sachverhalt die Situation des Art. 6 III oder IV ergibt und daher, wenn der Anspruch oder das gesamte Klagebegehren nicht zurückgenommen wird, die Beweisführung nicht zur Gänze der Verfügungsgewalt der Parteien untersteht. In diesem Fall kann der Richter in Ausübung seiner Pflicht, das ausländische Recht zu ermitteln, die Offizialmaxime in der dargestellten äußersten Schärfe im Beweisverfahren anwenden.

IV. Anwendung des ausländischen Rechts

Nach allem ist klar, daß das ausländische Recht immer zur Gänze und mit Blick auf das gesamte System anzuwenden ist – so wie es der Richter des betreffenden Landes anwenden würde. Dies ist im zitierten Schiedsspruch zum Ausdruck gekommen. *Cigoj*[12] bekennt sich zu der Regel, daß sich auch die Kontrolle der Gesetzlichkeit des anzuwendenden Rechts nach dem maßgebenden ausländischen Recht richtet und daß der inländische Richter, unabhängig von seinem eigenen Recht, diese Kontrolle ausüben kann, wenn sie dem ausländischen Richter zusteht. Das ausländische Recht wird so angewendet, wie es im Zeitpunkt der Anwendung gilt, unter Berücksichtigung seiner eigenen intertemporalen Regeln[13] und ohne Rücksicht auf Bestehen von Reziprozität, wie *Štempihar* unterstreicht[14].

V. Staatsverträge

Wie ernst es dem Gesetzgeber mit der Ermittlung des ausländischen Rechts von Amts wegen war und wie sehr er sich hierin den von ihm aufgestellten Verfahrensvorschriften verpflichtet fühlte, erhellt auch die Tatsache, daß in einer Reihe zweiseitiger Verträge (über Rechtsverkehr, Rechtsverhältnisse, rechtlichen und gerichtlichen Schutz, Rechtshilfe u. ä.) die Verpflichtung zur wechselseitigen Bekanntgabe von Rechtsvorschriften und Auskunft über bestimmte Rechtsfragen vorgesehen ist. Als Beispiel hierfür seien die Verträge mit Bulgarien, Griechenland, Italien, Österreich, Polen, Rumänien, der Tschechoslowakei, Ungarn und der UdSSR angeführt[15].

---

[12] *Cigoj* 70–72. [13] *Eisner* 109. [14] *Štempihar* 58.

[15] *Bulgarien* Art. 53, Dod.Sl. l. Nr. 1/1957 Pos. 7; *Griechenland* Art. 31, Dod. Sl. l. Nr. 7/1960 Pos. 75; *Italien* Art. 17, Službene Novine 42–XI/1931; *Österreich* Art. 47, Dod.Sl. l. Nr. 8/1965 Pos. 59; *Polen* Art. 5, Dod.Sl. l. Nr. 5/1963

VI. Nichterweislichkeit

Welches Recht wird angewendet, wenn das durch die Rechtsanwendungsnorm bestimmte Recht nicht ermittelt werden kann? Hierauf finden wir auch in der jugoslawischen Doktrin die allgemein bekannten Antworten. Abweisung der Klage kommt als „dénis de justice" nicht in Betracht[16]. Möglich ist immer die Anwendung der *lex fori*, jedoch nur als letzter Ausweg[17]. Als subsidiäres Statut, vor Rückgriff auf die *lex fori*, wird die Anwendung eines dem berufenen Recht ähnlichen Rechts vorgeschlagen; dies gilt natürlich nur dann, wenn das anzuwendende Recht feststeht, sein Inhalt aber nicht zu ermitteln ist oder es konkreter Vorschriften ermangelt: so kann etwa auf den Code civil bzw. auf das schweizerische Recht bei Fehlen einer Vorschrift im niederländischen resp. türkischen Recht zurückgegriffen werden[18]; ferner kann das Recht, welches dem konkreten Falle am besten gerecht wird, zur Anwendung gelangen[19]. Dieser Gedanke könnte für Arbitrageentscheidungen auch aus dem zitierten Schiedsspruch abgeleitet werden, worin sogar die Anwendung des bestentsprechenden Rechts als universelle Regel durchblitzt, was mit dem sonstigen jugoslawischen IPR in Einklang steht. So ist im Gesetz über Seeschiffs-Nutzungsverträge von 1959 das Recht, welches dem Verhältnis am nächsten steht, ausdrücklich nach dem von den Parteien gewählten Recht als Subsidiärstatut vorgesehen.

VII. Revisibilität

Die eingangs gestellte Frage 2 hat uns also schon allein die Frage 1 beantwortet. Was ist nun noch zu Frage 3 zu sagen, welche die Stellung der obersten Gerichte betrifft?

Die Antwort ist für das jugoslawische Recht bereits dadurch gegeben, daß auch die obersten Gerichte, wenn Rechtsermittlung eine Rechtsfrage ist, sie als Rechtsfrage zu kontrollieren haben. Die Antwort ergibt sich aber des weiteren auch daraus, daß Urteile ebenso wegen mangelhafter Ermittlung von Tatsachen wie wegen falscher Rechtsanwendung angefochten werden können. Die betreffenden Bestimmungen lauten:

Pos. 47; *Rumänien* Art. 6, Dod.Sl. l. Nr. 8/1961 Pos. 101; *Tschechoslowakei* bereits Art. 32, Sl. N. 181 – XXXVIII/1924, und weiter Art. 14, Dod.Sl. l. Nr. 13/1964 Pos. 243; *Ungarn* Art. 4, Dod.Sl. l. Nr. 13/1960 Pos. 179; *UdSSR* Art. 14, Dod.Sl. l. Nr. 5/1963 Pos. 46.

[16] *Cigoj* 69, a contrario. [17] *Eisner* 108; *Cigoj* 70.

[18] *Eisner* aaO; entgegengesetzt *Cigoj* aaO. [19] *Triva* 398.

Art. 342 I GSV:

„Das Urteil kann angefochten werden

......

(2) wegen falscher oder unvollkommener Feststellung des Sachverhaltes,
(3) wegen falscher Anwendung des materiellen Rechts."

Art. 345 GSV:

„Eine falsche Anwendung des materiellen Rechts liegt vor, wenn das Gericht die Bestimmung des materiellen Rechts, welche anzuwenden ist, nicht angewendet hat oder wenn es diese Bestimmung nicht richtig angewendet hat."

Dies gilt für die Berufung, während die Revision nach Art. 370 nur wegen wesentlicher prozessualer Verstöße (wobei natürlich auch die entsprechenden neuen Tatsachen vorgebracht werden können) und wegen unrichtiger Anwendung des materiellen Rechts zulässig ist. Letzteres ist indessen praktisch aufgehoben (und wird auch in diesem Sinn von der jugoslawischen Lehrmeinung beurteilt [20]) durch

Art. 376 GSV:

„Wenn anläßlich der Entscheidung über die Revision ein berechtigter Zweifel über die Wahrhaftigkeit der Tatsachen, auf welche sich das Urteil gründet, entsteht, wird der Oberste Gerichtshof dieses aufheben und die Abhaltung einer neuen Hauptverhandlung vor demselben oder einem anderen Senat des zuständigen erstinstanzlichen Gerichtes anordnen."

Somit kann aus dem Umstand, daß die Anwendung ausländischen Rechts von den obersten Gerichten kontrolliert wird, noch nicht auf den Charakter dieses Rechts als „Recht" geschlossen werden, weil es auch als Tatsache der Kontrolle unterläge. Jedoch ist der Rechtscharakter des ausländischen Rechts bereits nachgewiesen worden. So ist sich auch die Lehre darüber einig, daß eine falsche Anwendung ausländischen Rechts als falsche Rechtsanwendung zu behandeln ist [21].

VIII. Anwendung des IPR

Zum Schluß sei noch zu einer Frage Stellung genommen, die eigentlich den dieser Darstellung vorgeschriebenen Rahmen überschreitet, nämlich ob auch die Rechtsanwendungsnormen selbst von Amts wegen zu berücksichtigen und zu ermitteln sind. Hier handelt es sich nicht mehr um ausländisches Recht. Die Frage kann kurz beantwortet werden, da, wie aus allem vorhergehenden ersichtlich, der Richter das inländische

---

[20] Z. B. *Zuglia-Triva* II 281 f.
[21] *Zuglia-Triva* I 528; *Poznić* Nr. 518.

Recht schon von Verfassungs wegen anzuwenden hat und hier der Satz *jura novit curia* vollinhaltlich gilt. Was den Beweis der Tatsachen angeht, auf denen die Anwendung der Kollisionsnorm beruht, ist auf die zitierten Vorschriften der Art. 3 und 6 GSV zu verweisen.

GENERALREFERATE UND DISKUSSION

DIE ERMITTLUNG AUSLÄNDISCHEN RECHTS

Prof. Dr. Gerhard Kegel, Köln *

I. Vorbemerkungen

1. Begriffe

Als Faust die Bibel übersetzen wollte, kam er nicht weit:

> Geschrieben steht: „Im Anfang war das Wort."
> Hier stock ich schon! Wer hilft mir weiter fort?

Ich stocke schon bei dem Wort „Ermittlung" des ausländischen Rechts. Zwar ist es uns für diese Tagung vorgeschrieben: „Ermittlung" und „Revisibilität" sollen erörtert werden.

Unter „Ermittlung" würde ich verstehen das *Verfahren der Feststellung des Inhalts* ausländischen Rechts. Uns aber ist die Ermittlung erläutert worden als: „*Berufung* auf das ausländische Recht, *Aufklärung* von Amts wegen oder durch die Parteien, *Beweismittel* für ausländisches Recht, *Beweislastverteilung*." Die davon getrennte Darstellung der Revisibilität soll auch die Lehre vom Tatsachencharakter des ausländischen Rechts umfassen.

Wirklich ist es schwierig, den richtigen *Oberbegriff* zu finden.

Der beste Oberbegriff für alles, was auf dieser Tagung besprochen werden soll, ist vielleicht: „*Das ausländische Recht im Verfahren*" (Zivilprozeß und freiwillige Gerichtsbarkeit). Freilich sind einige Punkte auch außerhalb des Verfahrens zu beachten, z. B. vom Anwalt in der Beratung, vom Syndikus, vom Notar.

Indessen wissen wir alle, was gemeint ist, und wollen uns daher mit Definitions- und Gliederungsfragen nicht aufhalten.

Wir prüfen im Rahmen der „Ermittlung" des ausländischen Rechts zunächst das *inländische IPR* im Verfahren und dann das *ausländische Recht*.

Ausländisches Recht ist das ausländische *materielle* Privatrecht, aber auch das ausländische *internationale* Privatrecht, das bei Anerkennung des Renvoi vor ausländischem materiellen Privatrecht zu prüfen ist. Doch ist dieser Unterschied hier ohne Belang.

---

* Der Länderbericht für Jugoslawien *(Katičić)* ist erst nach Abschluß dieses Berichts erstellt worden und daher im folgenden nicht berücksichtigt.

2. *Programm*

Unsere Hauptthese: am wichtigsten ist das *Niveau*, das die *Ermittlung des ausländischen Rechts* in den einzelnen Staaten erreicht hat (Ermittlung hier im *engeren* Sinne verstanden als *Verfahren der Feststellung des Inhalts* ausländischen Rechts).

Das Niveau, das die Ermittlung des ausländischen Rechts in den einzelnen Staaten erreicht hat, kann die *Regeln über die Behandlung des ausländischen Rechts im Verfahren* (die Ermittlung im weiteren Sinne dieser Tagung und auch die Revisibilität) beeinflussen, z. B. die Frage, ob der Richter sich selbst um die Ermittlung des ausländischen Rechts kümmern muß oder ob er die Arme verschränken und abwarten darf, was ihm vorgetragen wird.

Umgekehrt können die Regeln über die Behandlung des ausländischen Rechts im Verfahren den Stand der Ermittlung des ausländischen Rechts beeinflussen; muß z. B. der Richter selbst den Inhalt des ausländischen Rechts ermitteln, dann müssen die Verwaltungsbehörden dafür sorgen, daß ihm das möglich ist, sie müssen den Stand der Ermittlung des ausländischen Rechts heben.

Ja, selbst die *Regeln des IPR* können vom Stand der Ermittlung des ausländischen Rechts abhängen (indem z. B. die Rückverweisung „abgebrochen" wird, weil es schwierig ist, das ausländische materielle Recht festzustellen) oder den Stand der Ermittlung des ausländischen Rechts heben (indem z. B. praktisch das Staatsangehörigkeitsprinzip im internationalen Personen-, Familien- und Erbrecht viel öfter zur Anwendung ausländischen Rechts zwingt als das Wohnsitzprinzip). Der Stand der Ermittlung ausländischen Rechts bildet daher eine *Grundfrage* des IPR und ist eine Art *„heimlicher König"* [1].

Wir werden daher die Ermittlung des ausländischen Rechts besonders aufmerksam prüfen. Auch dürfte der Nutzen einer internationalen Zusammenkunft weniger darin liegen, abstrakte Rechtssätze zu vergleichen, als festzustellen, was tatsächlich geschieht und was man bessern und vielleicht sogar vereinheitlichen kann.

II. Inländisches IPR: *wann* wird ausländisches Recht ermittelt?

Zunächst ist zu fragen: unter welchen Voraussetzungen, d. h. *wann* wird der Befehl des IPR ausgeführt, je nachdem in- oder ausländisches Privatrecht anzuwenden? Wer stellt fest, ob überhaupt in- oder aus-

[1] *Kegel*, Zur Organisation der Ermittlung ausländischen Privatrechts: Festschrift Nipperdey, 1965, I 453–470 (462).

ländisches Recht anzuwenden ist? Ist es der *Richter* oder ist es die *interessierte Partei?*

Unter *„interessierter Partei"* verstehen wir hier diejenige, zu deren Ungunsten entschieden wird, wenn der Inhalt des ausländischen Rechts nicht bewiesen wird. Das ist in der Regel (Wahrscheinlichkeitsbeweislast) im ordentlichen Rechtsstreit der Kläger (für Anspruchsgrundlagen, Repliken usw.) oder der Beklagte (für Einwendungen, Einreden, Dupliken usw.), im Verfahren der freiwilligen Gerichtsbarkeit der Antragsteller oder, soweit überhaupt vorhanden, der Antragsgegner. Ausnahmsweise ist es die Partei, die das ausländische Recht kennt, aber nicht preisgibt (Strafbeweislast), oder die Partei, die sich die Kenntnis erheblich leichter verschaffen kann als der Gegner (Leichtigkeitsbeweislast)[2].

Oft werden statt der „interessierten Partei" dem Richter unscharf „die Parteien" gegenübergestellt. Richtig aber schon Art. 13 S. 1 des argentinischen Código Civil von 1869, der auf den Brasilianer *Teixeira de Freitas* zurückgeht[3].

In *Deutschland* gehört die Kenntnis und gegebenenfalls Ermittlung des eigenen IPR ebenso wie die des eigenen materiellen Rechts grundsätzlich zu den Amtspflichten des *Richters*: *iura novit curia; da mihi factum, dabo tibi ius*[4].

Im *englisch-amerikanischen Recht* ist es anders: nicht nur die Tatsachen, sondern auch die Rechtssätze müssen im Zweifelsfalle von der interessierten Partei (ihrem Anwalt) behauptet und bewiesen werden, vor allem die precedents. Auf die Anwendbarkeit ausländischen Rechts muß sich daher die interessierte Partei grundsätzlich *berufen*: sie trägt die *Behauptungslast*[5] (übrigens auch die subjektive[6] und objektive[7] Beweislast). Die Behauptung muß grundsätzlich schon im *„pleading"*, d. h. in einem der vorbereitenden Schriftsätze erscheinen, damit der Gegner vor Überraschung geschützt ist[8]. In den USA wird das zum Teil nicht mehr gefordert: die Behauptung kann dann formlos und auch noch während des Verfahrens vorgebracht werden[9]. Vereinzelt muß oder darf in den USA der Richter den Inhalt des ausländischen Rechts von Amts wegen ermitteln (mandatory oder discretionary judicial notice)[10]. Dessen ungeachtet muß zuvor die interessierte Partei die Anwendbarkeit ausländischen Rechts behauptet und den Gegner verständigt haben[11].

---

[2] Vgl. auch unten 174, 181. [3] *Samtleben* oben 57.
[4] *Müller* oben 66. [5] *Hay* oben 114, 117, 118 f. [6] Unten 165 f.
[7] Unten 182. [8] *Hay* oben 103, 107 f., 119 f.; vgl. auch 116.
[9] *Hay* oben 111 (New York, anscheinend), 122 (Rule 44.1 s. 1 der Federal Rules of Civil Procedure).
[10] Unten 165.
[11] *Rabel*, The Conflict of Laws, A Comparative Study IV, 1958, 479 f.; *Hay* oben 106 (Massachusetts), 107–111 (New York), 115 (Maryland), 116 (New Jersey), 122 (Bundesgerichte).

Nun verweisen aber die Rechtssätze des IPR ihrerseits auf Tatsachen, nämlich auf *Anknüpfungsmomente*. Werden diese Tatsachen in den kontinentaleuropäischen Rechten vom *Richter* von Amts wegen ermittelt oder sind sie von der *interessierten Partei* zu behaupten und gegebenenfalls zu beweisen?

In *reinen Inlandsfällen* wird tatsächlich die IPR-Frage gar nicht gestellt: man nimmt die Anknüpfung an das Inland und die Anwendbarkeit des eigenen materiellen Rechts als selbstverständlich an. Deswegen beschränken viele schon den Begriff des IPR auf Fälle mit Auslandsberührung.

Aber wie ist es in *internationalen Fällen* mit den Tatbeständen der Kollisionsnorm? Hier macht es einen Unterschied, ob es sich um ein Verfahren handelt, in dem der *Richter* von Amts wegen den Sachverhalt aufklären muß, oder um ein Verfahren, in dem die *interessierte Partei* die erheblichen Tatsachen behaupten und beweisen muß.

Muß der *Richter* von Amts wegen aufklären (sog. *Untersuchungsgrundsatz)*, dann muß er auch die nach IPR für die Anwendung in- und ausländischen Rechts erheblichen Tatsachen, die Anknüpfungsmomente, aufklären. Liegt es dagegen den *Parteien* ob, die erheblichen Tatsachen zu behaupten und zu beweisen (sog. *Verhandlungsgrundsatz*), dann gilt das auch für die Anknüpfungsmomente[12].

In *Deutschland* gilt der Verhandlungsgrundsatz unausgesprochen für den gewöhnlichen Zivilprozeß. Der Untersuchungsgrundsatz gilt für Ehe-, Kindschafts-, Entmündigungs- und Aufgebotssachen (§§ 622 I; 640 I; 653 I; 680 III; 952 III ZPO) und in der freiwilligen Gerichtsbarkeit (§ 12 FGG).

Denkbar ist freilich, daß schon die *Verfahrensart* vom anwendbaren Recht abhängt, indem z. B. im deutschen Recht die Ehelichkeit des während der Ehe geborenen Kindes durch Klage angefochten werden muß, während im englischen Recht die Unehelichkeit von Fall zu Fall geltend gemacht werden kann. Doch lassen wir das hier beiseite.

In *Deutschland* wird die Bedeutung des Unterschiedes von Untersuchungs- und Verhandlungsgrundsatz für die *Anknüpfungsmomente* anscheinend nicht weiter betont. Nur für die *internationale Zuständigkeit* wird die Amtspflicht zur Feststellung der Tatsachen, von denen sie abhängt, hervorgehoben[13].

Umstritten ist dagegen in Deutschland, ob der *Berufungsrichter dahingestellt* lassen kann, welches von mehreren in Betracht kommenden Rechten maßgibt, wenn sie alle zum selben Ergebnis führen. Dazu kann er Anlaß haben, wenn zweifelhaft ist, welche Kollisionsnorm ein-

---

[12] Die Ausdrücke „Untersuchungs"- und „Verhandlungs"-Grundsatz („Maxime") stammen von *Gönner*, Handbuch des deutschen gemeinen Prozesses, 1. Aufl. 1801, 253–300; I, 2. Aufl. 1804, 175–216.

[13] *Kegel* in *Soergel-Siebert*, Kommentar zum BGB, V, 9. Aufl. 1961, Vorbem. 84 vor Art. 7 EGBGB S. 531, Vorbem. 112–114 vor Art. 7 EGBGB, S. 539 f.

greift, welches Anknüpfungsmoment eine Kollisionsnorm verwendet oder welche Anknüpfung tatsächlich verwirklicht ist[14]. Das RG verlangte, wenn *deutsches* Recht unter den offen gebliebenen war, eine Stellungnahme des Berufungsrichters, weil nur deutsches, nicht ausländisches Recht revisibel ist. Für den Richter der ersten Instanz entsteht diese Frage nicht, weil seine Entscheidung in vollem Umfang nachgeprüft werden kann. Für den Revisionsrichter entsteht sie nicht, weil seine Entscheidung überhaupt nicht nachgeprüft werden kann. Auf die Einzelheiten brauchen wir hier nicht einzugehen[15].

Für *Österreich* hat *Schwimann* in seinem Bericht[16] den Unterschied zwischen Untersuchungs- und Verhandlungsgrundsatz für die Anknüpfungsmomente scharf herausgearbeitet, vermerkt aber, Rechtsprechung und Lehre seien „völlig verworren". *Schwimann* verweist auch auf die richterliche Pflicht, im Rahmen des Verhandlungsgrundsatzes den Parteien auf den richtigen Weg zu helfen (§ 182 I öst. ZPO, § 139 I deutsche ZPO), in Österreich *„diskretionäre Gewalt"*, in Deutschland *„gerichtliche Aufklärungspflicht"* genannt. Man sollte sie freilich nicht überschätzen; denn wenn der Richter nicht gerade ein „eager beaver" ist, wird er die Anwendung ausländischen Rechts nicht forcieren: „O rühret, rühret nicht daran!" *Schwimann* sagt überdies zutreffend, daß beim Verhandlungsgrundsatz die Parteien Anknüpfungsmomente außer Streit stellen und dadurch das vom Richter anzuwendende Recht bestimmen können; allerdings sei streitig, ob dem Richter auch dann die Hände gebunden seien, wenn er die Unwahrheit des übereinstimmend behaupteten Anknüpfungsmoments kenne[17].

Diese Frage ist nicht zu verwechseln mit der anderen, ob im Rahmen der internationalprivatrechtlichen *Parteiautonomie* für Schuldverträge die übereinstimmende Berufung auf ein Recht (regelmäßig die lex fori) als Wahl dieses Rechts gelten kann: hier geht es um die Bestimmung, dort um Behauptung und Beweis des Anknüpfungsmoments.

Auch in *Skandinavien* finden wir nach dem Bericht von *Lando* den Unterschied zwischen Untersuchungs- und Verhandlungsgrundsatz[18]. Im *Untersuchungsverfahren* stellt das *Gericht* die Anknüpfungsmomente von Amts wegen fest. Im *Verhandlungs*verfahren scheint die *Rechtsprechung* fast einhellig die Berufung auf ausländisches Recht zu verlangen, selbst wenn ein ausländisches Anknüpfungsmoment feststeht. Die *Lehre* geht auseinander. Überwiegend wird anscheinend angenommen, wenn ein ausländisches Anknüpfungsmoment feststehe, müsse das Gericht das ausländische Recht anwenden. Doch könnten sich die Parteien auf die Anwendung der lex fori einigen.

---

[14] *Kegel*, IPR, 2. Aufl. 1964, 177. [15] Näher *Müller* oben 66 f.
[16] Oben 82 f. [17] Oben 83. [18] Oben 128 f.

Der Däne *Philip* meint, ausländisches Recht sei anzuwenden entweder bei Berufung („ich verlange Anwendung ruritanischen Rechts") oder bei Nachweis eines Anknüpfungsmoments, das auf ausländisches Recht führt („dieses eigenhändige Testament ist in Ruritanien errichtet und ist daher gültig"). Diese Ansicht hat nur dann Sinn, wenn trotz Feststehens eines solchen Anknüpfungsmoments die Berufung auf die lex fori zulässig ist. Das erscheint *Lando* und auch mir bedenklich. Eine Berufung auf ausländisches Recht ohne Nachweis des Anknüpfungsmoments ist nutzlos; statt des „entweder–oder" kommt nur ein „sowohl–als auch" in Betracht; nur eine Berufung auf die lex fori könnte man beachten wie die herrschende Lehre, die allerdings eine Einigung beider Parteien über die Maßgeblichkeit der lex fori fordert.

De lege ferenda empfiehlt *Lando*[19] in vermögensrechtlichen Streitigkeiten, also im Verfahren mit Verhandlungsgrundsatz, eine Pflicht des Richters, die interessierte Partei auf die mögliche Anwendbarkeit ausländischen Rechts hinzuweisen, wenn sie der Richter für wahrscheinlich hält. Er empfiehlt das allerdings nur in bedeutenden Sachen und nur, wenn die Ermittlung des ausländischen Rechts nicht besonders schwierig ist, ohne solche Einschränkungen allgemein nur in Vertragsstreitigkeiten ohne jede Verknüpfung mit der lex fori, weil sonst die interessierte Partei nicht ausreichend geschützt werde.

In *Frankreich* scheint man nach dem Bericht von *Zajtay* die Frage, wer für die *Feststellung* der *Anknüpfungsmomente* verantwortlich ist (Richter oder interessierte Partei), nicht deutlich zu trennen von der anderen Frage, wer für die *Ermittlung* des Inhalts ausländischen *Rechts* verantwortlich ist. *Zajtays* Zusammenfassung: „Die Tatrichter sind zwar nicht verpflichtet, aber ... berechtigt, das ausländische Recht von Amts wegen anzuwenden", dürfte eher auf die Ermittlung des Inhalts ausländischen Rechts zielen[20]. Immerhin wird zum Teil behauptet (von *Bellet* und *C. David*), ausländisches Recht werde nur angewandt, wenn eine Partei es verlange[21], also offenbar auch dann, wenn bereits feststeht, daß ein Anknüpfungsmoment verwirklicht ist, das zur Anwendung ausländischen Rechts führt.

Nur auf Antrag der interessierten Partei wird ausländisches Recht angewandt auch in *Spanien* und den meisten Ländern *Süd-* und *Mittelamerikas.* Moderne Ansätze zeigen im wesentlichen nur die Verträge von Montevideo, der Código Bustamante, ferner Portugal, Venezuela, Brasilien und Peru[22].

Auch in *Italien* mußte jedenfalls bis 1959 die Anwendung ausländischen Rechts von der interessierten Partei verlangt werden. Ob seitdem der Richter ausländisches Recht von Amts wegen anwenden darf oder muß, wird nicht deutlich[23].

---

[19] Oben 130–132. [20] Oben 18 zu Fn. 11. [21] *Zajtay* oben 17 zu Fn. 9.
[22] Näher *Samtleben* oben 50 f., 57–65. [23] Vgl. *Cappelletti* oben 31–33.

Für die *UdSSR* ist nach dem Bericht von *Lunz* klar, daß eine Berufung der Parteien auf die Maßgeblichkeit ausländischen Rechts nicht nötig ist[24]. Zwischen Untersuchungs- und Verhandlungsgrundsatz unterscheidet *Lunz* so wenig wie *Zajtay*. Doch herrscht in der UdSSR der Untersuchungsgrundsatz[25]. *Lunz*[26] bezieht sich auf Art. 50 I des Zivilprozeßgesetzbuchs der RSFSR, der der interessierten Partei die Beweislast auferlegt. Er verweist aber auch auf Abs. 2 dieser Vorschrift:

„Die Beweise werden von den Parteien und den anderen Prozeßbeteiligten beigebracht. Reichen die beigebrachten Beweise nicht aus, so regt das Gericht die Parteien und die anderen Prozeßbeteiligten an, zusätzliche Beweise beizubringen, oder erhebt diese von Amts wegen."

Lunz[27] meint, es komme „der richterlichen Aktivität im Bereich der Beweiserhebung nur subsidiärer Charakter zu". Indessen geht Art. 50 II ZPGB RSFSR über die „diskretionäre Gewalt" nach § 182 I der öst. ZPO und über die „gerichtliche Aufklärungspflicht" nach § 139 I der deutschen ZPO weit hinaus und enthält ein Stück echten Untersuchungsgrundsatzes.

Ergebnis:

Entweder es herrscht *extremer Parteibetrieb* bis hin zu den Rechtssätzen (wie grundsätzlich in *England* und den *USA*). Dann müssen nicht nur die Anknüpfungsmomente, sondern im Zweifelsfall auch die Normen des IPR von den Parteien dem Richter bewiesen werden. Darin liegt zugleich die Notwendigkeit, sich in Zweifelsfällen auf die Anwendbarkeit ausländischen Rechts zu berufen.

Oder es herrscht *weitgehend Amtsbetrieb* (wie wohl in der *UdSSR*). Dann müssen oder dürfen wenigstens die Anknüpfungsmomente vom Richter festgestellt werden. Eine Berufung auf die Anwendbarkeit ausländischen Rechts ist überflüssig.

Soweit zwischen Verfahren mit *Untersuchungs- und Verhandlungsgrundsatz unterschieden* wird (in *Deutschland* unausgesprochen, in *Österreich* jedenfalls von *Schwimann* und in den *skandinavischen* Rechten), prüft der Richter im *Untersuchungs*verfahren die Anknüpfungsmomente von Amts wegen. Eine Berufung auf die Anwendbarkeit ausländischen Rechts ist unnötig. Im *Verhandlungs*verfahren würde nach dem Grundsatz *„iura novit curia"* nötig sein, aber auch genügen, daß die Parteien die Anknüpfungsmomente nachweisen. Eine Berufung auf die Maßgeblichkeit ausländischen Rechts erscheint dagegen unnötig (wenn auch zweckmäßig[28]). So ist es in *Deutschland* unausgesprochen,

[24] Oben 142. [25] Z. B. *Bilinsky*, ROW 1966, 163.
[26] Oben 144. [27] Ebenda.
[28] Vgl. *Müller* oben 66 für Schuldverträge.

so in *Österreich* nach Meinung von *Schwimann*. Die Lage in *Frankreich* ist unklar; vereinzelt wird Berufung auf die Geltung ausländischen Rechts verlangt. Ebenso verlangt man sie in *Spanien* und den meisten Ländern *Lateinamerikas*. In *Skandinavien* fordert die Rechtsprechung die Berufung auf die Anwendbarkeit ausländischen Rechts (macht also mit dem Satz *„iura novit curia"* für das IPR nicht Ernst). *Lando* möchte das für eine Anzahl von Fällen auflockern durch eine Pflicht des Richters, auf die wahrscheinliche Anwendbarkeit ausländischen Rechts hinzuweisen. Die überwiegende Lehre verlangt keine Berufung auf die Anwendbarkeit ausländischen Rechts, sondern erlaubt umgekehrt die Berufung auf die lex fori. Besser wäre es wohl, den Parteien zu überlassen, Momente der Anknüpfung an ausländisches Recht nicht vorzutragen: sie herrschen über Tatsachen, nicht über Normen oder sie mögen sich vergleichen.

Sieht man von den Ländern mit extremem Parteibetrieb ab (d. h. vom englisch-amerikanischen Recht), so ist, *rechtspolitisch* gesehen, eine *Berufung* auf die Anwendbarkeit ausländischen Rechts im Untersuchungs- wie im Verhandlungsverfahren *entbehrlich*. Soweit sie dennoch verlangt wird, läuft sie hinaus auf eine Benachteiligung der Anwendung ausländischen Rechts, die ihrerseits damit zusammenhängen kann, daß für die Ermittlung des Inhalts ausländischen Rechts nicht die wünschenswerten Voraussetzungen geschaffen sind.

Ob man in *Fällen minderer Bedeutung* von der Anwendung ausländischen Rechts absehen oder (wie *Lando*) jedenfalls einen Hinweis des Richters auf die Anwendbarkeit ausländischen Rechts ausschließen sollte, ist eine Frage für sich. Gesprächsweise ist für das *deutsche* Recht oft erwogen worden, die Anwendung ausländischen Rechts in kleinen Sachen, sagen wir bei einem Streitwert nicht über 300 oder 1 000 DM, auszuschließen. Doch widerstreitet das den Grundsätzen des deutschen Rechts, in dem oft wegen geringster Summen die schwierigsten Fragen erörtert werden, z. B. in Kostensachen. Aber sicher war es ein Fehler des deutschen Rechts, in Wiedergutmachungssachen mindestens bei gesetzlicher Erbfolge nicht einfach die Anwendung deutschen Erbrechts vorzuschreiben.

III. Ausländisches Recht

1. Subjektive Beweislast (Beweisführungslast): wer ermittelt ausländisches Recht?

Steht so oder so fest, daß ausländisches Recht anzuwenden ist[29], dann fragt sich, *wer* es ermitteln muß: der *Richter*, die interessierte *Partei* oder *beide gemeinsam*.

[29] Oben II.

In *England* und in den meisten Einzelstaaten der *USA* trägt die Last (wie bei der Berufung auf die Anwendbarkeit ausländischen Rechts) die interessierte *Partei*[30]. Allerdings können die Parteien sich einigen und einen bestimmten Inhalt des ausländischen Rechts für den Richter verbindlich festlegen[31].

In den *USA* ist die subjektive Beweislast der interessierten Partei zum Teil aufgelockert durch richterliche Prüfung von Amts wegen *(„judicial notice")*. Sie ist dem Richter entweder bindend vorgeschrieben („*mandatory* judicial notice") oder steht in seinem Ermessen („*discretionary* judicial notice").

Allerdings ist die *mandatory* judicial notice stark verklausuliert. In den neun Einzelstaaten[32], die sie eingeführt haben, darunter Massachusetts und New York, setzt sie nicht nur voraus, daß die interessierte Partei die Maßgeblichkeit ausländischen Rechts behauptet und den Gegner verständigt hat[33]. Vielmehr muß die Partei auch den Richter bei der Ermittlung des ausländischen Rechts unterstützen. Der Richter seinerseits ist dann nur berechtigt, nicht verpflichtet, selbst zu ermitteln[34]; eine Pflicht trifft ihn nur neuerdings in New Jersey, New York, Kansas und Maryland[35]. Fast oder ganz die gleiche Regelung haben seit dem 1. 7. 1966 die Bundesgerichte auf Grund von Rule 44.1 der Federal Rules of Civil Procedure, die am 31. 3. 1964 verkündet worden ist[36]. Auch hier ist der Richter nur berechtigt, nicht verpflichtet, den Inhalt des ausländischen Rechts selbst zu ermitteln[37].

Discretionary judicial notice gibt es in Kalifornien und Michigan[38]. Connecticut kennt eine Pflicht zu ermitteln für den Richter nur bei ausländischem Gesetzesrecht, nicht bei Entscheidungen[39].

Die praktische Bedeutung aller dieser Regeln scheint gering zu sein[40]. Die Gerichte machen insbesondere von ihrem Ermessen kaum Gebrauch[41]. In dem nach New Yorker Recht entschiedenen berühmten Falle *Walton v. Arabian American Oil Co.*[42] verlangte der United

---

[30] *Schmitthoff* oben 91–93; *Hay* oben 103, 120 f.

[31] *Schmitthoff* oben 94; *Hay* oben 103.

[32] Sieben, die das Common Law geändert haben (*Hay* oben 105), und zwei, die den Uniform Judicial Notice of Foreign Law Act von 1936 eingeführt und auf ausländisches Recht erstreckt haben (*Hay* oben 115 f.).

[33] Oben 159.

[34] *Hay* oben 106 f. (Massachusetts), 108 (New York früher).

[35] *Hay* oben 110–112, 115 f. mit Abdruck von § 4511 der New York Civil Practice Laws and Rules S. 110 Fn. 51.

[36] Abgedruckt bei *Hay* oben 122.

[37] *Hay* oben 121–123, der auf S. 123 zu dem Schluß kommt, das Bundesrecht gleiche also weitgehend dem Recht der judicial notice-Staaten.

[38] *Hay* oben 112 f.

[39] *Hay* oben 105, 112.

[40] *Hay* oben 109 (New York alt), 112 (New York neu), 113 (Connecticut).

[41] *Hay* oben 117.

[42] 233 F. 2d 541 (1956).

States Court of Appeals (2d Cir.) vom Kläger, der in seinem Kraftwagen von einem Lastkraftwagen der Beklagten, einer amerikanischen Gesellschaft, in Saudiarabien angefahren worden war, den Beweis des Inhalts des saudiarabischen Deliktsrechts (obwohl sich anscheinend weder der Kläger noch die Beklagte auf die Anwendbarkeit saudiarabischen Rechts berufen hatte). Immerhin wird in England stets[43] und in den USA oft[44] dem Richter und nicht der Jury die Entscheidung überlassen, ob der Inhalt des ausländischen Rechts bewiesen worden ist.

In *Frankreich*[45] fehlt eine gesetzliche Vorschrift. Die Rechtsprechung verlangt die Ermittlung des ausländischen Rechts von der interessierten *Partei*. Ebenso Rechtsprechung oder Gesetzgebung der *meisten anderen romanischen* Rechte und *Griechenlands*[46]. Allerdings streitet man in Frankreich, welche Partei die interessierte ist. *Zajtay* empfiehlt an Stelle der Belastung der interessierten Partei eine enge Zusammenarbeit des Richters mit der Partei[47]. Auch *Portugal*, die Verträge von *Montevideo*, der *Código Bustamante*, *Brasilien* und *Peru* sehen vor, daß nicht nur die interessierte Partei, sondern gleichfalls der Richter in bestimmten, obwohl nicht überall gleichen Grenzen tätig wird[48].

Dies ist seit 1959 auch der Standpunkt der Gerichte *Italiens*: das ausländische Recht gleiche den Tatsachen, weil es ungewiß sei und nicht zum Amtswissen des Richters gehöre; aber es unterliege nicht wie die Tatsachen der Beweislast; vielmehr sei der Richter verpflichtet, sich im Zusammenwirken mit den Parteien die Kenntnis des ausländischen Rechts zu verschaffen und hierfür insbesondere alle im Prozeß beigebrachten Unterlagen auszuschöpfen[49].

In der *UdSSR* dagegen ermittelt der *Richter* selbst den Inhalt des ausländischen Rechts. Die beim Tatsachenbeweis „subsidiäre" Amtsaufklärung[50] ist beim Beweis ausländischen Rechts primär. Allerdings darf sich der Richter der Hilfe der interessierten Partei bedienen[51].

Dasselbe gilt in *Italien*, den *Niederlanden* und *Deutschland* und in *anderen kontinentaleuropäischen Ländern*[52].

In *Deutschland* bestimmt § 293 ZPO sowohl für das Verhandlungs- wie für das Untersuchungsverfahren:

---

[43] *Schmitthoff* oben 93.

[44] *Rabel* (oben N. 11) 477 a. E. mit Nachweisen; *Hay* oben 105–107 (judicial notice in Änderung des Common Law), 114 (Uniform Judicial Notice of Foreign Law Act von 1936), 117, 122 f. (Rule 44.1 Satz 2 und 3 der Federal Rules of Civil Procedure), 126 (§ 4.03 des Uniform Interstate and International Procedure Act von 1962). Über Ausnahmen *Hay* ebenda 104.

[45] *Zajtay* oben 18.

[46] Nachweise bei *Rabel* (oben N. 11) 476 Fn. 17; Nachweise für Spanien und Lateinamerika bei *Samtleben* oben 51, 56–59.

[47] Oben 19. [48] *Samtleben* oben 59–62.

[49] *Cappelletti* oben 31–40. [50] Oben 163. [51] *Lunz* oben 143–145.

[52] *Rabel* (oben N. 11) 481 f. mit Nachweisen in Fn. 33.

„Das in einem fremden Staate geltende Recht, die Gewohnheitsrechte und Statuten bedürfen des Beweises nur insofern, als sie dem Gericht unbekannt sind. Bei Ermittlung dieser Rechtsnormen ist das Gericht auf die von den Parteien beigebrachten Nachweise nicht beschränkt; es ist befugt, auch andere Erkenntnisquellen zu benutzen und zum Zwecke einer solchen Benutzung das Erforderliche anzuordnen."

Diese Vorschrift entspricht der „subsidiären" Amtsaufklärung, die Art. 50 II ZPGB RSFSR für die Tatsachenaufklärung gebietet. Aber die Praxis hat sie umgewandelt in eine *Amtspflicht* des Richters, den Inhalt des ausländischen Rechts zu ermitteln, mit der Einschränkung, daß sich der Richter der Hilfe der interessierten Partei bedienen darf[53]. Dasselbe gilt im Verfahren der *freiwilligen Gerichtsbarkeit,* in dem der Untersuchungsgrundsatz herrscht. Im *Grundbuch*verfahren wird sogar, obwohl es dem Verhandlungsgrundsatz unterliegt, dem Richter nicht einmal die Befugnis eingeräumt, sich den Inhalt ausländischen Rechts von den Parteien nachweisen zu lassen[54].

§ 271 der *österreichischen* ZPO sagt im wesentlichen dasselbe wie § 293 der deutschen. Auch diese Vorschrift wird umgedeutet in eine Amtspflicht des Richters, den Inhalt ausländischen Rechts festzustellen. Auch hier kann sich der Richter der Hilfe der interessierten Partei bedienen[55].

In *Schweden, Norwegen* und *Dänemark* kann der Richter den Inhalt ausländischen Rechts selbst feststellen oder von der interessierten Partei den Nachweis verlangen. Der Wortlaut der Bestimmungen ähnelt § 293 der deutschen ZPO und § 271 der österreichischen ZPO[56]. Aber im Unterschied zum russischen, deutschen und österreichischen Recht besteht nach diesen Vorschriften und auch nach der Rechtsprechung *keine Amtspflicht* des Gerichts, den Inhalt ausländischen Rechts zu ermitteln, sondern das Gericht ist hierzu nur befugt. Dies ist eine auch praktisch wichtige Nuance[57], um so mehr als die Gerichte im Verfahren mit Verlandlungsgrundsatz ihre Befugnis nicht ausnutzen[58].

Ergebnis:

Die *Beweisführungslast* (die subjektive Beweislast) trifft in *England,* den meisten Einzelstaaten der *USA,* in *Frankreich* und den meisten

---

[53] *Müller* oben 70.

[54] Näher mit Nachweisen *Soergel-Kegel* (oben N. 13) Vorbem. 89 vor Art. 7 EGBGB, S. 532 f.; *Müller* oben 67.

[55] *Schwimann* oben 84–86.

[56] § 191 ZPO Norwegen; RB 35 : 2 ZPO Schweden; § 3 des schwedischen Gesetzes über internationale Rechtsverhältnisse betreffend die rechtlichen Wirkungen der Eheschließung; gleichlautende Bestimmungen der skandinavischen Wechsel- und Scheckgesetze; Art. 6 der nordischen Konvention über Erbschafts- und Nachlaßteilung; dazu *Lando* oben 130 f., 132 f.

[57] Z. B. wohl *Lando* oben 133.

[58] *Lando* ebenda.

anderen *romanischen Rechten* die interessierte Partei. Umstritten ist in Frankreich, *wer* die interessierte Partei ist.

In einigen *iberoamerikanischen* Landesgesetzen und Staatsverträgen wird eigene Tätigkeit des Richters zugelassen. Auch in *Skandinavien* kann der Richter das ausländische Recht selbst ermitteln. Er kann aber auch der interessierten Partei die Ermittlung überlassen und tut es praktisch im Verfahren mit Verhandlungsgrundsatz.

In der *UdSSR, Italien, Österreich* und *Deutschland* ermittelt der *Richter*. Doch kann er sich der Hilfe der interessierten *Partei* bedienen. Das gilt auch im Verfahren mit Untersuchungsgrundsatz, z. B. in Deutschland in der freiwilligen Gerichtsbarkeit. Es gilt in Deutschland nicht im Grundbuchverfahren: obwohl hier der Untersuchungsgrundsatz nicht gilt, darf der Richter die Parteien zur Emittlung ausländischen Rechts nicht heranziehen.

Sieht man auch hier (wie bei der Frage, wer über die Anwendbarkeit ausländischen Rechts bestimmt: oben II) vom englisch-amerikanischen Recht mit seinem extrem ausgebauten Verhandlungsgrundsatz ab, dann verdient *rechtspolitisch* den Vorzug die Lösung, die *Zajtay* vorschlägt[59], nämlich *enge Zusammenarbeit zwischen Richter und Partei*. Dies jedenfalls dann, wenn die Partei in der Lage ist, etwas beizutragen. Die Hauptverantwortung sollte den Richter treffen wie in Deutschland, Österreich, Italien und der UdSSR. Wenn Skandinavien und die meisten romanischen Rechte, jedenfalls im Verhandlungsverfahren, die Partei damit belasten, den Inhalt ausländischen Rechts zu ermitteln, kann das ein wenig zusammenhängen mit dem Niveau, das die Ermittlung ausländischen Rechts in diesen Ländern erreicht hat. Den Richter sollte man mit dieser Aufgabe nur dann belasten, wenn ihm ausreichende oder jedenfalls bessere Unterrichtungsmöglichkeiten offenstehen als den Parteien. Dies mag die deutsche, österreichische, italienische und sowjetrussische Lösung erklären.

So kommen wir denn zu der m. E. *wichtigsten* Frage: *in welcher Weise* wird der Inhalt des ausländischen Rechts ermittelt?

2. Beweismittel: wie wird ausländisches Recht ermittelt?

In *England* wird ausländisches Recht in der Regel durch *Juristen des betreffenden Staates* bewiesen. Ausnahmsweise genügt es, ausländische Gesetzestexte oder Entscheidungen vorzulegen[60]. Institutsgutachten und Ministeriumsauskünfte sind unbekannt[61]. Nur im Cristobal-Fall hat über eine Frage des amerikanischen öffentlichen Rechts

---

[59] Oben 19. [60] *Schmitthoff* oben 93 a. E. f.
[61] *Schmitthoff* oben 94 a. E. f.

(ist Cristobal in der Kanalzone ein Hafen in den USA?) der erstinstanzliche Richter eine Auskunft der amerikanischen Regierung angeregt[62].

Durch Gesetze ist den englischen Gerichten gestattet, *fremde Gerichte* über den Inhalt des fremden Rechts im streitigen Fall zu *befragen*:

1. durch den *British Law Ascertainment Act, 1859,* für das Commonwealth;
2. durch den *Foreign Jurisdiction Act, 1890,* für britische Protektorate, Mandatsgebiete und sonstige beherrschte Gebiete;
3. durch den *Foreign Law Ascertainment Act, 1861,* für das Ausland.

Die Gesetze 2 und 3 gelten nur für Länder, auf die sie durch Verordnung erstreckt sind, und auf einen ausländischen Staat ist Gesetz 3 anscheinend nie erstreckt worden. Praktisch ist das Verfahren ohne Bedeutung[63].

Ursprünglich durften nur ausländische *Praktiker* das in ihrem Lande geltende Recht bekunden. 1850 wurde ein Sachse, der in Leipzig studiert hatte und Rechtsberater des preußischen Konsuls in London war, zurückgewiesen, als er die Geltung des Code civil in Köln bestätigen wollte. Der Richter meinte, wenn man den Sachsen reden ließe, könnte man auch einen Franzosen, der Bücher über chinesisches Recht gelesen habe, zum Beweis des chinesischen Rechts zulassen[64]. Professoren haben „no qualifications" oder bestenfalls „doubtful qualifications"[65]. Immerhin werden in England zunehmend ausländische Professoren herangezogen.

Die ausländischen Juristen erstatten keine schriftlichen Gutachten, sondern treten in der *mündlichen Verhandlung* auf. Sie sind sachverständige Zeugen (expert witnesses) und werden erst von dem Anwalt vernommen, der sie aufgestellt hat (examination in chief), dann vom Gegenanwalt (cross examination). Die eigene Meinung des Sachverständigen über sein Recht ist nicht gefragt: er muß die *cases* seines Heimatlandes darlegen. Auch die nicht beweisbelastete Partei kann Sachverständige stellen.

Der Richter kann der einen oder anderen Seite folgen oder von beiden abweichen und das ausländische Recht nach dessen Auslegungsregeln, soweit sie im Gerichtssaal bewiesen sind, hilfsweise nach den englischen Auslegungsregeln ergründen[66].

---

[62] *Stafford Allen & Sons, Ltd. v. Pacific Steam Navigation Co.*, [1956] 1 Lloyd's Rep. 104 (*Sellers*, J.) [mir nicht zugänglich] und dazu *Schmitthoff* oben 97–100.

[63] *Schmitthoff* oben 95. Dort S. 96 f. geringfügige weitere Ausnahmen von Parteibeweis ausländischen Rechts durch Amtsermittlung des Richters.

[64] *Bristow v. Sequeville*, 19 L. J. Ex. 289; vgl. *Gutteridge*, Comparative Law, 2. Aufl. 1949, 52.

[65] *Gutteridge* ebenda 50.

[66] *Schmitthoff* oben 92–94.

Die Vorteile dieses Verfahrens sind Unmittelbarkeit und Gründlichkeit; die Nachteile liegen in der Beschränkung auf Frage und Antwort (obwohl der Sachverständige in seine Antworten viel einschmuggeln kann) und natürlich in den hohen Kosten[67].

In den *USA* gilt im Ausgangspunkt dasselbe. Nur ist die Praxis hinsichtlich der Mittel, mit denen ausländisches Recht bewiesen werden kann, *„more liberal" (Wigmore)*[68].

So steht neben der mündlichen Aussage des Sachverständigen[69] die schriftliche[70]. Der Sachverständige muß nicht immer dem Staate entstammen, dessen Recht er bekundet[71]. Ausländische Gesetzestexte sind zugelassen[72] und, soweit die sog. „best evidence rule" gilt, sogar das Kronbeweismittel[73]. Ebenso dienen ausländische Entscheidungen als Beweismittel[74]. Man beklagt, daß man in den Rechten des „civil law" mit Rechtshilfeersuchen (letters rogatory)[75] auf Vernehmung von Sachverständigen nicht ans Ziel komme, weil der Sachverständige dort kein „Zeuge" sei wie (als expert witness) in den USA[76].

Rule 44.1 der Federal Rules of Civil Procedure vom 28. 2. 1966[77] bestimmt sogar in Satz 2: „The court, in determining foreign law, may consider *any relevant material or source* ...", und dem folgt Art. IV § 4.02 des Uniform Interstate and International Procedure Act[78], den allerdings bisher nur Arkansas angenommen hat[79].

In den *kontinentaleuropäischen* Rechten ist man sich einig, daß für den Inhalt ausländischen Rechts der sog. *Freibeweis* gilt. D. h. der Richter ist nicht beschränkt auf Beweisanträge und Beweismittel, die im Zivilprozeß (gleich, ob Verhandlungs- oder Untersuchungsverfahren) vorgeschrieben sind, den sog. Strengbeweis[80].

---

[67] Vgl. die bei *Hay* (oben 121) abgedruckte Kritik der amerikanischen „Commission on International Rules of Judicial Procedure".

[68] *Rabel* (oben N. 11) 490 zu Fn. 77.

[69] *Hay* oben 103, 104, 109 zu Fn. 39, 40, 112, 115, 116, 121 zu Fn. 88, 89.

[70] *Hay* oben 109 zu Fn. 41, 125.

[71] *Hay* oben 121 zu Fn. 91.

[72] *Hay* oben 105 f., 111 f. mit Fn. 56, 115 f.

[73] *Hay* oben 103, 108 Fn. 38, 115.

[74] *Hay* oben 105 f., 108 Fn. 38, 111 f., 112 zu Fn. 56.

[75] Über die in den USA geltenden Rechtsquellen für dieses Verfahren *Hay* oben 124 f.

[76] So die bei *Hay* (oben 121) abgedruckte Äußerung der „Commission on International Rules of Judicial Procedure" a. E.

[77] Abgedruckt bei *Hay* oben 122.

[78] Abgedruckt bei *Hay* oben 126.

[79] *Hay* oben 126 a. E.

[80] *Deutschland:* *Müller* oben 69;
Österreich: *Schwimann* oben 85 f.;
Frankreich: *Zajtay* oben 19;
Italien: *Cappelletti* oben 32 Fn. 14 d, 39;
Schweden: vgl. *Lando* oben 133 f.;
UdSSR: *Lunz* oben 144.

Die *Franzosen* arbeiten zum Teil mit Sachverständigengutachten. Hauptsächlich aber benutzen sie das *„certificat de coutume"*: ausländische Juristen, gewöhnlich Anwälte, erklären, meist lakonisch und mit wenig Belegen, den Inhalt ihres Rechts. Sie antworten fast immer nur auf abstrakte Rechtsfragen und berühren den konkreten Fall allenfalls knapp. Diesen Weg geht auch *Italien*. Insbesondere benutzt man certificats der eigenen Konsuln im Ausland und der fremden im Inland. Doch gilt, wie bemerkt, Freibeweis[81]. Daher werden auch Gutachten in- und ausländischer Sachverständiger benutzt. Auch Parteivernehmung kommt in Betracht. Den Weg der certificats wählen auch *Spanien*[82], *Kolumbien*[83] und der *Código Bustamante*[84]. Er ist verhältnismäßig billig. Aber er ist, wie man in Frankreich durchaus erkannt hat[85], nicht zuverlässig: abstrakte Antworten taugen wenig; Sachkunde und Unabhängigkeit des Befragten bleiben im Dunkeln.

Ein anderer Weg ist die Anfrage beim eigenen *Justizministerium*. Ihn, wenn auch nicht ihn allein beschreiten die *Schweiz*[86], *Österreich*[87], *Ungarn*[88], *Polen*[89], die *UdSSR*[90], *Spanien* (vielleicht)[91] und *Portugal*[92]. Zu einem geringen Teil steht dieser Weg auch in *Deutschland* offen[93]. Hier hängt alles ab vom *Umfang* der Auskunft. Ist sie wie in Österreich und vielleicht in der UdSSR auf Mitteilung ausländischer Gesetzesvorschriften beschränkt, dann reicht sie nur selten aus, etwa bei gesetzlicher Erbfolge.

Ein benachbarter Weg ist der über das *eigene Auswärtige Amt* (so für die *UdSSR*[94], für *Schweden* in einfachen Sachen des Familien- und Erbrechts, z. B. wenn es nur um *Gesetzestexte* geht [sonst Verweisung

---

[81] Vorige Note.

[82] *Samtleben* 52.

[83] *Samtleben* oben 59.

[84] *Samtleben* oben 60.

[85] *Zajtay* oben 19 a. E.

[86] Vgl. *Kegel* (oben N. 1) 464 zu Fn. 44.

[87] Vgl. § 271 II ZPO; nach h. M. darf das Justizministerium nur Gesetzestexte mitteilen (*Schwimann* oben 86). Nach mündlicher Mitteilung von Herrn *von Schwind* unterrichtet sich das Justizministerium über das Auswärtige Amt bei den Vertrauensanwälten der österreichischen Botschaften im Ausland. Vgl. unten 187.

[88] Vgl. *Kegel* (oben N. 1) 464 zu Fn. 46.

[89] Ebenda.

[90] Vgl. *Kegel* (oben N. 1) 464 zu Fn. 47. *Lunz* (oben 144 f.) erwähnt diesen Weg nicht, zum mindesten nicht ausdrücklich. Er verweist aber auf die Rechtshilfeverträge der UdSSR mit anderen Ostblockstaaten, nach denen z. B. die Juristische Kommission beim Ministerrat der UdSSR und ausländische Justizministerien, Generalprokuratoren oder ähnliche Stellen einander „Unterlagen" über das eigene Recht zur Verfügung stellen.

[91] Die Rechtslehre verweist auf Auskünfte einer auslandsrechtlichen Kommission des Justizministeriums (*Samtleben* oben 52).

[92] Das Gesetz gestattet dem Richter, beim Justizministerium anzufragen (*Samtleben* oben 61 a. E.).

[93] *Kegel* (oben N. 1) 464; *Müller* oben 69 a. E. f.

[94] *Lunz* oben 144.

auf Vertrauensanwälte der schwedischen Botschaften im Ausland] [95]), über die *eigenen diplomatischen Vertretungen* oder *Konsulate im Ausland* (so für *Skandinavien* [96]) oder über *ausländische* diplomatische Vertretungen oder Konsulate *im Inland* (so oft in *Deutschland*). Auch *Ekuador*, der *Código Bustamante* und *Peru* wählen den diplomatischen Weg [97]. Er liefert indessen nur Zufallstreffer [98].

Die *deutschen* Gerichte, aber auch Anwälte und Notare holen sich die Auskünfte beim *Max-Planck-Institut* für ausländisches und internationales Privatrecht in Hamburg und bei einigen *Universitätsinstituten* (Berlin, Heidelberg, Kiel, Köln, München). Die Gerichte übersenden in der Regel ihre Akten. Auch Anwälte und Notare fragen konkret oder werden von den Instituten zu konkreter Fragestellung veranlaßt: der Fall wird begutachtet, nicht eine abstrakte Rechtsfrage. Soweit ich unparteiisch zu urteilen vermag, halte ich dieses Verfahren für das beste; denn es ist gründlich, beruht auf viel Erfahrung, ist schnell und billig. Es geht zurück auf *Ernst Rabel* und hat in gewisser Weise die Spruchpraxis der Fakultäten in früheren Jahrhunderten wieder aufgenommen. Freilich ist es erkauft mit großen Opfern an Zeit und Kraft und öffentlichen Mitteln, und es vermindert die Forschungsleistung der Institute [99].

In *Brasilien* will der Entwurf von 1964 Institutsauskünfte über ausländisches Recht einführen [100].

Vor einigen Jahren hat die *italienische* Landesgruppe der *A.A.A.* [101] eine *„Europäische Konvention über den Beweis ausländischen Rechts"* entworfen, über die *Vitta* zustimmend berichtet hat [102]. Sie ist dem Europarat vorgelegt worden. Danach sollen die Mitglieder des Europarats einen „Europäischen Rechtsdienst" einrichten mit nationalen Abteilungen bei den eigenen Justizministerien. Diese Abteilungen geben den Richtern ihres Landes Auskunft über das Recht anderer Mitgliedstaaten und sollen sich gegebenenfalls an deren nationale Abteilungen wenden. Die Auskünfte sollen sich grundsätzlich auf ausländische Gesetzestexte beschränken und nur ausnahmsweise die Rechtsprechung

---

[95] *Lando* oben 133.

[96] *Lando* oben 133; für *Österreich* vgl. oben N. 87.

[97] *Samtleben* oben 59, 60, 61. [98] *Müller* oben 69 a. E.

[99] Dazu *Müller* (oben 70 f.) mit Hinweis auf die Notwendigkeit, die Richter international- und auslandsprivatrechtlich besser auszubilden, und auf Ansätze, international- und auslandsprivatrechtliche Fälle bei bestimmten Richtern zusammenzufassen.

[100] *Samtleben* oben 64. Der portugiesische Entwurf ist insoweit nicht Gesetz geworden (*Samtleben* 64 f.).

[101] Association des Auditeurs et Anciens Auditeurs de l'Académie de Droit International de La Haye.

[102] Dir. Int. 1963, 408 f.

und nur die höchstrichterliche einbeziehen. Da dieser Weg besteht, sollen sich die Richter eines Mitgliedstaates nicht auf Unkenntnis des Rechts anderer Mitgliedstaaten berufen dürfen.

Ein solches Übereinkommen wird gegenwärtig im *Europarat* beraten. Sollte das künftige Übereinkommen dem italienischen Vorschlag folgen, so bestünden allerdings *erhebliche Bedenken*[103].

Einmal ist es grundsätzlich besser, wenn ein Inländer einem inländischen Richter das ausländische Recht mitteilt, als wenn dies ein Ausländer tut. Der Inländer weiß besser, was der inländische Richter braucht. Die Auskunft soll nun zwar die Abteilung beim inländischen Justizministerium geben. Aber diese soll wieder bei der Abteilung des ausländischen Justizministeriums nachfragen. Sodann ist die Beschränkung auf Gesetzestexte und allenfalls die höchstrichterliche Rechtsprechung zu dürftig. Das geplante Übereinkommen des Europarats will sie anscheinend auch fallen lassen. Schließlich, wie soll die Frage aussehen? Sie müßte so konkret wie möglich sein. Also müßten die Akten versandt werden. Zwar kann sie der Richter dem eigenen Justizministerium schicken. Aber die Aktenversendung ins Ausland würde wenig nützen. Auch kann man kaum einem inländischen, sicher aber keinem ausländischen Justizministerium die Erstattung eines vollständigen Gutachtens ansinnen. So würde es praktisch wieder bei einer abstrakten Rechtsauskunft bleiben.

Internationale Zusammenarbeit ist schön und gut. Aber die eigentliche Arbeit für inländische Gerichte muß im Inland geleistet werden. Daher erscheint es besser, die inländischen Einrichtungen so gut auszubauen wie möglich.

3. *Beweistiefe: was wird im ausländischen Recht ermittelt?*

Mit der Frage, wie weit die Ermittlung ausländischen Rechts vorangetrieben wird, wollen wir uns hier nicht abgeben. Denn man ist einig: der *wirkliche Inhalt* des ausländischen Rechts soll festgestellt werden[104].

Daher sind alle *Rechtsquellen* auszuschöpfen: Gesetze, Gewohnheit und im englisch-amerikanischen Recht zum Teil auch die Rechtsprechung. Ferner sind alle *Rechtsanzeichen* auszuschöpfen: die Regeln über die Auslegung von Gesetzen und überhaupt die juristischen Schlußweisen wie Formalismus (argumentum e contrario) oder Elastizität (argumentum per analogiam), ferner die Rechtsprechung, soweit sie nicht schon Rechtsquelle ist, und das Schrifttum. Fragen für sich

---

[103] *Kegel* (oben N. 1) 467–470.

[104] *Rabel* (oben N. 11) 484 f. mit Nachweisen für eine Reihe von Ländern; *Müller* oben 68 f. für *Deutschland*; *Schwimann* oben 84 f. für *Österreich*; *Lunz* oben 142 f. für die *UdSSR*; *Samtleben* oben 51 a. E. für *Spanien*.

bilden die Nachprüfung der Verfassungsmäßigkeit ausländischer Gesetze (geboten, soweit im ausländischen Staate selbst nachprüfbar[105]) und der Völkerrechtsmäßigkeit ausländischer Rechtssätze (im Privatrecht grundsätzlich gleichgültig).

Eins ist klar: soweit die Beweismittel[106], z. B. Justizministerien oder Auswärtige Ämter, bloß Gesetzestexte liefern, wird das Ziel offenbar nicht erreicht, und wenn Gesetzestexte in den USA vielfach als „best evidence" gelten[107], muß dies im Hinblick auf die Common Law-Tradition leicht verwundern.

IV. Hilfslösungen

Oft ist es nicht möglich, ein *Anknüpfungsmoment* zu ermitteln, das nach dem inländischen IPR erheblich ist. Oder es ist nicht möglich, den *Inhalt ausländischen Rechts* in der vorgeschriebenen Beweistiefe zu ermitteln. In beiden Fällen kann man sich mit *Näherungswerten* begnügen. Helfen auch sie nicht, dann muß entweder die *objektive Beweislast* entscheiden oder die *lex fori* angewandt werden.

1. Teilermittlung: Näherungswerte

Die *Beweislast* beruht hauptsächlich auf *Wahrscheinlichkeit*, gleich ob man nur die „volle richterliche Überzeugung" oder schon eine überwiegende Wahrscheinlichkeit (*„balance of probabilities"*) ausreichen läßt: wer im Verhandlungsverfahren eine ihm günstige Tatsache behauptet, die weniger wahrscheinlich ist als ihr Gegenteil, muß sie beweisen. Daß zum Teil auch andere Umstände die Beweislast beeinflussen (der Leichtigkeitsbeweis, der dem aufgebürdet wird, der näher am Beweis ist, und der Strafbeweis, der den trifft, der Beweismittel beseitigt oder vorenthält), lassen wir hier beiseite[108].

Ist *größte* Wahrscheinlichkeit nicht zu erreichen, dann kann man sich mit *geringerer* Wahrscheinlichkeit begnügen. Man kann in diesen Fällen von *„Teil"-Erweislichkeit* sprechen. Wir untersuchen zunächst die Teilerweislichkeit von *Anknüpfungsmomenten* des inländischen IPR, dann die Teilerweislichkeit *ausländischen Rechts*.

a) Teilerweislichkeit von Anknüpfungsmomenten des inländischen IPR

Bisweilen läßt sich nicht sicher feststellen, *ob* ein Anknüpfungsmoment verwirklicht ist (z. B. ob jemand einem Staate angehört oder staatenlos ist) oder zu *welchem Staate* es verwirklicht ist (z. B. ob jemand Jugoslawe oder Ungar ist).

---

105 Vgl. *Schwimann* oben 85; skeptisch *Rabel* (oben N. 11) 485.

106 Oben 168–173. 107 Oben 170. 108 Vgl. schon oben 159.

In solchen Fällen muß die *wahrscheinlichste* Anknüpfung genügen: ist jemand wahrscheinlicher staatenlos als Angehöriger eines Staates, so ist er als staatenlos zu behandeln. Hält sich ein Staatenloser wahrscheinlicher in Argentinien auf als in Brasilien, so ist argentinisches Recht anzuwenden.

Bei gleicher Wahrscheinlichkeit sollte die *engere Beziehung* den Ausschlag geben: ist nicht sicher, ob jemand Jugoslawe oder Ungar ist, lebt er aber in Jugoslawien, dann gilt jugoslawisches Recht.

Beim Fehlen einer engeren Beziehung kann man unterscheiden:

a) besteht *eine der Beziehungen zum Inland,* dann sollte die *lex fori* entscheiden: ist zweifelhaft, ob jemand Niederländer oder Deutscher ist, und hat er immer in Belgien gelebt, dann sollte deutsches Recht angewandt werden;

b) besteht *keine der Beziehungen zum Inland,* dann sollte man die *nächst schwächere Anknüpfung* wählen: ist zweifelhaft, ob jemand Niederländer oder Belgier ist, lebt er aber ständig in Paris, dann sollte man an seinen gewöhnlichen Aufenthalt (wie bei Staatenlosen) anknüpfen und französisches Recht anwenden.

Man erhält also eine *„Leiter"* mit folgenden Sprossen:

a) *sichere* Anknüpfung;
b) *wahrscheinlichste* Anknüpfung;
c) *engere* Beziehung;
d) *Inlands*beziehung;
e) *nächst schwächere* Anknüpfung.

Das alles ist freilich wenig erprobt. Unsere Länderberichte schweigen über diese Frage[108a]. Auch das deutsche Recht gibt wenig her. Die *deutsche Rechtsprechung* neigt zum Sprung auf die letzte Sprosse[108b]: ist die Staatsangehörigkeit ungeklärt, dann wird meist Staatenlosigkeit angenommen, ist der Aufenthalt unbekannt, dann wird meist der letzte bekannte Aufenthalt gewählt. Das dürfte aber zu grob sein[109].

b) Teilerweislichkeit ausländischen Rechts

Kann man den Inhalt ausländischen Rechts nicht sicher ermitteln, dann muß ebenfalls die *größere Wahrscheinlichkeit* entscheiden. Das ist selbst im inländischen Recht so. Der Richter muß z. B. entscheiden auf die Gefahr hin, daß bereits ein höchstrichterliches Urteil entgegen-

---

[108a] Mit (nachträglicher) Ausnahme von *Schwimann* oben 87 zu Fn. 15 für ausländische Staatsangehörigkeit.

[108b] Ebenso h. M. in *Österreich*: *Schwimann* ebenda.

[109] Näher *Kegel* (oben N. 14) 182; vgl. *Müller* oben 71 a. E. f.

gesetzten Inhalts ergangen ist, das aber noch nicht publiziert ist oder dessen Publikation ihn noch nicht erreicht hat.

Daß bei Ermittlung ausländischen Rechts die größte Wahrscheinlichkeit zu suchen ist, aber auch hinreicht, wird oft angenommen[110]. Insbesondere bei Staaten in anderen Erdteilen ist man schon aus Gründen des Postwegs nicht sicher, daß man die neuesten Rechtsquellen und Rechtsanzeichen in der Hand hält. Oft muß man mit Gesetzestexten zufrieden sein; wir sahen schon, daß Ministeriumsauskünfte zum Teil nur Gesetzestexte enthalten[111]. Oft muß man auf *Mutter- und Schwesterrechte* zurückgreifen[112]. Doch auch das gibt es im inländischen Recht; z. B. kann man schwierige Fälle des deutschen Erbunwürdigkeitsrechts nur lösen, wenn man geschichtlich und vergleichend ans Werk geht. Äußerstenfalls muß man auf *allgemeine Rechtsgrundsätze* zurückfallen[113] wie den Satz *pacta sunt servanda*[114]. Eine Leiter allerdings (wie bei den Anknüpfungsmomenten[115]) kann man nicht oder noch nicht aufstellen.

Weniger beeindruckt die häufige *Vermutung*, daß nicht zu ermittelndes ausländisches Recht *mit dem inländischen übereinstimme*[116]. Hier sollte man ehrlicherweise zugeben, daß das ausländische Recht nicht erweislich ist, und ersatzweise die lex fori anwenden.

Freilich muß man sehen: von der *Teil*erweislichkeit ausländischen Rechts zur *Nicht*erweislichkeit führt nicht ein Sprung, sondern der Übergang fließt.

[110] So *Cappelletti* oben 45–48, der dies eine „rechtsvergleichende Lösung" nennt. So für *Deutschland Müller* oben 72 f. So ebenfalls die *englischen* Gerichte (*Schmitthoff* oben 93: „balance of probabilities"). Anders einige *dänische* Entscheidungen (*Lando* oben 134 zu Fn. 13, der selbst der hier vertretenen Meinung ist).

[111] Oben 171.

[112] *Rabel* (oben N. 11) 494 f.; *Müller* oben 72 a. E. f.; *Zajtay* oben 20, aber mit Hinweis, daß die französischen Gerichte nur selten so entscheiden.

[113] *Rabel* (oben N. 11) 496 f., 498 f. mit Nachweisen; *Hay* oben 103; *Zajtay* oben 20, aber mit Hinweis, daß die französischen Gerichte nur selten so entscheiden; *Cappelletti* oben 47 zu Fn. 61; einige Urteile in Skandinavien: *Lando* oben 135 zu Fn. 17.

[114] *Müller* oben 73. *Lando* (oben 138) erwähnt den Kaufpreisanspruch, der ruritanischem Recht unterliegt.

[115] Oben 175.

[116] Für *England* und *USA Rabel* (oben N. 11) 493 a. E. f. mit Nachweisen; für England auch *Schmitthoff* oben 92; für USA auch *Hay* oben 103 f., 110, 113 ff. (der allerdings zahlreiche Ausnahmen zeigt, z. B. gegenüber dem Sowjetrecht *In re Demezuck's Estate,* 8 D. & C. 2d 462 [1965] [mir nicht zugänglich]). Für *Frankreich Zajtay* oben 20, aber mit Hinweis, daß die französischen Gerichte selten mit dieser Vermutung arbeiten (sie wenden vielmehr unmittelbar die lex fori an, unten 182). Für *Skandinavien* Entscheidungen bei *Lando* oben 135 zu Fn. 15. In *Italien* hat sich der Kassationshof gegen die Vermutung ausgesprochen: *Cappelletti* oben 38.

Das kann man schon bei der Teilerweislichkeit von *Anknüpfungsmomenten* (oben a) beobachten. Zwar die Stufen „sichere Anknüpfung" und „wahrscheinlichste Anknüpfung" liegen noch ganz in der Beweisebene. Aber die Stufen „engere Beziehung" und „Inlandsbeziehung" enthalten schon ein Element des Rechts, indem hier eine internationalprivatrechtliche Entscheidung getroffen wird. Vollends bedeutet der Übergang zur „nächst schwächeren Anknüpfung" einen Wechsel der Kollisionsnorm.

So ist es auch bei der Teilerweislichkeit *ausländischen Rechts*: die Beschränkung auf ausländische Gesetzestexte, regelmäßig auch die Heranziehung von Mutter- und Schwesterrechten und am stärksten der Rückzug auf allgemeine Rechtsgrundsätze bilden Übergänge von der Teilerweislichkeit ausländischen Rechts zur Nichterweislichkeit und damit zu einer internationalprivatrechtlichen Entscheidung[117].

Man sollte einräumen, daß selbst bei *voller Erweislichkeit* ausländischen Rechts oft, wenn nicht gar immer, eine mehr oder minder große *Steuerung durch die lex fori* nötig ist. Das ausländische Recht muß ja im Rahmen der inländischen Rechtsordnung angewandt werden: es muß oft mit einem Tropfen lex fori-Öl gesalbt werden, wenn es in der Maschine des eigenen Rechts reibungslos laufen soll.

So muß man an das eigene IPR *anbauen,* wenn jemand einem Staate angehört, dessen Recht räumlich gespalten ist und kein einheitliches interlokales Recht aufweist (wie das Vereinigte Königreich, die USA, Kanada und andere Länder). Ähnlich wird man, wenn ein im Inland bestellter *executor oder administrator* nach englischem oder amerikanischem Recht vorgehen soll, nicht alle Einzelheiten des ausländischen Rechts (Überwachung, Rechnungslegung u. a.) haargenau durchführen können (die Durchführung von Vormundschaft und Pflegschaft unterliegt im deutschen IPR sogar ganz dem Recht des Entstehungsstaates).

Sind Eltern und Kinder von Frankreich nach Deutschland gezogen, beantragt hier ein Elternteil, das *Sorgerecht* anders zu verteilen als vordem ein französisches Gericht, und stützt er sich auf sittliche Verfehlungen des anderen Elternteils gegen die Kinder, die er dem französischen Gericht verschwiegen hat, dann fragt sich, ob er die Verfehlungen jetzt noch vorbringen kann. Das französische Recht läßt wie § 1696 BGB nur „neue" Tatsachen zu, sagt aber nicht, ob dazu alte, nicht vorgebrachte gehören. Das deutsche Recht bejaht die Frage. Sie ist auch in diesem Falle zu bejahen, und es kann auf sich beruhen, was

[117] Vgl. *Cappelletti* oben 46: „teilweise schöpferische Lösung" (für den Fall der nicht vollständigen Erweislichkeit der Beantwortung einer Frage im ausländischen Recht); *Müller* oben 69: „Fortbildung des ausländischen Rechts im Wege der richterlichen Rechtsschöpfung" (für den Fall, daß eine Frage im ausländischen Recht noch nicht beantwortet ist).

man hier eigentlich tut: ob man das französische Recht im selben Sinne auslegt wie das deutsche[118] oder ob man insoweit deutsches Recht anwendet.

Man darf *nicht zu ängstlich* sein: sicher ist es falsch, im IPR die lex fori vorzuziehen. Aber es ist richtig, bei der Einpassung erweislichen fremden Rechts in die eigene Rechtsordnung und auch bei nur teilweiser Erweislichkeit fremden Rechts eigene Entscheidungen zu treffen. Bei *Nicht*erweislichkeit ausländischen Rechts und bei Nichterweislichkeit von Anknüpfungsmomenten des inländischen IPR ist dies sogar unvermeidlich.

2. *Nichtermittlung: Objektive Beweislast und lex fori*

a) Verhältnis von objektiver Beweislast und lex fori

Wenn Tatsachen nicht erweislich sind, greift die objektive Beweislast ein, und zwar nicht nur im Verfahren mit Verhandlungsgrundsatz, sondern auch im Verfahren mit Untersuchungsgrundsatz. Nur die subjektive Beweislast (Beweisführungslast) ist in beiden Fällen verschieden. Wenn ein *Anknüpfungsmoment* des inländischen IPR oder der *Inhalt ausländischen Rechts* nicht erweislich ist, haben wir *zwei Möglichkeiten,* die Beweislast zu regeln. Denn die Normen des inländischen IPR sind den in- und ausländischen Sachnormen vorgeschaltet.

Daß die Normen des inländischen IPR beim Renvoi ausländischen IPR-Normen vorgeschaltet sind, ist hier wie auch sonst für unser Thema nicht wichtig.

Die *eine* Möglichkeit ist: man nimmt das inländische IPR zusammen mit dem in- oder ausländischen materiellen Recht, das mangels erweislichen Anknüpfungsmoments, oder mit dem ausländischen Recht, dessen Inhalt nicht erweislich ist, und wendet die *gewöhnlichen Beweislastregeln* an (der Kläger trägt die Beweislast für Anspruchsgrundlagen, der Beklagte für Einwendungen und Einreden, der Kläger wieder für Repliken usw.). Man könnte hier von einem *„steifen Gelenk"* sprechen.

Die *andere* Möglichkeit ist: man trennt das IPR vom anwendbaren materiellen Recht. Das kann man tun, wenn man die Anwendbarkeit inländischen materiellen Rechts als die Regel, die Anwendbarkeit ausländischen materiellen Rechts als die Ausnahme betrachtet. Da die Beweislastverteilung in der Hauptsache auf größerer oder geringerer Wahrscheinlichkeit beruht[119], gelangt man zur Anwendung der *lex fori,* wenn eine Anknüpfung an das Ausland oder der Inhalt des maß-

---

[118] Vgl. die in der vorigen Note angegebene Äußerung von *Müller.*

[119] Oben 159, 174.

gebenden ausländischen Rechts nicht zu erweisen ist. Man könnte hier von einem „*beweglichen Gelenk*" sprechen.

b) Nichterweislichkeit ausländischen Rechts

Wir beginnen mit diesem Fall. Denn die Nichterweislichkeit von *Anknüpfungsmomenten* des inländischen IPR wird fast nie erörtert. Auch unsere Länderberichte erwähnen sie so wenig wie die Teilerweislichkeit von Anknüpfungsmomenten [120].

aa) Deutsches IPR

Für Deutschland habe ich erwogen, zwischen Verfahren mit Verhandlungs- und Untersuchungsgrundsatz zu scheiden. Im Verfahren mit Verhandlungsgrundsatz sei es vielleicht richtig, zu Lasten der Partei zu erkennen, zu deren Gunsten nur auf Grund eines nicht auffindbaren Rechtssatzes der maßgebenden ausländischen Rechtsordnung erkannt werden könnte (steifes Gelenk). Im Verfahren mit Untersuchungsgrundsatz werde man dagegen auf die lex fori zurückgreifen müssen (bewegliches Gelenk) [121].

Gegen die Entscheidung zu Lasten der Partei, zu deren Gunsten nur auf Grund eines unerweislichen ausländischen Rechtssatzes erkannt werden könnte, hat *Cappelletti* eingewandt, sie sei ungerecht [122]: „facit de albo nigrum et de quadrato rotundum", wie die doctores gesagt hätten [123]. Allerdings könne auch die Anwendung der lex fori zu ungerechten Ergebnissen führen, aber nicht zu grob ungerechten, falls es wahr sei, daß die modernen Rechte annähernd gleich gerecht seien [124].

Indessen würde der Unterschied zwischen Entscheidung zu Lasten der interessierten Partei und Anwendung der lex fori geringer, wenn man den *ordre public* zu Hilfe nähme: grob ungerechtes ausländisches Recht würde nicht angewandt; also brauchte auch zu Lasten der interessierten Partei nicht grob ungerecht entschieden zu werden, wenn der Inhalt des ausländischen Rechts dunkel bleibt.

Immerhin behielte man eine graue Zone. Denn bei Anwendung der lex fori würde voll gerecht geurteilt. Bei Entscheidung zu Lasten der interessierten Partei würden zwar grob ungerechte Ergebnisse vermieden; leichte Ungerechtigkeit aber würde in Kauf genommen, falls

---

[120] Oben 175.

[121] *Kegel* (oben N. 14) 182 a. E. f. und *Soergel-Kegel* (oben N. 13) Vorbem. 115 a. E. zu Fn. 86, 87 vor Art. 7 EGBGB, S. 541. Dazu auch *Müller* oben 73. Nachweise von Autoren, die zu Lasten der Partei entscheiden wollen, zu deren Gunsten ein nicht ermittelter Rechtssatz sprechen würde (steifes Gelenk), bei *Rabel* (oben N. 11) 492 f., 498 und bei *Cappelletti* oben 41 Fn. 38 und zur Wahl der lex fori in vielen Ländern (bewegliches Gelenk) bei *Rabel* ebenda 495 Fn. 97–99 (siehe auch 499 a. E. f.).

[122] Oben 42 mit Nachweisen in Fn. 43.

[123] Oben 43. [124] Oben 43.

das – unbekannt gebliebene – ausländische Recht tatsächlich zugunsten der interessierten Partei entscheidet.

Wenn trotzdem zu ihren Lasten erkannt werden soll, dann muß man zeigen, daß bei Wahl der lex fori noch größere Ungerechtigkeit droht. Dies scheint auf den ersten Blick der Fall zu sein.

Obgleich nämlich der materielle Inhalt der lex fori als voll gerecht angenommen werden darf, kann aus dem *Verfahren* erhebliche Ungerechtigkeit erwachsen. Denn die interessierte Partei wird sich um die Aufklärung des maßgebenden ausländischen Rechts drücken, wenn sie weiß oder fürchten muß, daß es ihr ungünstig ist, während die lex fori ihr hilft. Sie krümmt dann einfach keinen Finger, um das ausländische Recht zu ermitteln. Erlaubt z. B. die lex causae nur Minderung, die lex fori nur Wandlung und will die Partei wandeln, so rührt sie sich nicht und hofft, daß die lex fori angewandt wird, weil der Richter den Inhalt der lex causae nicht findet. Würde dagegen bei Unerweislichkeit der lex causae zu Lasten der interessierten Partei entschieden, so käme in casu das richtige Ergebnis heraus.

Zwar muß der Richter den Inhalt der lex causae von Amts wegen ermitteln, und auch die Gegenpartei mag sich rühren, wenn sie Unrat wittert. Aber der interessierten Partei bleibt doch ein erklecklicher Raum zum Mogeln. Er bleibt ihr freilich auch im Verfahren mit Untersuchungsgrundsatz. Sie kann z. B. in einer Ehe- oder Vormundschaftssache den ihr bekannten ungünstigen Inhalt des ausländischen Rechts verschweigen, um eine Entscheidung nach der ihr günstigen lex fori zu erhalten. Auch ist die Rolle des Richters bei Ermittlung des Inhalts des ausländischen Rechts in beiden Verfahrensarten (Verhandlungs- wie Untersuchungsgrundsatz) dieselbe: Pflicht zur Ermittlung von Amts wegen und Recht auf Hilfe der interessierten Partei.

Dennoch liegt ein Unterschied im *Interesse der Öffentlichkeit*: sie ist im Verfahren mit Untersuchungsgrundsatz am richtigen Ergebnis stärker interessiert als im Verfahren mit Verhandlungsgrundsatz[125]. Deshalb wird ja untersucht und nicht bloß verhandelt. Deswegen aber auch wäre es leichter zu tragen, wenn im Verfahren mit Verhandlungsgrundsatz die interessierte Partei an der Nichterweislichkeit ausländischen Rechts ebenso scheitern würde, wie sie an der Nichterweislichkeit von Tatsachen scheitert. Und man könnte sie scheitern lassen, damit sie nicht mogelt.

---

[125] Vgl. im englischen Recht die Frage, ob für den Beweis von Scheidungsgründen, insbesondere Ehebruch, die Anforderungen des Strafprozesses („beyond reasonable doubt") oder des Zivilprozesses („balance of probabilities") gelten sollen; dazu *Schmitthoff* oben 89. Freilich sind beide Verfahren in England Verfahren mit Verhandlungsgrundsatz, während in Deutschland Ehesachen und Strafprozesse Verfahren mit Untersuchungsgrundsatz sind.

Gemogelt werden aber kann auch sonst, z. B. wenn gelogen wird: es wird Falsches behauptet, Wahres bestritten. Hier genügt es einzuschreiten, wenn die Unaufrichtigkeit entdeckt ist. Ergibt sich etwa, daß die interessierte Partei sich nicht anstrengt, das ausländische Recht zu ermitteln, so kann man die Beweislast umkehren (Strafbeweis)[126] oder einen Anscheinsbeweis[127] annehmen: man erkennt zugunsten der Gegenpartei, außer wenn die interessierte Partei sich kräftig rührt.

Doch es ginge zu weit, um dem Bösen das Handwerk zu legen, auch den Guten, aber Schwachen (der das ausländische Recht trotz aller Anstrengung nicht findet) zu treffen und zu seinen Ungunsten zu urteilen. *Darum muß auch im Verfahren mit Verhandlungsgrundsatz notfalls nach der lex fori erkannt werden.*

Übrigens tritt dieser Notfall in Deutschland *ganz selten* ein. Denn meist gelingt es dem Richter durch eigene Arbeit oder durch Kundige, das ausländische Recht mindestens teilweise zu ermitteln.

Häufiger ergibt sich Unerweislichkeit ausländischen Rechts bei den eilbedürftigen *einstweiligen Maßregeln.* Hier aber wird eine Entscheidung zu Lasten der interessierten Partei nicht erwogen, sondern nur entweder die Anwendung der lex fori schlechthin oder – meist und m. E. richtig – nur dann, wenn keine Zeit bleibt, das ausländische Recht zu ermitteln[128]. Allerdings handelt es sich fast immer um Verfahren mit Untersuchungsgrundsatz (Ausnahme: Arrest und einstweilige Verfügung).

Wer im Verfahren mit Verhandlungsgrundsatz bei Nichterweislichkeit ausländischen Rechts zu Lasten der interessierten Partei entscheiden will, muß auch bedenken, daß der Übergang von der Teilerweislichkeit ausländischen Rechts zur Nichterweislichkeit fließt und entsprechend der Einfluß der lex fori wächst[129]. Gemogelt werden kann aber auch schon bei Teilerweislichkeit; die interessierte Partei unterdrückt z. B. neueste Rechtsprechung oder läßt den Inhalt des maßgebenden ausländischen Rechts im dunkeln, um auf das ihr günstige Mutterrecht dieses Rechts zu kommen. Auch bei Teilerweislichkeit müßte daher wie bei Nichterweislichkeit im Verfahren mit Verhandlungsgrundsatz, streng genommen, stets zu Lasten der interessierten Partei erkannt werden.

Schließlich zeigt die Entscheidung zu Lasten der interessierten Partei noch einen anderen Pferdefuß. In zweifelhaften Fällen muß nämlich bestimmt werden, welche Partei die interessierte ist, d. h. die (objektive) Beweislast für den Inhalt des ausländischen Rechts trägt. Zweifelhaft kann z. B. sein, ob bei einem Anspruch aus positiver Forderungsverletzung der Gläubiger das Verschulden des Schuldners oder der Schuldner seine Schuldlosigkeit beweisen muß.

---

[126] Vgl. oben 159, 174, 178 a. E. [127] Dazu *Cappelletti* oben 35 Fn. 18.

[128] *Soergel-Kegel* (oben N. 13) Art. 14 EGBGB Bem. 23, 24, S. 758 f., Art. 19 EGBGB Bem. 27, S. 840 f.; *Müller* oben 71; OLG Hamm, FamRZ 1966, 89 für einstweilige Maßregeln nach §§ 1666, 1667 BGB.

[129] Oben 176 a. E.

Die Beweislast unterliegt grundsätzlich nicht der lex fori, sondern der lex causae[130]. Es können daher schon die Beweislastnormen unerweislich sein. Dann aber kann nicht zugunsten der „interessierten" Partei erkannt werden. Denn beide Parteien sind entgegengesetzt interessiert: was dem einen sin Uhl, ist dem anderen sin Nachtigall. Z. B. liegt bei positiver Forderungsverletzung dem Gläubiger daran, daß der Schuldner sich entlastet, und dem Schuldner daran, daß ihm der Gläubiger Verschulden nachweist.
Es muß daher auf die *Beweislastverteilung der lex fori* zurückgegriffen werden (bewegliches Gelenk). Erst danach wüßte man, welche Partei die interessierte ist, und könnte zu ihren Lasten erkennen, wenn die in der Sache entscheidende ausländische Norm nicht zu ermitteln ist (steifes Gelenk) – man könnte es, aber wir wollen es nicht mehr.

bb) Ausländisches IPR

In *Österreich* fehlt Rechtsprechung. Die Lehre entscheidet sich für das *bewegliche Gelenk* und wendet die *lex fori* an[131]. Ebenso entscheiden die Lehre in der *UdSSR*[132], die Gerichte in *Frankreich* kraft der „vocation subsidiaire" des inländischen Rechts[133], in *Italien* (während die Lehre meist Klageabweisung wählt)[134], in *Spanien* (während die Lehre auseinandergeht)[135] und der *portugiesische* Entwurf von 1964[136].

In *England* folgt aus der Vermutung, das ausländische Recht gleiche dem inländischen: wer Abweichungen zu seinen Gunsten behauptet, muß sie beweisen. Allerdings befindet über den Beweis der Richter, nicht die Jury. Mißlingt der Beweis, dann wird das englische Recht angewandt, und zwar selbst dann, wenn der Richter weiß, daß die interessierte Partei mit ihrer Behauptung über den Inhalt des ausländischen Rechts recht hat. Der Beweis des Inhalts des ausländischen Rechts muß daher in jedem Verfahren neu geführt werden[137].

Die *Amerikaner* vermuten sparsamer, daß ausländisches Recht mit dem Bundes- oder Einzelstaatsrecht der USA übereinstimme. Demgemäß wird dort auch öfter die Klage abgewiesen, wenn der beweisbelastete Kläger den Inhalt des maßgebenden ausländischen Rechts nicht nachweist[138].

In *Skandinavien* haben die Gerichte zum Teil die Klage abgewiesen[139]. Dies bestimmt für Ehesachen auch Kap. 7 § 4 des schwedischen

---

[130] *Kegel* (oben N. 14) 377 a. E. f.

[131] *Schwimann* oben 87. Bei Unerweislichkeit einer ausländischen Kollisionsnorm nimmt *Schwimann* ebd. an, daß sie weder zurück- noch weiterverweist, also mit der inländischen Kollisionsnorm übereinstimmt.

[132] *Lunz* oben 145.

[133] *Zajtay* oben 21.

[134] *Cappelletti* oben 36, 38, 41.

[135] *Samtleben* oben 52 f.

[136] *Samtleben* oben 64. Über die Regelung im C.c. vom 25. 11. 1966 vgl. ebenda 65.

[137] *Schmitthoff* oben 92 f.

[138] Vgl. die oben N. 116 angegebenen Stellen bei *Hay*.

[139] *Lando* oben 135 zu Fn. 16, 137 zu Fn. 23, 24.

Gesetzes über gewisse internationale Rechtsverhältnisse betreffend Ehe, Vormundschaft und Adoption vom 8. 7. 1904[140]. Doch scheinen die norwegischen und schwedischen Gerichte zur Anwendung der lex fori zu neigen[141]. In der Lehre hat man sich außer für Anwendbarkeit der lex fori[142] für Prozeßabweisung ausgesprochen, um die interessierte Partei anzutreiben, den Inhalt des ausländischen Rechts zu ermitteln. *Eek* sagt: „in dubiis abstine"[143]. Dies Verfahren erscheint aber höchst bedenklich[144].

Lando empfiehlt es, wenn der Kläger sich schuldhaft weigert, an der Ermittlung ausländischen Rechts, auf das er sich beruft, mitzuwirken[145]. Das könnte man erwägen, wenn man nicht die Beweislast umkehren oder zu Lasten des Klägers einen Anscheinsbeweis ansetzen will[146]. Aber was soll geschehen, wenn der Beklagte die interessierte Partei ist? Hier wird man schwerlich an einer Sachentscheidung vorbeikommen.

c) Nichterweislichkeit von Anknüpfungsmomenten des inländischen IPR

Die Frage wird selten gesehen[147]. Für *Deutschland* habe ich – wie bei Nichterweislichkeit ausländischen Rechts – vorgeschlagen, im Verfahren mit Verhandlungsgrundsatz zu Lasten der Partei zu erkennen, zu deren Gunsten nur auf Grund einer nicht auffindbaren maßgebenden Rechtsordnung erkannt werden könnte (steifes Gelenk), hingegen im Verfahren mit Untersuchungsgrundsatz auf das eigene materielle Recht zurückzugreifen (bewegliches Gelenk)[148].

Nach dem aber, was sich hier für den Fall der Nichterweislichkeit des Inhalts ausländischen Rechts ergeben hat[149], muß auch bei Nichterweislichkeit von Anknüpfungsmomenten stets nach der lex fori entschieden werden. Denn die Ungerechtigkeit, wenn man zu Lasten des rechtschaffenen Beweisfälligen entscheidet, ist größer, als wenn man den als solchen unerkannt gebliebenen bösen oder faulen Beweisfälligen mit der Anwendung der lex fori belohnt. Wird er erkannt, dann mögen Strafbeweis oder Anscheinsbeweis gegen ihn ausschlagen.

d) Kritik

Die Frage, wie man bei *Nichterweislichkeit* von *Anknüpfungsmomenten* oder *Inhalten ausländischen Rechts* verfahren soll, ist schwierig.

---

[140] *Lando* oben 135.
[141] *Lando* oben 136.
[142] Für sie grundsätzlich auch *Lando* oben 138.
[143] *Lando* oben 136.
[144] Vgl. *Cappelletti* oben 42 f.
[145] Oben 137 a. E.
[146] Vgl. oben 181.
[147] Oben 179.
[148] *Kegel* (oben N. 14) 182 und *Soergel-Kegel* (oben N. 13) Vorbem. 114 a. E. zu Fn. 79 vor Art. 7 EGBGB, S. 540.
[149] Oben 179–182.

Was bei Nichterweislichkeit von *Anknüpfungsmomenten* zu geschehen hat, wird kaum erwogen. Die Fälle sind anscheinend selten. Nichterweislichkeit des *Inhalts ausländischen Rechts* kommt öfter vor. Aber sie tritt desto mehr zurück, je weiter die Möglichkeiten zur Ermittlung ausländischen Rechts in den einzelnen Ländern vorangetrieben sind. Damit zeigt sich zum letztenmal der Stand der Ermittlung ausländischen Rechts als *„heimlicher König"* des IPR [150].

In Deutschland liegt es günstig. Gerichtsentscheidungen, in denen das ausländische Recht unerforschlich geblieben ist, findet man nur vereinzelt [151]. Auch in der Gutachtenpraxis der Universitätsinstitute kommt man selten ans Ende seines Lateins. Denn notfalls hilft mit unerschöpflichen Schätzen das Max-Planck-Institut, dessen 40jähriges Bestehen wir heute feiern.

---

150 Vgl. *Rabel* (oben N. 11) 491 a. E.

151 *Müller* oben 73 a. E.

DISKUSSION

Leitung: Prof. Dr. Konrad Zweigert

I

Zweigert stellte zunächst zur Diskussion, ob die Parteien die Anwendung von Kollisionsrecht und ausländischem Recht überhaupt beantragen oder anregen müßten oder ob nicht vielmehr der Richter stets von selbst, auch in Verfahren mit Verhandlungsmaxime, die Frage nach dem anwendbaren Recht stelle, wenn der Fall Auslandbeziehungen aufweise. Übereinstimmend hielten *Kegel* und *Zweigert* für Deutschland, *von Schwind* für Österreich, *Zajtay* für Frankreich, *Cappelletti* für Italien in Verfahren mit Verhandlungsmaxime ebenso wie in Verfahren mit Untersuchungsmaxime den Richter für verpflichtet, ausländisches Recht anzuwenden, wenn die entsprechenden Anknüpfungsmomente verwirklicht sind. Es gebe für den Richter keine fakultative Kollisionsnorm, auch dort nicht, wo die Materie dispositiven Regeln unterstehe. Trotzdem wurde es als zweckmäßig erachtet, daß die Parteien sich auf die Anwendbarkeit fremden Rechts ausdrücklich berufen, da in vielen Fällen – worauf *Neuhaus* und *Kegel* hinwiesen – der Richter internationalrechtliche Probleme nicht bemerke oder geflissentlich übersehe. Diese Neigung werde – wie *Neuhaus* und *Rheinstein* betonten – abnehmen, wenn dem Richter die Scheu vor dem IPR und dem Auslandsrecht genommen und seine Ausbildung in dieser Hinsicht verbessert werde.

Von Schwind äußerte ergänzend, in Österreich könnten die Parteien in Verfahren mit Verhandlungsmaxime durch Verschweigen, unrichtigen Sachvortrag und Außerstreitstellungen die vorhandenen Anknüpfungsmomente unterdrücken oder andere vortäuschen und so das anwendbare Recht manipulieren.

Schmitthoff stellte klar, daß in England der Richter von sich aus kaum die Frage nach dem anwendbaren Recht aufwerfe, obwohl er rechtlich nicht daran gehindert sei; jedoch hänge diese Frage dort vielfach (z. B in Ehesachen) eng mit der nach der gerichtlichen Kompetenz zusammen, die von Amts wegen geprüft werde. *Lando* bezeichnete es vom skandinavischen Standpunkt aus als realistisch, die Frage nach dem anwendbaren Recht – abgesehen von großen und bedeutenden Sachen, in denen sie sich lohne – zu unterdrücken, wobei er darauf verwies, daß dies im Bereich des Vertragsstatuts auch in Deutschland oft der Fall sei. *Liesecke* erklärte demgegenüber, daß die deutsche höchstrichterliche Rechtsprechung die Frage nach dem anwendbaren Recht im Bereich des Vertrags- und Deliktsstatuts keineswegs übersehe, aber in diesen Fällen eine stillschweigende Vereinbarung deutschen Rechts bereits dann annehme, wenn die Parteien etwa deutsche Bestimmungen in ihren Schriftsätzen zitieren oder die Anwendung deutschen Rechts durch die Instanzgerichte nicht rügen. Eine Aufklärungspflicht nach § 139 ZPO bestehe insofern nicht.

Zweigert resümierte, nicht der Unterschied zwischen Verhandlungsmaxime und Untersuchungsmaxime spiele hier eine Rolle, sondern die Frage, ob es sich um ein Gebiet handle, das der Parteiautonomie unterliege oder nicht. Im Bereich der Parteiautonomie bestünden gegen das von Liesecke geschilderte Verfahren keine Bedenken. Er brachte jedoch ebenso wie *Zajtay* und *Kegel* zum Ausdruck, man dürfe nicht bereits im bloßen Schweigen der Parteien eine stillschweigende Vereinbarung des Rechts des Forums sehen, zumal da die Parteien in den meisten Fällen gar nicht wüßten, daß vielleicht ausländisches Recht anzuwenden sei.

Landos These, daß in kleineren Sachen die Anwendung ausländischen Rechts vernachlässigt werden könne, stieß überwiegend auf Ablehnung. *Zweigert* hielt dieser Ansicht entgegen, das Recht sei als idealer Normenkomplex unteilbar und daher müsse der Richter auch in weniger wichtigen Fällen mit Auslandsberührung das IPR richtig anwenden. Eine Ausnahme sei in Deutschland allenfalls im Bereich der Bagatellsachen des § 510c ZPO zu machen, die nicht nur keinem Rechtsmittel unterlägen, sondern bei denen der Richter sein Verfahren nach freiem Ermessen bestimmen könne und seine Entscheidung bei Zustimmung der Parteien auch nicht zu begründen brauche. *Cappelletti* bezeichnete es für Länder, in denen die soziale Entwicklung nicht so günstig verlaufen ist wie in den skandinavischen Staaten, als sehr gefährlich, den Verdacht von zweierlei Recht für Reiche und Arme entstehen zu lassen. Einschränkend hießen *Lauterbach* und *Kegel* die Anwendung der lex fori in Eilfällen und bei vorläufigen Maßnahmen gut, sofern das maßgebliche ausländische Recht nicht rasch ermittelt werden könne.

II

Zweiter Gegenstand der Diskussion war die Ermittlung des ausländischen Rechts selbst. *Zweigert* stellte die Auffassung Kegels zur Diskussion, das deutsche Verfahren der Rechtsauskünfte von spezialisierten Instituten sei die relativ beste Methode, obwohl natürlich auch hier die Gefahr von Irrtümern keineswegs ausgeschlossen sei. *Zweigert* und *Neuhaus* berichteten zunächst über die Praxis der deutschen Gerichte, mit mehr oder weniger genauer Fragestellung und mit oder ohne Beifügung der Gerichtsakten Institutsgutachten einzuholen, und gaben einen Überblick über die Gutachtentätigkeit des Max-Planck-Instituts. Dabei merkte *Neuhaus* an, die Einholung solcher wissenschaftlicher Auskünfte, die praktisch den Prozeß entschieden, sei vom rechtsstaatlichen Standpunkt aus – ebenso wie die Einholung von amtlichen Auskünften oder von Privatgutachten – eine merkwürdige Sache; die rechtsstaatlichen Grundsätze würden besser gewahrt, wenn die Richter befähigt würden, ihre Prozesse selbst zu entscheiden. *Von Schwind* ergänzte den Länderbericht von Schwimann dahingehend, daß aus rechtsstaatlichen Gründen, um den Verdacht einer Beeinflussung der Justiz zu vermeiden, das österreichische Justizministerium dem anfragenden Gericht nur Gesetzestexte mitteile. Reiche das nicht aus, z. B. für das anglo-amerikanische Recht, so hole es oft über das Auswärtige Amt eine Auskunft des Vertrauensanwalts der österreichischen Botschaft in dem betreffenden Lande ein. Die Gefahr, daß diese Auskünfte unrichtig seien, sei groß.

Kegel bezeichnete das englische System, ausländische Sachverständige persönlich zu vernehmen, als der Gutachtenpraxis mindestens gleichwertig; jedoch könne er es wegen der Kostspieligkeit nicht als allgemeine Lösung empfehlen. *Schmitthoff* meinte dagegen, Verhör und Kreuzverhör im englischen Prozeß seien ein Gerichtsspiel, das im Endergebnis zu einer gewissen Verwirrung des Richters führen könne und es ihm überlasse, selbst an Hand des Materials eine Entscheidung zu treffen. Nach seiner persönlichen Auffassung sei dabei eine richtige Entscheidung des Richters mehr oder weniger Glückssache. – *Hay* kritisierte für Amerika sowohl die alte common-law-Regel, nach der fremdes Recht von einer Jury von Laien bewiesen werden müsse, als auch das judicial-notice-Verfahren, bei dem ebenfalls das ausländische Recht letztlich von den Parteien bewiesen werden müsse. Er bedauerte, daß der Beweis durch Sachverständige noch nicht in allen Einzelstaaten der USA zugelassen sei, sondern vielfach (z. B. in Pennsylvania) noch die best-evidence-Rule gelte, wonach etwa ein ausländisches Gesetz nur durch Vorlage des Textes bewiesen werden dürfe und nicht durch Sachverständige, die ihn zugleich erklärten. Die Unzuverlässigkeit der Feststellung ausländischen Rechts im amerikanischen System demonstrierte *Rheinstein* an einer von ihm angestellten Untersuchung von rund 40 Entscheidungen aus Case Books über Conflict of Laws. Dabei sei in 32 Entscheidungen das ausländische Recht unrichtig angewandt worden, bei vier Entscheidungen sei das Ergebnis äußerst zweifelhaft gewesen, während es sich bei den vier richtigen Entscheidungen offensichtlich um Zufallstreffer gehandelt habe.

Zur Rechtslage in Frankreich bemerkte *Zajtay*, der Gebrauch der „certificats de coutume", dieses traditionellen Beweismittels für ausländisches Recht, sei in der französischen Gerichtspraxis noch immer stark verbreitet, obwohl die Lehre deren Verläßlichkeit wiederholt in Frage gestellt habe. Allerdings sei der Richter nach der Rechtsprechung in der Beurteilung des Wertes dieser Zeugnisse vollkommen frei. Zur Lage in Italien erklärte *Cappelletti*, daß der italienische Richter bei der Ermittlung ausländischen Rechts in der Wahl der Mittel frei sei. Er könne selbst Untersuchungen anstellen, das Justizministerium um Auskunft ersuchen, von Amts wegen einen italienischen oder ausländischen Experten zum gerichtlichen Sachverständigen ernennen oder von den Parteien vorgelegte Gutachten benutzen. Dagegen habe er noch nicht die Möglichkeit, sich an eine dem Max-Planck-Institut vergleichbare Einrichtung zu wenden.

Anschließend schilderte *Strauss* die Anwendung und rechtsvergleichende Verwertung nationalen Rechts durch den Gerichtshof der Europäischen Gemeinschaften. Dank der internationalen Zusammensetzung und der guten Bibliothek des Gerichts habe es bisher keine Schwierigkeiten und daher keine Erörterungen über diese Fragen gegeben. Schließlich berichteten *Marquordt* und *Müller* über das Projekt einer „Convention Européenne dans le domaine de l'information sur le droit étranger", das vom Europarat in Angriff genommen worden ist und im März 1966 zu einem ersten Entwurf seitens des vom Comité européen de Coopération juridique eingesetzten Expertenkomitees geführt hat. Danach sollen sich die Vertragsparteien verpflichten, einander Auskünfte über das in ihrem Gebiet geltende Zivil- und Handelsrecht zu erteilen, und zu diesem Zweck jeweils eine amtliche Empfangsstelle, die Auskunftsersuchen entgegennimmt, errichten. Das Ersuchen um Auskunft über ausländisches Recht muß von einem Gericht ausgehen. Die Punkte, deren Beantwortung gewünscht wird, müssen so genau wie möglich bezeichnet werden; gegebenenfalls ist dem Ersuchen eine Sachverhaltsdarstellung beizufügen. Die Empfangsstelle kann die Auskunft entweder selbst erteilen oder das Ersuchen anderen amtlichen Stellen sowie – mit Zustimmung des ersuchenden Gerichts – auch privaten Einrichtungen und Privatpersonen zur Auskunftserteilung zuleiten. Gegenstand der Auskunft soll in erster Linie die Mitteilung des Wortlauts von gesetzlichen Vorschriften sein, denen gegebenenfalls Auszüge aus Entscheidungen und maßgeblichen Kommentaren beizufügen sind. Soweit gesetzliche Vorschriften nicht bestehen, hat sich die Auskunft hauptsächlich auf die einschlägige Rechtsprechung zu stützen. Die Auskunft ergeht grundsätzlich kostenfrei; wird sie von einer privaten

Stelle oder einer Privatperson erteilt, so hat der ersuchende Staat die Kosten zu tragen.

III

Als dritter Diskussionspunkt wurde die Frage erörtert, wie zu verfahren sei, wenn ein bestimmtes Anknüpfungsmoment sich faktisch nicht aufklären lasse. Gegen die von Kegel in seinem Referat entwikkelte Skala von Hilfsanknüpfungen wandte *Stoll* ein, daß subsidiäre Anknüpfungen nicht in jedem Falle zur Verfügung ständen, z. B. wenn der Tatort oder der Errichtungsort eines Testaments zweifelhaft sei. *Kegel* räumte ein, daß solche Fälle denkbar seien. Dann müsse man die lex fori einschieben. *Schmitthoff* bemerkte, daß im englischen Recht das absolut fiktive und in keiner Weise mit der Wirklichkeit übereinstimmende domicile of origin der letzten Stufe dieser neuen Kegelschen Leiter entspreche.

IV

Zu der letzten Diskussionsfrage, was zu geschehen habe, wenn der Richter den Inhalt des ausländischen Rechts nicht ermitteln könne, skizzierte *Zweigert* die möglichen Lösungen: Lückenfüllung durch Heranziehen einer verwandten Rechtsordnung, Anwendung allgemeiner Rechtsgrundsätze, Rückgriff auf die lex fori. *Hay* wies ergänzend darauf hin, daß nach der amerikanischen These vom fremden Recht als Tatsache man eigentlich die Klage abweisen müsse, wenn der beweisbelastete Kläger den Inhalt des anzuwendenden Rechts nicht beibringe. Das sei auch in einigen Fällen geschehen, meistens helfe jedoch eine der in seinem Bericht erwähnten vier Vermutungen weiter. Bei diesen Vermutungen handle es sich nicht um einen Trend zum Heimatrecht, sondern in der Regel um ein fiktives Einsetzen der lex fori anstelle des fremden Rechts. *Schmitthoff* bemerkte, daß nach englischer Auffassung zwar theoretisch das fremde Recht eine Tatsache sei, jedoch ein Unterschied in der Behandlung reiner Tatsachenfragen und fremden Rechts bestehe, der den fiktiven Charakter dieser Auffassung ganz klar zeige. Der englische Richter werde normalerweise nicht deshalb auf die lex fori zurückgreifen, weil der Beweis des fremden Rechts nicht erbracht sei, vielmehr auch bei Beweisfälligkeit immer zu einer Entscheidung über den Inhalt des fremden Rechts kommen. *Cappelletti* bezeichnete die beiden Lösungen in der italienischen Rechtsprechung, nämlich den Rückgriff auf die lex fori und die Klag- bzw. Einredeabweisung, als praktisch unannehmbar und auch theoretisch angreifbar und befürwortete eine rechtsvergleichende Lösung im Sinne seines Länderberichts.

Zweigert wandte sich gegen die Anwendung des nächstverwandten Rechts; denn die Vermutung, daß die Rechtsordnungen desselben Rechtskreises in subtilen Einzelfragen einander glichen, sei unrealistisch. Richtiger sei es, auf die allgemeinen Rechtsgrundsätze auszuweichen und darunter jeweils das zu verstehen, was sich bei einer rechtsvergleichenden Untersuchung als die beste Lösung herausschäle. *Kegel* bezeichnete demgegenüber die Anwendung einer verwandten Rechtsordnung in einer ganzen Reihe von Fällen als nützlich, obwohl man hierbei natürlich vorsichtig sein müsse. Es komme darauf an, um was für Zusammenhänge und Länder es sich handle. So sei dieses Verfahren durchaus zweckmäßig, wenn es um das Recht süd- und mittelamerikanischer Staaten gehe. Weitere Beispiele dieser Art, aber auch für die Brauchbarkeit allgemeiner Grundsätze, nannten *Dopffel, Liesecke, Spreen, Rau* und *Neuhaus*: *Dopffel* erklärte es für legitim, auf das englische Recht zurückzugreifen, wenn das Recht eines überseeischen Commonwealth-Gebietes unklar sei, und auf die Rechtslage im Mutterland abzustellen, wenn die Auslegung eines rezipierten Gesetzes Zweifel bereite. *Liesecke* wies auf das Seerecht hin, in dem es international übereinstimmende Grundsätze gebe, die man vor der lex fori heranziehen solle. *Spreen* erwähnte die Fälle, in denen die Zuständigkeit des inländischen Gerichts von der wahrscheinlichen Anerkennung seiner Maßnahme durch die vom eigenen IPR berufene Rechtsordnung abhänge. Hier versage ein Rückgriff auf die lex fori. Man müsse daher notfalls ein verwandtes Recht anwenden, wobei allgemeine Rechtsgrundsätze als Filter dienen könnten. *Rau* berichtete, daß in Südamerika die Richter mancher Länder sich bei Lücken ihres eigenen Rechts an Nachbarrechte hielten; also habe auch der ausländische Richter die Lösung eines Nachbarrechts der Anwendung der lex fori vorzuziehen. *Neuhaus* erwähnte den Fall des Zweifels über die Formgültigkeit einer exotischen Eheschließung, wo die Anwendung der lex fori sicherlich verfehlt sei, und führte dann aus, es komme darauf an, ob man die wahrscheinlichste Lösung oder die für den konkreten Fall inhaltlich richtigste und beste Lösung suche. Letzteres erscheine ihm in Kollisionsfällen sehr problematisch, sowohl wegen der damit verbundenen Rechtsunsicherheit wie auch wegen der Gefahr, daß der Richter inländische Rechtsvorstellungen in reine Auslandsfälle hineintrage und somit diesen nicht gerecht werde. Nicht als starres Prinzip, sondern als Regel könne man sagen, der Richter solle nach der wahrscheinlichsten Lösung suchen. Die objektiv „beste" Lösung, die durch Rechtsvergleichung gewonnen werde, sei aber oft gerade die unwahrscheinlichste.

Die lex fori wird in der italienischen Doktrin, wie *Luther* (im Anschluß an Vitta) berichtete, teils aufgrund einer Vermutung der Inhaltsgleichheit mit dem unbekannten fremden Recht befürwortet, teils als subsidiäre lex generalis gegenüber der fremden lex specialis, teils deshalb, weil die Anwendung ausländischen Rechts stets an die Bedingung seiner Ermittlung geknüpft sei, teils als Notrecht zur Vermeidung einer Rechtsverweigerung. *Lando* plädierte vor allem aus prozeßökonomischen Gründen grundsätzlich für die lex fori. Auch die Suche nach einer gerechten Lösung führe oft zur lex fori, weil für den nationalen Richter die Gerechtigkeit eben weithin mit dem Recht seines eigenen Landes identisch sei. Allerdings gebe es auch Fälle, in denen sich ein Zurückgreifen auf die lex fori verbiete. Je nach dem Grad der Ungewißheit über das anzuwendende Recht müsse man dann die wahrscheinlichste Regelung wählen oder das Recht eines Nachbarlandes oder einfach nach Billigkeit entscheiden. *Zajtay* warnte vor der Suche nach der wahrscheinlichsten Lösung oder nach einem verwandten Recht, weil all dies zur Unsicherheit über das Schicksal des Prozesses führe. Die lex fori dagegen habe eine vocation subsidiare und biete auch praktische Vorteile. Dem hielt *Zweigert* entgegen, die Parteien befänden sich ohnehin in einem Zustand der Unsicherheit, wenn sie den Inhalt des anwendbaren Rechts nicht kennten und nicht wüßten, ob er im Prozeß ermittelt werde. Diese Unsicherheit werde nicht vergrößert, wenn der Richter im Notfall nicht die lex fori, sondern ein drittes Recht anwende. *Zajtay* erwiderte, man gelange auf diesem Wege nicht zur Anwendung eines bestimmten dritten Rechts, vielmehr bleibe die Frage nach dem anzuwendenden Recht zunächst völlig offen. Die Ungewißheit sei also größer als bei einem Rückgriff auf die lex fori. *Müller* erklärte, gerade das regelmäßige Zurückgreifen auf die lex fori führe zur Rechtsunsicherheit, da das spätere Forum vielfach zunächst ganz ungewiß sei, und es beschwöre die Gefahr des Forum-shopping herauf.

Schmitthoff lehnte sowohl die Heranziehung verwandter Rechtsordnungen wie die Anwendung der lex fori ab. Sei nicht sicher, was der Inhalt des anzuwendenden Rechts sei, so müsse der Richter eben selbst sagen, was er für das Recht des betreffenden Landes halte. Lücken im fremden Recht habe er so auszufüllen, wie es das oberste Gericht dieses Landes vermutlich tun würde. Dieser Ansicht trat *Rheinstein* unter Hinweis auf die Vereinigten Staaten bei, wo sich die Bundesgerichte bei der Anwendung einzelstaatlichen Rechts ebenfalls in derartigen Zweifelsfällen in die Rolle des höchsten einzelstaatlichen Gerichts zu setzen und ebenso wie dieses zu entscheiden hätten. *Kegel* unterschied demgegenüber, wie der Richter sich zu verhalten habe, wenn er im fremden Recht auf einen „case of first impression" stoße, also auf eine im fremden Recht noch nie entschiedene Frage, und wenn er das geltende Recht nicht ermitteln könne. Nur im ersten Fall könne er nach der Lösung suchen, die ein höchstes Gericht des Landes voraussichtlich finden werde. Auch *Zajtay* hielt Schmitthoffs These nicht für eine weitere Lösung, vielmehr gehöre sie zu denen, die unter Ausschaltung der lex fori nach dem wahrscheinlichsten Inhalt des fremden Rechts suchen.

Neuhaus bezeichnete es abschließend als pädagogisch sehr bedenklich, dem Richter den Ausweg der lex fori zu öffnen. Die Intensität der Ermittlung des ausländischen Rechts, der Eifer, mit dem die Gerichte sich um dieses bemühten, hänge auch von der Ersatzregelung ab. Wenn als Ersatzrecht die lex fori in Betracht komme, seien die Gerichte eher geneigt, ihre Bemühungen um das ausländische Recht abzubrechen, als wenn sie notfalls mit Kegels Wahrscheinlichkeitstheorie z. B. die nächstverwandte Rechtsordnung aufsuchen müßten, was für sie ebenfalls sehr schwierig sei. Daher müsse man als Ersatzrecht eine Annäherungslösung der lex fori vorziehen.

DIE LEHRE VOM TATSACHENCHARAKTER UND DIE REVISIBILITÄT AUSLÄNDISCHEN RECHTS

Prof. Dr. Dr. IMRE ZAJTAY, Paris/Mainz *

I. Die Lehre vom Tatsachencharakter des ausländischen Rechts

1. Die Anwendung des ausländischen Rechts ist vor allem deshalb mit besonderen Problemen verbunden, weil das ausländische Recht nicht die lex fori, sondern eben fremdes Recht ist.

Die eigentliche Natur dieser Probleme wurde oft verkannt. Dies hängt sehr wahrscheinlich damit zusammen, daß man zur Beantwor-

---

* Die Länderberichte für Spanien, Portugal und Lateinamerika *(Samtleben)*, Deutschland *(Müller)* und Jugoslawien *(Katičić)* sind erst nach Abschluß dieses Querschnittsberichts fertiggestellt worden und daher im folgenden nicht berücksichtigt.

Abgekürzt werden angeführt: *Batiffol*, Droit international privé, 4. Aufl. 1967; *Dölle*, De l'application du droit étranger par le juge interne: Rev. crit. 1955, 233–249; *Gentinetta*, Das schweizerische Bundesgericht und die Überprüfung der Anwendung ausländischen Rechts, 1964; *Giuliano*, Le traitement du droit étranger dans le procès civil dans les systèmes juridiques continentaux: Rev. int. dr. comp. 1962, 5–32; *Graveson*, Comparative Aspects of the General Principles of Private International Law: Rec. des Cours 109 (1963 II) 1–164; *Kegel*, Internationales Privatrecht, 2. Aufl. 1964; *Loussouarn*, Le contrôle par la Cour de cassation de l'application des lois étrangères: Travaux du Comité français de d. i. p. 23–25 (1962–1964), 1965, 133–171; *Marty*, La distinction du fait et du droit – Essai sur le pouvoir de contrôle de la Cour de cassation sur les juges du fait, 1929; *Marty*, Rôle du juge dans l'interprétation des contrats: Travaux de l'Association Henri Capitant pour la culture juridique française 5 (1950) 84–106 (*Marty*, Rôle); *Maury*, La condition de la loi étrangère en droit français: Travaux du Comité français de d. i. p. 9–13 (1948–1952), 1953, 97–135; *Motulsky*, L'évolution récente de la condition de la loi étrangère en France: Mélanges Savatier, 1965, 681–706; *Neuhaus*, Die Grundbegriffe des internationalen Privatrechts, 1962; *Niederer*, Einführung in die allgemeinen Lehren des internationalen Privatrechts, 3. Aufl. 1961; *Schlesinger*, Die Behandlung des Fremdrechts im amerikanischen Zivilprozeß: RabelsZ 27 (1962/63) 54–72; *Szászy*, Private International Law in the European People's Democracies, 1964; *Zajtay*, Contribution à l'étude de la condition de la loi étrangère en droit international privé français, 1958 (*Zajtay*, Contribution); *Zajtay*, Zur Stellung des ausländischen Rechts im französischen internationalen Privatrecht, 1963.

tung der Fragen, die sich in diesem Bereich stellen, mit einer gewissen Vorliebe Fiktionen herangezogen hat. Diese Feststellung trifft in erster Linie für die Erklärungen zu, mit denen man die Frage zu beantworten suchte, wie der Richter überhaupt ausländisches Recht anwenden und dadurch vermeintlich dem Befehl eines ausländischen Gesetzgebers gehorchen kann.

2. Auf einer Fiktion beruht die Theorie des „rinvio ricettizio", die von einem Teil der italienischen Rechtswissenschaft vertreten wurde. Nach dieser Lehre wird das ausländische Recht durch die darauf verweisenden Kollisionsnormen rezipiert, d. h. der lex fori einverleibt. Man hat ferner gemeint, der Richter wende eigentlich kein ausländisches Recht an: Die Kollisionsnorm, die auf ausländisches Recht verweist, erzeuge neue Rechtsnormen, deren Inhalt mit dem anzuwendenden ausländischen Recht identisch sei.

Daß es sich hier um Fiktionen handelt, steht außer Zweifel. Ein nationales Rechtssystem kann unmöglich alle ausländischen Normen, die in den verschiedenen Rechtsstreitigkeiten von den einheimischen Gerichten angewandt werden, in sich aufnehmen; eine solche Rechtsordnung müßte sich wirklich in eine Art von „boa constrictor" verwandeln[1]. Die Erklärung, daß die Kollisionsnorm neue, mit dem ausländischen Recht inhaltsgleiche Normen erzeuge, ist gleichfalls fiktiv, denn die Kollisionsnormen verweisen auf eine Rechtsordnung, aber sie erzeugen kein materielles Recht[2].

3. Auf einer Fiktion beruht auch die Lehre, mit der wir uns hier eingehender befassen wollen, nämlich die Lehre vom Tatsachencharakter des ausländischen Rechts[3].

Nach dieser Lehre gehorcht der Richter bei der Anwendung ausländischen Rechts nicht dem Befehl des ausländischen Gesetzgebers, weil das ausländische Recht für ihn nur eine Tatsache ist. Die Anwendung ausländischen Rechts bedeutet also nur, daß der Richter das ausländische Recht genauso wie die anderen Tatsachen im Prozeß zu berücksichtigen hat.

4. Der Ausgangspunkt dieser Lehre liegt in der Einteilung der Prozeßelemente in zwei Kategorien, in Rechtselemente und in Tatsachenelemente.

Die Unterscheidung von Tatsache und Recht kann auf zwei verschiedenen Ebenen vorgenommen werden. Versteht man unter Rechtselement die Rechtsnorm in ihrem philosophischen Sinne, dann kann kein Zweifel darüber bestehen, daß diese Kategorie das ausländische Recht ebenso in sich schließen muß wie die lex fori. Bei der Einteilung

---

[1] *Loussouarn* 136. [2] *Neuhaus* 223.

[3] Zur Kritik dieser Lehre ausführlich *Zajtay* 7 ff. und *ders.*, Contribution 11 ff.

der Prozeßelemente in zwei Kategorien bewegt sich aber die Lehre nicht auf der Ebene der Rechtsphilosophie, sondern auf der des positiven Rechts. Was sie vor Augen hat, ist nicht der abstrakte Begriff der Rechtsnorm, sondern das in einem bestimmten Land geltende Recht, das gewissen Kriterien entspricht. So ist dieses Recht der Ausdruck des Willens des inländischen Gesetzgebers und enthält damit ein imperatives Element; auch hat der Richter dieses Recht zu kennen, und ist es daher nicht notwendig, seinen Inhalt nachzuweisen.

Nur das so verstandene Recht – also die lex fori – wird bei der erwähnten Einteilung ins Auge gefaßt: die Kategorie der Rechtselemente wird der lex fori sozusagen auf den Leib geschnitten. Es versteht sich, daß unter diesen Umständen das ausländische Recht, weil es der lex fori eben nicht in jeder Hinsicht entspricht, nicht in die im geschilderten *engen Sinne* verstandene Kategorie Recht eingeordnet werden kann.

Daraus folgt aber immer noch nicht, daß das ausländische Recht in die zweite Kategorie gehört und Tatsache ist. Zu diesem Schluß gelangt die Lehre nur auf Grund der Annahme, daß die Einteilung der Prozeßelemente in die beiden erwähnten Kategorien eine „exklusive Alternative"[4] darstellt, also alle Prozeßelemente, die nicht in der ersten Kategorie ihren Platz haben, notwendigerweise in die zweite Kategorie fallen müssen.

5. Der fiktive Charakter dieser Einordnung des ausländischen Rechts ist offenbar. Das ausländische Recht ist in seinem Herkunftsland eine Rechtsnorm. Es ist nicht einzusehen, wieso diese Rechtsnorm infolge ihrer Anwendung durch den Richter des Forums ihrer Natur oder ihrer Rolle beraubt werden könnte. In der logischen Struktur des richterlichen Urteils kommen den Rechtsnormen und den Tatsachen völlig verschiedene Funktionen zu. Wäre das ausländische Recht eine Tatsache, dann könnte es nicht infolge der Anordnung der Kollisionsnorm anstelle der lex fori, die ja ohne Zweifel eine Rechtsnorm ist, angewandt werden. Ebensowenig könnte das ausländische Recht in den Fällen, wo seine Anwendung auf Hindernisse stößt, wieder durch die lex fori ersetzt werden.

6. Die Lehre vom Tatsachencharakter des ausländischen Rechts enthält also eine Fiktion. Welchem Zwecke dient aber diese Fiktion und wo liegt ihre Rechtfertigung?

Will man mit dieser Fiktion die Frage beantworten, wieso der Richter ausländisches Recht anwenden und damit dem Befehl eines ausländischen Gesetzgebers gehorchen kann, so ist sie überflüssig. Denn bereits die Fragestellung ist falsch. Der Richter gehorcht immer dem Befehl seines eigenen Gesetzgebers. Er gehorcht ihm auch dann, wenn er aus-

[4] *Dölle* 236

ländisches Recht anwendet. Die Anwendung ausländischen Rechts wird ihm durch die Kollisionsnormen der lex fori vorgeschrieben und nicht durch den ausländischen Gesetzgeber, der ihm keine Befehle erteilen kann.

7. Die Fiktion des Tatsachencharakters des ausländischen Rechts wird indessen nicht nur zur Beantwortung dieser Frage herangezogen. Mit dem Tatsachencharakter des ausländischen Rechts sucht man auch die Regeln zu begründen, welche die prozessuale Behandlung des ausländischen Rechts bestimmen.

In diesem Zusammenhang erscheint die Formel vom Tatsachencharakter des ausländischen Rechts wie ein Grund, der erfunden wurde, um tatsächlich bestehende Effekte zu erklären[5].

Die Effekte sind vorhanden. Die meist richterrechtlichen Regeln, welche die Behandlung des ausländischen Rechts bestimmen, unterscheiden sich von jenen, die für die Anwendung der lex fori maßgebend sind. Sie wurden von der Rechtsprechung unter dem Einfluß verschiedener Faktoren ausgearbeitet und entsprechen praktischen Bedürfnissen[6]. Praktische Gründe verlangen namentlich, daß der Nachweis des ausländischen Rechts – von dem der Richter im allgemeinen nicht die gleiche sichere Kenntnis hat wie von der lex fori – besonderen Regeln unterstellt wird[7]. Praktische Gründe sind es auch, die erklären, weshalb die tatrichterliche Auslegung des ausländischen Rechts in den meisten Ländern nicht der Revision des obersten Gerichts untersteht.

Mit dem angeblichen Tatsachencharakter des ausländischen Rechts können diese besonderen Regeln jedoch nicht erklärt werden. Eine solche Erklärung führt in eine Sackgasse. Wollte man nämlich die Regeln über den Nachweis und die Irrevisibilität des ausländischen Rechts damit begründen, daß das ausländische Recht ein Tatsachenelement des Prozesses sei, so wird man sofort auch die weitere Frage beantworten müssen, weshalb denn das ausländische Recht ein Tatsachenelement des Prozesses sei? Zur Beantwortung dieser Frage wird man aber wieder nur auf die erwähnten prozeßrechtlichen Regeln hinweisen können: Das ausländische Recht gehöre in die Kategorie der

---

[5] *Niboyet,* Qu'est-ce que la loi étrangère aux yeux des juges d'un pays déterminé?: Rev. dr. int. lég. comp. 1928, 753–812 (763).

[6] *Graveson* 146: „Yet the treatment of foreign law has not developed consciously in terms of philosophical ideas. As we have seen, it has developed in the more practical and rigid framework of procedural requirements."

[7] *Schlesinger* 71: „Sobald man sich von den Fesseln der Begriffsjurisprudenz befreit, wird es vollkommen klar, daß das Fremdrecht nicht ebenso behandelt werden kann wie das heimische, da es dem Gericht unbekannt ist und da die Mitglieder des Gerichts sowohl sprachlich wie juristisch häufig außerstande sind, ohne Belehrung durch einen Sachverständigen und ohne die nötigen bibliothekarischen Hilfsmittel das Fremdrecht zu verstehen."

Tatsachen, weil es wie die Tatfragen von den Parteien nachgewiesen werden muß und seine Auslegung irrevisibel ist.

Wenn also die Lehre vom Tatsachencharakter des ausländischen Rechts zur Erklärung der geltenden prozessualen Regeln dienen soll, dann ist sie unzureichend. Sie führt notwendigerweise zu einem *idem per idem,* da zu ihrer Begründung wieder nur die betreffenden Regeln herangezogen werden können. Mit anderen Argumenten kann der Tatsachencharakter des ausländischen Rechts nicht dargelegt werden.

8. Die erörterte Frage hat nicht nur theoretische Bedeutung. Aus ihrer Beurteilung können sich auch praktische Folgen ergeben.

Der Gedanke, daß die Regeln über den Beweis und die Revisibilität des ausländischen Rechts durch dessen Tatsachencharakter bedingt sind, hat Autoren, welche die geltenden Regeln aus stichhaltigen praktischen Gründen billigen, dazu veranlaßt, sich zur Lehre vom Tatsachencharakter zu bekennen. Sind nämlich diese Regeln nur deshalb in Geltung, weil das ausländische Recht eine Tatsache ist, so könnten sie nicht beibehalten werden, würde dem ausländischen Recht der Rechtscharakter zuerkannt werden. Eine Änderung der geltenden prozessualen Regeln ist aber aus praktischen Gründen oft unerwünscht und außerdem nicht immer leicht durchführbar. Um diese *Folgen* zu verhindern, wandten sich diese Autoren gegen den angeblichen *Grund* und behaupteten, das ausländische Recht sei kein Rechtselement des Prozesses und könne deshalb der lex fori nicht gleichgestellt werden.

Andere glaubten wieder aus der richtigen Erkenntnis des Rechtscharakters des ausländischen Rechts die Notwendigkeit seiner vollkommenen Gleichstellung mit der lex fori ableiten zu müssen. Sie meinten, die besonderen Regeln über den Beweis und die Irrevisibilität des ausländischen Rechts seien nur deshalb in Geltung, weil das ausländische Recht als ein Tatsachenelement des Prozesses betrachtet wird. Würde also diese irrige Auffassung widerlegt, so müßten auch die daraus hergeleiteten Regeln beseitigt werden.

Diese beiden, einander entgegengesetzten Meinungen beruhen auf den gleichen falschen Vorstellungen. Beide gehen davon aus, daß die geltenden prozessualen Regeln durch den Tatsachencharakter des ausländischen Rechts bedingt seien. Beide beruhen auch auf der Annahme, daß das ausländische Recht, wenn es kein Tatsachenelement ist, der lex fori in jeder Hinsicht gleichgestellt werden müsse. Hier begegnen wir also wieder dem Gedanken der „exklusiven Alternative", wonach es nur zwei Kategorien von Prozeßelementen gibt, nämlich die den Kriterien der lex fori entsprechenden Rechtsnormen auf der einen und die Tatsachen auf der anderen Seite.

Die vorangehenden Ausführungen zeigen, daß diese Folgerungen irrig sind. Einmal ist ein Prozeßelement, das nicht allen Kriterien der lex fori entspricht, deshalb noch nicht notwendigerweise als ein Tatsachenelement zu betrachten. Zum anderen bedeutet die Anerkennung des Rechtscharakters des ausländischen Rechts nicht, daß es prozessual der lex fori in jeder Hinsicht gleichgestellt werden muß. Zutreffend bemerkt *Lando* in seinem Bericht zu dieser Frage:

„Das fremde Recht in eine der beiden Kategorien Tatsache oder einheimisches Recht einzuordnen, wäre gefährlich, da eine solche Qualifikation zu falschen Deduktionen führen könnte." [8]

Den gleichen Standpunkt vertrat *Schlesinger* auf der Tagung der Gesellschaft für Rechtsvergleichung 1961 in Trier:

„In der zweiten, modernen Entwicklungsstufe ... setzt sich die Überzeugung durch, daß die prozessuale Behandlung von Tatfragen einerseits und von Rechtsfragen andererseits für die Behandlung des Fremdrechts zwar im Wege der Analogie gewisse Anhaltspunkte liefern kann, daß es aber nicht angeht, lediglich aus begrifflichem Reinlichkeitssinn heraus das Fremdrecht entweder mit Normen des heimischen Rechts oder mit gewöhnlichen Tatsachen vollkommen gleichzustellen." [9]

9. Diese Unabhängigkeit der einschlägigen prozessualen Regeln von der theoretischen Qualifikation des ausländischen Rechts kann an zahlreichen Beispielen gezeigt werden.

So ist nach deutschem Recht (§ 293 ZPO) das ausländische Recht als Recht zu betrachten. Trotzdem kann auf die Verletzung von Vorschriften des ausländischen Rechts nach § 549 ZPO die Revision nicht gestützt werden.

Auch nach sowjetrussischem Recht wird das ausländische Recht „als juristische Kategorie, als Rechtsnorm" angesehen. *Lunz* hebt indessen in seinem Bericht hervor, daß vom sowjetischen Gericht die Kenntnis der ausländischen Rechtsnorm nicht verlangt und der Grundsatz „iura novit curia" nur auf das sowjetrussische Recht angewandt werde [10].

Wie *Schmitthoff* in seinem Bericht zeigt, wird nach der traditionellen englischen Rechtsauffassung das ausländische Recht als Tatfrage betrachtet, aber s. 102 des Judicature Act von 1925 bestimmt, daß für die Entscheidung der Fragen, die den Beweis des ausländischen Rechts betreffen, nicht die jury, sondern allein der judge zuständig ist [11].

Von einer ähnlichen Entwicklung in den Vereinigten Staaten berichtet *Hay*:

---

[8] *Lando* oben 139. [9] *Schlesinger* 70 f. [10] *Lunz* oben 142, 144.

[11] Sec. 102: „Where ... it is necessary to ascertain the law of any other country which is applicable to the facts of the case, any question as to the effect of the evidence given with respect to that law shall, instead of being submitted to the jury, be decided by the judge alone." Vgl. *Schmitthoff* oben 93.

„Die begriffsbeschwerte Anschauungsweise (Faktizitätsprinzip) weicht der praktischen Notwendigkeit, dem Gericht schnell und leicht genaue Kenntnis des Fremdrechts zu verschaffen und zugleich die Parteien und die Jury von der Last eines Tatsachenprozesses zu befreien." [12]

Und was das dänische Recht anbelangt, so schreibt *Lando* zum Problem der Qualifikation des ausländischen Rechts:

„Würde dies vorkommen, würde sich der dänische Oberste Gerichtshof kaum von Überlegungen über den Rechts- oder Tatsachencharakter des fremden Rechts, sondern mehr von pragmatischen Überlegungen leiten lassen, und ich halte es für durchaus denkbar, daß er die Revision zulassen würde." [13]

10. Demgegenüber betont *Cappelletti,* daß die dogmatisch-deduktiven Folgerungen der Lehre zumindest in Italien starken Einfluß auf die Rechtsprechung ausgeübt haben [14].

Der Einfluß der Lehre auf die Rechtsprechung ist selbstverständlich auch in den anderen Ländern nicht zu unterschätzen. Die Lage ist im Bereich der Anwendung des ausländischen Rechts kaum anders als in vielen anderen Rechtsmaterien. Wie die Lehre z. B. in Fragen des gutgläubigen Erwerbs vom Nichteigentümer, der Geschäftsgrundlage, der Gefährdungshaftung oder des allgemeinen Persönlichkeitsrechts die Rechtsprechung in verschiedenen Ländern beeinflußt hat, genauso kann sich der Einfluß von Lehrmeinungen über die Notwendigkeit, ausländisches Recht von Amts wegen anzuwenden, oder über die Zweckmäßigkeit der Revisibilität seiner tatrichterlichen Auslegung in der Rechtsprechung fühlbar machen.

Im Falle *Bisbal* hatte das französische Appellationsgericht die Scheidung spanischer Ehegatten ausgesprochen, obwohl das spanische Recht bekanntlich keine Scheidung zuläßt. Der Kassationshof wies die Kassationsbeschwerde mit der Begründung zurück, daß

„on ne peut reprocher aux juges du fond de ne pas appliquer d'office la loi étrangère et de faire, en ce cas, appel à la loi interne française laquelle a vocation à régir tous les rapports de droit privé" [15].

Wir sind davon überzeugt, daß die scharfe Kritik, mit der die Lehre diese Entscheidung begleitet hat, nicht ohne Einfluß auf die weitere Rechtsprechung zur Frage der Anwendung des ausländischen Rechts von Amts wegen geblieben ist. – In der Plenarentscheidung *Falk* [16] hat der Kassationshof das Gesetz Nr. 1 des Alliierten

---

[12] *Hay* oben 127.

[13] *Lando* oben 140.

[14] *Cappelletti,* Riv. dir. int. 1966, 308; vgl. dazu oben 31 f. und 39 f.

[15] Civ. 12. 5. 1959, Rev. crit. 1960, 62 (63); s. dazu unseren Länderbericht oben 17.

[16] Assemblée plén. 20. 12. 1950, S. 1951.1.89; s. dazu unseren Länderbericht oben 24 f.

Kontrollrates in Deutschland, das für den französischen Richter den Charakter ausländischen Rechts hat, ausgelegt. Es handelte sich um die Frage, ob das Kontrollratsgesetz Nr. 1 durch Aufhebung der nationalsozialistischen Gesetze den ins Ausland emigrierten deutschen Juden ihre frühere deutsche Staatsangehörigkeit ipso iure zurückerstattet oder ihnen nur ermöglicht hat, ihre frühere deutsche Staatsangehörigkeit wiederzuerlangen. Wie vom Berichterstatter der Plenarsitzung hervorgehoben wurde, hatten die französischen Gerichte über diese Frage in zahlreichen Fällen zu erkennen. Sehr wahrscheinlich haben die Lehrmeinungen, welche für typische Sachverhalte die Zulassung der Revisibilität befürworteten, dazu beigetragen, daß der Kassationshof zur Auslegung des erwähnten Gesetzes selbst Stellung genommen hat.

Wir glauben indessen nicht – und in diesem Punkte weichen wir von *Cappelletti* wahrscheinlich ab –, daß die Stellungnahme der Lehre zur theoretischen und abstrakten Frage des Rechts- oder Tatsachencharakters des ausländischen Rechts auf die Gestaltung der Rechtsprechung einen wesentlichen und direkten Einfluß ausübt. Mit anderen Worten: Wir halten es für unwahrscheinlich, daß eine Wandlung der Lehre in der Frage des Rechts- oder Tatsachencharakters des ausländischen Rechts ohne das Mitwirken anderer, und zwar praktischer Gründe und Erwägungen, eine entsprechende Änderung der Rechtsprechung zu den Fragen der Anwendung ausländischen Rechts von Amts wegen oder der Revisibilität des ausländischen Rechts nach sich zieht. Dazu sei auf ein Beispiel aus der Geschichte des französischen IPR hingewiesen, nämlich auf den berühmten Aufsatz von *Colin*, der 1890 in dem Journal Clunet erschienen ist[17]. Dieser Aufsatz hat mit seiner glänzenden Logik die Lehre tief beeindruckt, aber es ist ihm nicht gelungen, die Rechtsprechung des Kassationshofs in der erwünschten Richtung zu beeinflussen. *Colin* hat überzeugend dargelegt, daß das ausländische Recht für den französischen Richter ein Rechtselement des Prozesses ist und nur ein solches sein kann. Er irrte aber, als er daraus den Schluß zog, daß deshalb die das französische Recht betreffenden Regeln auch auf das ausländische Recht angewendet werden müßten. Denn die Regeln, welche die prozessuale Stellung des ausländischen Rechts bestimmen, sind eben nicht schlechthin die logischen Folgen der Lehrmeinung, die in der Frage des Rechts- oder Tatsachencharakters des ausländischen Rechts in diesem oder jenem Land zu einem bestimmten Zeitpunkt herrschend ist.

11. Zu den beiden Fragen, die wir im vorangehenden erörtert haben, läßt sich zusammenfassend folgendes sagen:

[17] *Colin,* Du recours en cassation pour violation de la loi étrangère, Clunet 1890, 406 ff., 794 ff.; dazu *Zajtay* 14 f. und *ders.*, Contribution 16 ff.

Die Lehre vom Tatsachencharakter des ausländischen Rechts ist zur Beantwortung der Frage, wieso der Richter ausländisches Recht anwenden kann, *nicht notwendig,* denn der Richter gehorcht immer dem Befehl seines Gesetzgebers und wendet auch das ausländische Recht auf Anordnung der lex fori an. Sie ist zur Erklärung der die prozessuale Behandlung des ausländischen Rechts betreffenden Regeln *nicht ausreichend,* denn diese Regeln sind vor allem durch praktische Gründe und Erwägungen bedingt.

Welche Bedeutung kann unter diesen Umständen der Formel „das ausländische Recht ist ein Tatsachenelement des Prozesses" zuerkannt werden?

Diese Frage hat *Dölle* in einem 1955 in Paris gehaltenen Vortrag beantwortet[18], und seiner Meinung ist auch heute beizustimmen. Die Formel des Tatsachencharakters des ausländischen Rechts hat nur den Wert einer *Abkürzung.* Sie drückt in wenigen Worten aus, daß die Regeln, die den Nachweis und die Revisibilität des ausländischen Rechts betreffen, den Regeln über den Beweis und die Revisibilität von Tatfragen mehr oder weniger ähnlich sind.

Die Frage, ob der Gebrauch dieser Abkürzung zweckmäßig ist, mag dahingestellt bleiben. Wesentlich ist indessen die Erkenntnis der Tatsache, daß es sich um eine Abkürzung handelt, die – wie jede Abkürzung – nur zu einer technischen Rolle berufen ist, aber keine über diese hinausgehende Bedeutung besitzt. Zu dieser Schlußfolgerung gelangt auch *Graveson.* Seine Stellungnahme ist um so bedeutsamer, als die Lehre vom Tatsachencharakter des ausländischen Rechts in England tief verwurzelt ist. *Graveson* stellt fest, daß:

„The legal and judicial treatment of foreign law as fact merely means that a label of convenience for a limited purpose is placed upon the foreign law, for just as foreign law is as much law as the law of the forum, so the law of the forum is just as much fact as foreign law. Accordingly, in considering the treatment of foreign law as fact we should recall that we are merely dealing with a technical description for a limited purpose."[19]

II. Die Revisibilität des ausländischen Rechts

1. Wie in unserem Länderbericht über das französische Recht bereits bemerkt wurde, ist bei der Erörterung der Frage der Revisibilität des ausländischen Rechts zwischen der Kontrolle der Anwendung des inländischen Kollisionsrechts und der Kontrolle der Anwendung des von ihm für zuständig erklärten ausländischen Rechts zu unterscheiden.

---

[18] *Dölle* 237.

[19] *Graveson* 146 f.

Die richtige Anwendung der Kollisionsnormen der lex fori wird von den obersten Gerichten der verschiedenen Länder im allgemeinen überprüft[20]. Das bedeutet, das oberste Gericht kontrolliert, ob der Tatrichter dem Befehl der Kollisionsnorm nachgekommen ist und gegebenenfalls das für zuständig erklärte ausländische Recht angewandt hat. Zu bemerken ist jedoch, daß das schweizerische Bundesgericht seine Kontrolle nicht auf die Frage erstreckt, ob die schweizerischen Kollisionsnormen auf dieses oder aber auf jenes ausländische Recht verweisen[21]. Diese Regel gilt jedoch nicht, wenn die Frage, welches ausländische Recht anzuwenden ist, eine Vorfrage bildet, von deren Beantwortung die vom schweizerischen Recht vorgesehenen Rechtsfolgen in der Hauptfrage abhängen[21a].

In einigen Ländern, darunter – wie aus den Berichten von *Cappelletti, Lunz* und *Schwimann* hervorgeht – in Italien[22], in der Sowjetunion[23] und in Österreich, überprüft das oberste Gericht auch die weitere Frage, ob die Tatrichter das ausländische Recht richtig ausgelegt haben. In den meisten Ländern wird indessen die richtige Auslegung des ausländischen Rechts vom obersten Gericht nicht überprüft[24]. Das schweizerische Bundesgericht ging in dieser negativen Haltung noch weiter: nach einer ständigen und langjährigen Rechtsprechung überprüfte es nicht einmal die richtige Auslegung des schweizerischen Rechts, wenn dieses bei Nichtermittlung des Inhalts des zuständigen ausländischen Rechts als Ersatzrecht angewendet wurde[25]. In einer im Jahre 1966 gefällten und sehr eingehend begründeten Entscheidung beschloß jedoch das Bundesgericht, an der bisherigen Rechtsprechung nicht länger festzuhalten, und erklärte, daß von nun an

> „gleich wie die unmittelbare auch die bloß subsidiäre Anwendung schweizerischen Rechts durch den kantonalen Richter vom Bundesgericht überprüft werden kann, und zwar ohne Rücksicht darauf, wie das kantonale Prozeßrecht oder die kantonale Rechtsprechung die subsidiäre Heranziehung des schweizerischen Rechts begründen." [25a]

2. Wir haben bereits bei der Erörterung der Rechtsprechung des französischen Kassationshofs in unserem Länderbericht darauf hingewiesen, daß die scharfe Trennung der Frage der Nichtanwendung und der

---

[20] *Niederer* 350.

[21] *Niederer* 351; *Gentinetta* 61 (vgl. unsere Besprechung: Rev. int. dr. comp. 1964, 853 f.).

[21a] BG 30. 3. 1965, BGE 91 II 117 = GRUR Ausl. 1966, 455 mit Anm. *Henrich.*

[22] Vgl. auch *Giuliano* 26 ff.

[23] S. jedoch *Szászy* 157 ff.

[24] *Niederer* 352. Zum belgischen Recht s. neuestens *Rigaux,* La nature du contrôle de la Cour de cassation, 1966, insbes. 337 ff.

[25] *Niederer* 353 f.; *Gentinetta* 59.

[25a] BG 11. 5. 1966, BGE 92 II 111 (126).

Frage der richtigen Anwendung des zuständigen ausländischen Rechts vom logischen Standpunkt aus nicht gerechtfertigt werden kann.

In Wirklichkeit handelt es sich in beiden Fällen um die Kontrolle der Anwendung der Kollisionsnormen der lex fori. Ordnen die Kollisionsnormen der lex fori die Anwendung des ausländischen Rechts an, dann verlangen sie offenbar auch die *richtige* Anwendung der ausländischen Rechtsnormen. Die Tatrichter verletzen also die Kollisionsnormen der lex fori nicht nur dann, wenn sie das berufene ausländische Recht nicht anwenden, sondern auch, wenn sie der Anordnung ihres Kollisionsrechts nur scheinbar folgen, indem sie das zuständige ausländische Recht fehlerhaft auslegen und anwenden. Zwischen der Nichtanwendung und der fehlerhaften Anwendung des zuständigen ausländischen Rechts gibt es nur quantitative Unterschiede, aber keinen qualitativen Unterschied. Dieser Standpunkt, den wir bereits in unseren früheren einschlägigen Arbeiten vertreten haben[26], entspricht auch der Meinung der sowjetrussischen Lehre. In seinem Bericht bemerkt *Lunz*:

> „In der sozialistischen Doktrin wird überwiegend die Auffassung vertreten, daß der „unrichtigen Anwendung" die „Nichtanwendung" einer ausländischen Rechtsnorm, auf welche die Kollisionsnorm des Gerichts verweist, gleichzustellen ist. Die unrichtige Anwendung der ausländischen Rechtsnorm stellt ihrem Wesen nach eine Verletzung der Kollisionsnorm des Gerichts dar." [27]

3. Vom rein logischen Standpunkt aus ist es also ohne Zweifel widersprüchlich, wenn man die Anwendung der Kollisionsnormen nachprüft und gleichzeitig die richtige Anwendung des von ihnen berufenen ausländischen Rechts zu kontrollieren ablehnt. Die Regeln, welche die prozessuale Behandlung des ausländischen Rechts bestimmen, sind aber nicht allein durch logische Vorstellungen bedingt. Wie bereits betont wurde, treten hier praktische Erwägungen stark in den Vordergrund. Untersucht man das Problem auf dieser Ebene und trägt man insbesondere den Aufgaben eines Revisionsgerichts Rechnung, dann zeigen sich zwischen der Nachprüfung der Anwendung der Kollisionsnormen auf der einen Seite und der Kontrolle der richtigen Auslegung aller von den Tatrichtern angewandten ausländischen Rechtssätze auf der anderen Seite wesentliche Unterschiede.

4. Zur Begründung der *Irrevisibilität* der tatrichterlichen Auslegung des ausländischen Rechts werden verschiedene Argumente herangezogen[28].

So wurde in der französischen Lehre darauf hingewiesen, daß die Feststellung des ausländischen Rechts oft Ermittlungen, Untersuchun-

---

[26] *Zajtay* 73, 91; *ders.*, Contribution 73, 85.

[27] *Lunz* oben 145 f.

[28] Vgl. *Maury* 98 ff.

gen und andere Prozeßhandlungen notwendig macht, die der Kassationshof bei seiner heutigen Organisation und seinem heutigen Verfahren nicht vornehmen kann[29].

Neben diesen technischen Schwierigkeiten ist aber mit der Feststellung des ausländischen Rechts auch ein anderes Problem verbunden. Trotz der heute vorhandenen Informationsquellen und Informationsmittel über die ausländischen Rechtssysteme, trotz der wirksamen Mitarbeit der Prozeßparteien bei der Ermittlung des ausländischen Rechts kann der Richter bezüglich der Geltung, des Inhalts und des Sinns des ausländischen Rechts meist nicht die Gewißheit erlangen, die er hinsichtlich der lex fori besitzt. Die Gefahr eines Irrtums ist bei der Auslegung ausländischen Rechts bedeutend größer als bei der Auslegung der lex fori. Unter diesen Umständen ist es sehr fraglich, ob das oberste Gericht eines Landes die tatrichterliche Auslegung aller ausländischen Rechtssätze wirksam überprüfen kann. Viel wahrscheinlicher ist es, daß es infolge der erhöhten Gefahr von Irrtümern in diesen Fragen nur sein Ansehen gefährdet[30].

5. Eingehender wollen wir uns mit einem anderen Argument befassen, das zur Begründung der Irrevisibilität der tatrichterlichen Auslegung des ausländischen Rechts herangezogen wird. Dieses Argument wird aus der Mission eines obersten Gerichts abgeleitet und erscheint als besonders schwerwiegend.

Die Aufgabe eines obersten Gerichts besteht vor allem darin, die Einheitlichkeit der Rechtsprechung und dadurch die Einheit des einheimischen Rechts aufrechtzuerhalten.

Jede richterliche Fehlentscheidung bedeutet die Verletzung einer Rechtsnorm und ist infolgedessen zu verurteilen. Sie berührt indessen nicht notwendig die Rechtseinheit. Die Fehlentscheidung bleibt für die Rechtseinheit belanglos, wenn der Sachverhalt, der ihr zugrunde liegt, nur unter besonderen Umständen und in seltenen Fällen von den Gerichten des Landes zu beurteilen ist. Die Bedeutung der tatrichterlichen Entscheidung, die in einem solchen Rechtsstreit gefällt wird, bleibt auf die Prozeßparteien beschränkt. Eine Entscheidung, deren Bedeutung sich allein auf die Prozeßparteien beschränkt, berührt aber die Mission des obersten Gerichts in der Regel nicht.

Die Fehlentscheidung betrifft dagegen die Aufgabe des obersten Gerichts, wenn der Sachverhalt typischen Charakter hat und infolgedessen häufig von den Gerichten zu beurteilen ist. Die Bedeutung der Entscheidung, die in einem solchen Rechtsstreit gefällt wird, beschränkt sich nicht auf die Prozeßparteien; voneinander abweichende Entschei-

---

[29] Hinweise bei *Zajtay* 100 N. 20 und Contribution 95 ff.

[30] *Zajtay* 115 N. 45 und *ders.*, Contribution 110 ff. mit Hinweisen auf französische Lehrmeinungen.

dungen, die sich auf den gleichen typischen Sachverhalt beziehen, gefährden die Rechtseinheit.

6. In diesem Punkt unterscheidet sich die Auslegung der lex fori wesentlich von der Auslegung der Bestimmungen des ausländischen Rechts.

7. Der Richter wendet in der Regel die lex fori an, nur in wenigen Fällen ausländisches Recht. Unter den vielen Rechtsstreitigkeiten, in denen der Richter die lex fori anwendet, wird es wiederholt Fälle geben, in denen der Sachverhalt der gleiche ist, z. B. wenn es sich um die Formerfordernisse der Eheschließung oder um die Gültigkeit der Testamente handelt. In allen Fällen, in denen es sich um die Formerfordernisse der Eheschließung oder um die Gültigkeit der Testamente handelt, wendet der Richter die *gleichen* Regeln an, nämlich die Regeln der lex fori über die Formerfordernise der Eheschließung oder über die Gültigkeit der Testamente. Die Auslegung der einschlägigen Regeln in einem dieser Fälle ist also auch für die anderen Fälle wichtig. Auch ein Irrtum, den der Tatrichter in einem dieser Fälle begeht, betrifft nicht nur diesen Rechtsstreit; der Irrtum hat allgemeinere Bedeutung und berührt dadurch die Rechtseinheit.

8. Wesentlich anders ist die Lage bei der Auslegung ausländischen Rechts.

Wie bereits bemerkt wurde, wendet der Richter nur in wenigen Fällen ausländisches Recht an. Unter den nicht zahlreichen Rechtsstreitigkeiten, in denen der Richter ausländisches Recht anzuwenden hat, wird es also nur wenige Fälle geben, in denen der Sachverhalt der gleiche ist und es sich z. B. um die Formerfordernisse der Eheschließung oder um die Gültigkeit der Testamente handelt. Aber sogar in diesen wenigen Fällen, in denen es sich um die Formerfordernisse der Eheschließung oder um die Gültigkeit der Testamente handelt, ist nicht immer dasselbe ausländische Recht anzuwenden: Die Unterschiedlichkeit eines einzigen Tatbestandselements kann die Anwendbarkeit verschiedener Rechtsordnungen nach sich ziehen.

Unter diesen Umständen erscheint die Verletzung des ausländischen Rechts in der Form isolierter Irrtümer, deren jeder einzelne die Anwendung eines bestimmten ausländischen Rechtssatzes auf einen bestimmten Sachverhalt betrifft. Die Bedeutung solcher isolierter Irrtümer beschränkt sich aber im wesentlichen auf die Parteien des konkreten Rechtsstreits. Daraus folgt, daß diese Entscheidungen für die Rechtseinheit belanglos bleiben und infolgedessen das oberste Gericht, dessen Aufgabe eben die Aufrechterhaltung der Rechtseinheit ist, keinen Grund hat, einzugreifen[31].

---

[31] Vgl. BGH 21. 2. 1962, BGHZ 36, 348 (353 f.) = NJW 1962, 961 (962): „Auszugehen ist von dem Sinn und Zweck der verfahrensrechtlichen Regelung. Das

9. Es kann indessen auch in diesem Bereich vorkommen, daß es sich in mehreren Rechtsstreitigkeiten um den gleichen typischen Sachverhalt und auch um die Anwendung derselben ausländischen Rechtssätze handelt. In solchen Fällen bleibt die Bedeutung der tatrichterlichen Auslegung des ausländischen Rechts nicht mehr allein auf die Parteien eines konkreten Prozesses beschränkt, und voneinander abweichende Entscheidungen der Tatrichter können der Rechtseinheit Abbruch tun.

Für diese Fälle trifft das erörterte Argument, mit dem die Irrevisibilität des ausländischen Rechts begründet wird, nicht mehr zu. Dieses Bedenken führt uns zur Frage der *Ausnahmen vom Grundsatz der Irrevisibilität* des ausländischen Recht.

10. Die Irrevisibilität der tatrichterlichen Auslegung des ausländischen Rechts ist keine absolute Regel. Sie wurde in den meisten Ländern durch das oberste Gericht in verschiedenen Richtungen durchbrochen. Diese Ausnahmen vom Grundsatz der Irrevisibilität weisen große Verschiedenheit, manchmal sogar – wie in unserem Bericht über das französische Recht gezeigt wurde – kasuistischen Charakter auf. Wir werden uns hier darauf beschränken, kurz auf einige Ausnahmen hinzuweisen, die für die weitere Diskussion als besonders wichtig erscheinen.

11. Die Frage der Irrevisibilität der Auslegung eines mit der lex fori *inhaltsgleichen* ausländischen Rechts ist insbesondere in solchen Fällen von praktischer Bedeutung, in denen es sich um Tochterrechte des einheimischen Rechts oder um vereinheitlichte Rechtsmaterien handelt.

Wie aus zwei Entscheidungen des französischen Kassationshofs aus den Jahren 1845 und 1879 hervorgeht[32], hat sich das oberste Gericht Frankreichs eine Zeitlang veranlaßt gefühlt, die Auslegung von mit dem französischen Recht inhaltsgleichen portugiesischen bzw. belgischen Rechtssätzen zu revidieren. In seiner neueren Rechtsprechung behandelt der Kassationshof dagegen z. B. Art. 313 des belgischen Code

---

Revisionsverfahren soll in erster Linie die Einheitlichkeit in der Anwendung und Fortbildung des Rechts gewährleisten. Bei ausländischem Recht und bei Vorschriften, deren Geltungsbereich den Bezirk des Berufungsgerichts nicht überschreitet (räumlich begrenztes Recht), besteht allerdings ein Bedürfnis nach einheitlicher Rechtsprechung normalerweise in geringerem Maße als bei den in der gesamten Bundesrepublik oder in größeren Teilen von ihr geltenden Rechtsnormen. Deshalb verbieten die §§ 549 Abs. 1, 562 ZPO dem Revisionsgericht grundsätzlich eine Nachprüfung des angefochtenen Urteils nach der Richtung, ob es mit ausländischem oder räumlich begrenztem Recht im Einklang steht; dem Rechtsschutzbedürfnis geschieht in diesen Fällen Genüge mit der Entscheidung des Berufungsgerichts über Bestehen und Inhalt solcher irrevisibler Normen."

[32] *Zajtay* 77 f.

civil so wie jedes andere ausländische Recht und betont, daß die Auslegung dieser Bestimmungen zu den souveränen Befugnissen der Tatrichter gehört[33].

Ebensowenig ändert nach der ständigen deutschen Rechtsprechung die Inhaltsgleichheit etwas an der Irrevisibilität des ausländischen Rechts.

Dieser Auffassung ist beizustimmen. Die inhaltliche Identität des ausländischen Rechts und der lex fori beschränkt sich im allgemeinen auf den Gesetzestext, z. B. auf den Wortlaut einer Bestimmung des französischen und des belgischen Code civil oder auf den Wortlaut einer Bestimmung der auf dem Genfer Abkommen von 1930 beruhenden Wechselgesetze zweier Länder. Der Gesetzestext ist indessen nur ein Element der vom Richter anzuwendenden Rechtsnorm. Der gleiche Gesetzestext kann im In- und Ausland Gegenstand verschiedener Auslegungen sein. Richtig hat der BGH erkannt:

„Das ausländische Gesetz muß im Einklang mit der gesamten ausländischen Rechtsordnung ausgelegt werden; diese Rechtsordnung ist ein einheitliches Ganzes und darf nicht durch Herausnahme einzelner Vorschriften in ihrem Zusammenhang zerrissen werden." [34]

Die erwähnten Entscheidungen des französischen Kassationshofs finden ihre Erklärung wahrscheinlich darin, daß sie aus einer Zeit stammen, in der die Rolle des gesetzten Rechts überschätzt, ja der Begriff der Rechtsnorm mit dem des Gesetzes verknüpft wurde. Es versteht sich, daß unter diesen Umständen auch der inhaltlichen Identität zweier Gesetzestexte eine erhöhte Bedeutung zugeschrieben wurde.

12. Verschiedenen Lösungen begegnen wir in der Frage, ob die Regel der Irrevisibilität des ausländischen Rechts auch auf die ausländischen *Kollisionsnormen* anzuwenden sei.

Nach der französischen Lehre sind die ausländischen Kollisionsnormen Teile des ausländischen Rechts und demzufolge selbst dann irrevisibel, wenn sie eine Rückverweisung auf das französische Recht enthalten[35]. Der Kassationshof scheint sich dieser Lehre angeschlossen zu haben[36]. In seiner früheren Rechtsprechung gibt es indessen zumindest eine Ausnahme von diesem Grundsatz: In dem berühmten Fall *Forgo*

---

[33] *Zajtay* aaO. – Dies gilt auch für vereinheitlichtes Recht, das in den einzelnen Ländern abweichend ausgelegt wird: Cass. comm. 4. 3. 1963 (Fall *Hocke*), Clunet 1964, 806 mit Anm. *Goldman* = J. C. P. 1963. II. 13376 mit Anm. *Lescot* = Rev. crit. 1964, 264. Dazu *P. Lagarde*, Les interprétations divergentes d'une loi uniforme donnent-elles lieu à un conflit de lois?: Rev. crit. 1964, 235–251; *Batiffol* 392 mit N. 39; *Malaurie*, Loi uniforme et conflits de lois: Travaux du Comité français de d. i. p. 25–27 (1964–1966), 1967, 83–109.

[34] BGH 13. 7. 1959, NJW 1959, 1873 = IPRspr. 1958/59 Nr. 3.

[35] *Zajtay* 78 f.

[36] *Batiffol* 387.

hat der Kassationshof die Kollisionsnormen des bayerischen Rechts ausgelegt.

Das schweizerische Bundesgericht vertritt grundsätzlich den Standpunkt, daß es

„über den Inhalt ausländischer Kollisionsnormen... ebensowenig zu befinden [hat] wie über materielles ausländisches Recht (Art. 43 OG)" [37].

Dennoch ist das ausländische Kollisionsrecht, wie *Gentinetta* feststellt, nicht in jedem Falle verbotenes Gebiet:

„Sofern nicht schon die Vorinstanz zum Inhalt des ausländischen IPR Stellung genommen hat, läßt sich das BG nicht abhalten, ausländische Normen anzuwenden, wenn davon die Anwendbarkeit des schweizerischen Rechts abhängt. Wohingegen das kantonale Gericht sich über den Inhalt des ausländischen IPR ausgesprochen hat, glaubt sich unsere höchste Instanz an die Meinung des ersten Richters gebunden." [38]

Die deutsche Rechtsprechung betrachtet die Auslegung ausländischer Kollisionsnormen als eine nachprüfbare Vorfrage, wenn die Anwendbarkeit deutschen Rechts von der Rückverweisung der ausländischen Kollisionsnormen abhängig ist. So erklärte der BGH [39]:

„Zwar kann die Revision gemäß § 549 ZPO grundsätzlich nicht auf die Verletzung ausländischen Rechts gestützt werden. Diese Regel gilt aber nicht, wenn es sich um fremdes Kollisionsrecht handelt, das nur Auskunft darüber erteilt, welche Rechtsordnung anzuwenden ist. Diese Normen dienen nicht der Entscheidung des Streitfalles, sondern nur einer Vorfrage, die praktisch immer noch im Rahmen des heimischen Rechtes, nämlich des Art. 27 EGBGB zu lösen ist."

Streitig ist dagegen die Frage, ob die tatrichterliche Auslegung des ausländischen Rechts auch dann revisibel ist, wenn die internationale Zuständigkeit deutscher Gerichte von dem Inhalt des ausländischen Rechts abhängt [40].

---

[37] BG 18. 11. 1949, BGE 75 II 283; *Gentinetta* 21.

[38] *Gentinetta* 23 f. Vgl. Art. 65 des Bundesgesetzes über die Organisation der Bundesrechtspflege: „Kommen für die Entscheidung neben eidgenössischen Gesetzesbestimmungen auch kantonale oder ausländische Gesetze zur Anwendung und hat der angefochtene Entscheid sie nicht angewendet, so kann das BG die Anwendung des kantonalen oder ausländischen Rechts selbst vornehmen oder die Sache an die kantonale Instanz zurückweisen."

[39] BGH 14. 2. 1958, NJW 1958, 750 (751) = IPRspr. 1958/59 Nr. 39 (S. 159) = Rev. crit. 1958, 542 (546).

[40] Bejahend *Kegel* 181; a. A. BGH 19. 3. 1958, BGHZ 27, 47 = JZ 1959, 411 mit Anm. *Zweigert* (ablehnend).

13. Wir haben oben die Frage der eingeschränkten *Bedeutung* der im Bereich der Anwendung ausländischen Rechts gefällten tatrichterlichen Entscheidungen erörtert. Diese Erwägung liegt einer weiteren Ausnahme von der Regel der Irrevisibilität des ausländischen Rechts zugrunde.

Die Irrevisibiltät des ausländischen Rechts wird damit gerechtfertigt, daß infolge des atypischen Charakters des Sachverhalts die Bedeutung der tatrichterlichen Entscheidung meist auf das Verhältnis der Parteien des konkreten Rechtsstreits beschränkt ist. Dieses Argument greift aber nicht mehr durch, sobald der Sachverhalt einen genügend typischen Charakter hat und infolgedessen die tatrichterliche Entscheidung eine über den einzelnen Rechtsstreit hinausgehende Bedeutung erlangt.

Im französischen Recht hat sich dieses Problem zuerst im Bereich der Verträge gestellt.

Das vertragliche Verhältnis ist „grundsätzlich eine individuelle Situation ohne allgemeine Bedeutung", „eine Situation, die die Parteien für sich selber und gewissermaßen nach Maß einrichten" [41]. Wenn der Vertrag nur die Parteien interessiert, so trifft das auch für dessen Fehlinterpretation zu. Die Wirkungen der irrigen Auslegung einer Vertragsklausel können sich auf eine andere „individuelle Situation" nicht erstrecken. Dieser atypische Charakter des Sachverhalts und die auf den konkreten Fall beschränkte Bedeutung der tatrichterlichen Entscheidung erklären zum großen Teil die Weigerung des Kassationshofs, die Auslegung von Verträgen zu überprüfen.

Seit dem Anfang des 20. Jahrhunderts haben sich jedoch im Vertragsrecht wesentliche Änderungen vollzogen. Das Gebiet der individuellen Vertragsbestimmungen ist enger geworden. Die Zahl und die Bedeutung der Tarifverträge und der nach allgemeinen Geschäftsbedingungen abgeschlossenen Verträge mit typisiertem Inhalt haben erheblich zugenommen.

Diese Verträge betreffen keine „individuelle Situation". Da sie sich in derselben typischen Form in den Rechtsbeziehungen zahlreicher Parteien wiederholen, besitzen sie die Bedeutung von Regeln allgemeinen Charakters. Die Bedeutung der Auslegung eines solchen Vertrages beschränkt sich nicht auf den konkreten Fall, und voneinander abweichende Auslegungen dieser Verträge bleiben nicht ohne Einfluß auf die Rechtseinheit.

Der französische Kassationshof hat dieser Sachlage Rechnung getragen. Im Falle von Verträgen oder Vertragsklauseln, deren Bestimmungen sich möglicherweise in einer großen Anzahl von Fällen wie-

---

[41] *Marty*, Rôle 87.

derholen und die infolge ihres allgemeinen Charakters geeignet sind, anderen Parteien in späteren Verfahren als Regel zu dienen, behält sich der Kassationshof das Recht vor, diese Verträge oder Vertragsklauseln auszulegen.

Eine entsprechende Lösung hat sich auch in der deutschen Rechtsprechung entwickelt. Das Revisionsgericht nimmt im Bereich der rechtsgeschäftlichen Erklärungen – abgesehen von den allgemeinen Geschäftsbedingungen, die wie die Vorschriften des Gesetzes auszulegen sind – „nur die Nachprüfung der Auslegung typischer Vertragsbedingungen für sich in Anspruch"[42].

Wir sind der Meinung, daß der Gedanke, der diese Ausnahme von der Regel der Irrevisibilität der tatrichterlichen Auslegung von Verträgen rechtfertigt, in der französischen Rechtsprechung auch im Bereich der Anwendung ausländischen Rechts Boden gefaßt hat[43]. Unseres Erachtens liegt dieser Gedanke der Entscheidung *Falk* der Plenarsitzung des Kassationshofs vom 20. 12. 1950 zugrunde, die wir in unserem Länderbericht eingehend analysiert haben[44].

In diesem Zusammenhang sei auch darauf hingewiesen, daß die tatrichterliche Auslegung des ausländischen Rechts von der deutschen Rechtsprechung auch in dem Falle für revisibel gehalten wird, wenn die Anerkennung eines ausländischen Urteils von der Verbürgung der Gegenseitigkeit (§ 328 I Nr. 5 ZPO) abhängt[45].

14. Auch eine andere Ausnahme, die der französische Kassationshof von der Regel der Irrevisibilität des ausländischen Rechts zugelassen hat, wurzelt im Bereich der Vertragsauslegung. Es handelt sich um den Begriff der Denaturierung *(dénaturation)*[46].

Wie bereits erwähnt wurde, überprüft der Kassationshof die tatrichterliche Auslegung der Verträge nicht. Aber er behält sich die Kontrolle vor, ob die Tatrichter unter dem Vorwand der Auslegung des Parteiwillens den von den Parteien vereinbarten Sinn des Rechtsgeschäfts nicht völlig entstellt haben. Ist der Irrtum der Tatrichter so bedeutend, daß er den Sinn des von den Parteien Gewollten völlig verkehrt, dann hebt der Kassationshof die fehlerhafte Entscheidung wegen Denaturierung des Vertrages auf.

Den Begriff der Denaturierung hat der Kassationshof im Zusammenhang mit der Auslegung ausländischen Rechts erstmals in einer Entscheidung im Jahre 1876 angewandt[47]. Er hob in diesem Rechtsstreit das Urteil des Appellationsgerichts Aix auf, das eine Verordnung

---

[42] *Rosenberg*, Lehrbuch des deutschen Zivilprozeßrechts, 9. Aufl. 1961, 703.

[43] Anders *Motulsky* 701 N. 3.

[44] *Zajtay* oben 24 f.

[45] *Kegel* 181. Zu dieser Frage im französischen Recht s. *Motulsky* 698 f.

[46] Zur Entwicklung des Begriffs *Marty* 293 ff.

[47] Civ. 18. 7. 1876, S. 1876.1.451.

des Bey von Tunis ausgelegt und „unter dem Vorwand der Auslegung den Charakter dieser Verordnung denaturiert" hat. Nach mehreren Entscheidungen, in deren Begründung der Kassationshof eine Denaturierung des ausländischen Rechts erwog[48], hat sich vor einigen Jahren wieder ein Fall zugetragen, in dem der Kassationshof die tatrichterliche Entscheidung ausdrücklich wegen Denaturierung des ausländischen Rechts aufgehoben hat[49].

Als wir gegen die scharfe Trennung der Nichtanwendung und der fehlerhaften Anwendung des ausländischen Rechts Stellung nahmen, bemerkten wir, daß es zwischen der Nichtanwendung und der fehlerhaften Anwendung eines Rechtssatzes nur quantitative Unterschiede, aber keinen qualitativen Unterschied gibt. Der Begriff der Denaturierung zeigt die Richtigkeit dieser Ausführungen.

Der Irrtum in der Auslegung einer gesetzlichen oder vertraglichen Bestimmung kann mehr oder weniger bedeutend sein. Er kann so weit gehen, daß die fehlerhafte Auslegung den wirklichen Sinn der Vertragsklausel oder des Rechtssatzes gänzlich entstellt: Die Bestimmung, die der Richter tatsächlich anwendet, ist mit der, die er hätte anwenden sollen, nicht mehr identisch. In diesem Fall ist die fehlerhafte Auslegung der betreffenden Bestimmung mit ihrer Nichtanwendung gleichbedeutend. Dies sind die Fälle, in denen der Kassationshof die angefochtene Entscheidung wegen Denaturierung aufhebt.

Wenn aber die fehlerhafte Auslegung im Falle eines schwerwiegenden Irrtums als eine Denaturierung der ausgelegten Bestimmung erscheint und die Denaturierung ihrerseits der Nichtanwendung gleichzustellen ist, dann ist die Feststellung richtig, daß es zwischen der fehlerhaften Auslegung und der Nichtanwendung einer gesetzlichen oder vertraglichen Bestimmung nur quantitative Unterschiede, aber keinen qualitativen Unterschied gibt.

15. Eine Ausnahme von der Regel der Irrevisibilität des ausländischen Rechts ergibt sich indirekt aus der allgemeinen Kontrolle, die das oberste Gericht in den meisten Ländern hinsichtlich der *Begründungspflicht* und anderer prozessualer Pflichten der Tatrichter ausübt.

So erklärt zwar der französische Kassationshof[50], daß die Auslegung des ausländischen Rechts zu den souveränen Befugnissen des Tatrichter gehört. Aber er begnügt sich nicht mit der bloßen Erklärung des Tatrichters, daß die angewandte Lösung dem ausländischen Recht ent-

---

[48] *Loussouarn* 139 ff.; *Zajtay* 150 f.

[49] Civ. 21. 11. 1961 (Fall *Montefiore)*, Rev. crit. 1962, 329 mit Anm. *Lagarde* = Clunet 1962, 686 mit Anm. *Goldman.* Vgl. *Loussouarn* 143 f.; *Batiffol*, La Cour de cassation de France et la dénaturation de la loi étrangère, Festschrift Dölle (1963) II 209 ff.; *Zajtay* 150; *Motulsky* 699 ff.

[50] Vgl. *Zajtay* 80.

spricht. Eine solche Erklärung hält er insbesondere dann für unzulänglich, wenn die Parteien im Rechtsstreit eine andere, von der Auslegung des Tatrichters abweichende Interpretation des ausländischen Rechts vertreten haben. Der Kassationshof verlangt, daß die einschlägigen Bestimmungen des ausländischen Rechts in der tatrichterlichen Entscheidung angeführt werden und daß die Tatrichter zu den Schriftsätzen, in denen die Parteien eine abweichende Auslegung des ausländischen Rechts vortragen, ausdrücklich Stellung nehmen. Versäumen die Tatrichter dies, dann entbehrt ihre Entscheidung der notwendigen gesetzlichen Grundlage und ist aus diesem Grunde aufzuheben.

Ob von einer ähnlichen indirekten Kontrolle der tatrichterlichen Auslegung des ausländischen Rechts auch im deutschen Recht gesprochen werden kann, ist weniger leicht festzustellen. Nach der deutschen Rechtsprechung wird nachgeprüft, ob der Vorderrichter nicht deutsches Verfahrensrecht verletzt hat, weil er seiner Pflicht zur Feststellung des ausländischen Rechts nicht hinreichend genügt hat[51]. Aber die Art und Weise, wie der Tatrichter sich die Kenntnis des ausländischen Rechts verschafft, liegt in seinem pflichtgemäßen Ermessen, das grundsätzlich nicht von der Revision nachgeprüft werden kann; außerdem kann die Verletzung ausländischen Rechts auch dann nicht mit der Revision gerügt werden, wenn die Ausführungen des Berufungsgerichts über das ausländische Recht nicht erschöpfend sind[52]. Auf der anderen Seite wird nachgeprüft, ob der Vorderrichter deutsches Verfahrensrecht nicht dadurch verletzt hat, daß er Tatsachen, die nach seinen nicht revisiblen Feststellungen über den Inhalt des ausländischen Rechts erheblich waren, nicht oder nicht ausreichend festgestellt hat. So erklärt der BGH[53]:

„Soweit es sich um Fragen handelt, die nach nichtrevisiblem Recht zu entscheiden sind, können nach der ständigen Rechtsprechung des Reichsgerichts, von der abzuweichen kein Anlaß besteht, grundsätzlich keine Revisionsrügen aus §§ 139 und 286 ZPO erhoben werden... Dieser Grundsatz greift nur dann nicht durch, wenn vom Standpunkt der Auslegung aus, die das Berufungsgericht selbst dem ausländischen Recht gibt, die Urteilsbegründung verfahrensrechtlich zu beanstanden ist, wenn also insbesondere die Vorschrift des § 286 ZPO insofern verletzt ist, als der Berufungsrichter ein Vorbringen, einen Beweisantrag oder das Ergebnis einer etwaigen Beweisaufnahme übersehen hat, obwohl es von dem Rechtsstandpunkt aus, den er für das nichtrevisible Recht eingenommen hat, beachtlich war."

---

[51] *Kegel* 179 und 181; vgl. *Rosenberg* (oben N. 42) 548.
[52] BGH 29. 10. 1962, JZ 1963, 214 (215).
[53] BGH 8. 11. 1951, BGHZ 3, 342 (346 f.).

In einer anderen Entscheidung stellte das oberste Gericht fest[54]:

„Die Revision rügt Verletzung der §§ 139, 286 ZPO durch unvollständige Aufklärung und fehlerhafte Beweiswürdigung. Da es sich hierbei um tatsächliche Umstände handelt, die von dem vom Berufungsgericht für das nicht revisible Auslandsrecht eingenommenen Rechtsstandpunkt aus beachtlich waren, steht § 549 ZPO der Zulässigkeit dieser Rüge nicht entgegen."

[54] BGH 15. 4. 1959, NJW 1959, 1317 (1319) = IPRspr. 1958/59 Nr. 49 (S. 191).

DISKUSSION

Leitung: Senatspräsident i. R. Prof. Dr. Wolfgang Lauterbach

I

Lauterbach stellte zunächst die These Zajtays zur Erörterung, ausländisches Recht sei ein prozessuales tertium genus. *Mormann* bezeichnete dabei die Lage in Deutschland als unproblematisch. Im Rahmen des deutschen Prozeßrechts sei das ausländische Recht genauso Rechtsnorm wie das inländische Recht. Eine scharfe Abgrenzung von Rechts- und Tatfragen sei auch im innerdeutschen Recht, z. B. bei Wertungsfragen und bei der Anwendung von Generalklauseln, undurchführbar. *Makarov* ergänzte den Länderbericht von Lunz dahingehend, daß bereits das vorrevolutionäre Recht Rußlands eine ausländische Rechtsnorm nicht als Tatsache, sondern als Rechtsnorm betrachtet habe. Folgerichtig sei auch die Revisibilität ausländischen Rechts bejaht worden. Insoweit knüpfe das sowjetische Recht nur an den alten Rechtszustand an. *Schmitthoff* bemerkte, obwohl man in England wenigstens grundsätzlich dem Faktizitätsprinzip folge, sei dem ausländischen Recht niemals die Rechtsqualität abgesprochen worden. In Wahrheit gehe es hier, wie Zajtay richtig ausgeführt habe, nur um Ermittlungsfragen. *Cappelletti* hielt Zajtay vor, seine These stehe im Gegensatz zu der in der ganzen Welt zu verspürenden Tendenz, die unterschiedliche prozessuale Behandlung in- und ausländischen Rechts im Verfahren aufzuheben. So gebe es nach der neuen italienischen Rechtsprechung keine besonderen Regeln für ausländisches Recht. Die Regel „iura novit curia" bedeute nicht, daß der Richter das Recht kenne, sondern nur, daß er die Pflicht habe, sich um die Kenntnis selbst zu bemühen. Auch *von Schwind* bezeichnete die Theorie, ausländisches Recht sei ein Tertium, als nicht fundiert. Es gebe keinen theoretischen Unterschied, nicht einmal einen Unterschied in der Behandlung. Die Anwendung ausländischen Rechts unterscheide sich von der des inländischen Rechts nur technisch durch die mangelhaftere Kenntnis und die mangelhaftere Informationsmöglichkeit. *Zajtay* hielt demgegenüber an seiner Auffassung fest, daß ausländisches und inländisches Recht zwar nicht wesensmäßig verschieden, aber im Zivilprozeß unterschiedlich zu behandeln seien. Aus praktischen Gründen könne eine vollständige Assimilation nicht erreicht werden. *Kegel* unterstrich, daß der Unterschied nur ein quantitativer sei, da der Richter z. B. Gutachten auch über inländisches (partikulares oder Gewohnheits-) Recht einholen könne. Das von Zajtay herausgearbeitete Tertium sei nur ein tertium processuale, nicht aber ein tertium materiale oder reale.

Lando wandte hingegen ein, daß der Richter sich als Rechtspolitiker fühle, sooft er eigenes Recht anwende, nicht aber, wenn es um ausländisches Recht gehe. *Marquordt* bezeichnete diese beobachtende Haltung des Richters bei der Anwendung ausländischen Rechts als einen sachlich gebotenen Akt der Selbstbescheidung. Auch *Lauterbach, Aubin* und *Spreen* hielten eine Fortbildung ausländischen Rechts durch den inländischen Richter für ausgeschlossen. *Zajtay* ließ diese Unterscheidung nicht gelten. Der Richter fühle sich nicht bald als verantwortlicher Schöpfer und bald als Beobachter, sondern habe immer das Bewußtsein, durch sein Urteil den Rechtsstreit zu entscheiden. Die Anwendung inländischen oder ausländischen Rechts sei nur eine Frage des Mittels, die Aufgabe des Richters sei in beiden Fällen die gleiche, nämlich die gerechte Entscheidung der Rechtssache.

II

Die Diskussion des Problems der Revisibilität leitete *Zweigert* mit der Frage nach der idealtypischen Aufgabe eines Revisionsgerichts ein. Er sah sie einmal in der Herstellung der Einheit der Rechtsordnung innerhalb der nationalen Grenzen, zum anderen in der Kassierung bzw. Revision erheblicher Rechtsverletzungen. Insofern halte er die französische Lehre von der „dénaturation" für einen außerordentlich glücklichen Gedanken, weil sie dem Richter im Grunde ein Ermessen einräume, ob er bei Verletzung ausländischen Rechts eingreifen solle. *Mormann* bezeichnete die Hoffnung auf eine Änderung des deutschen Zivilprozeßrechts im Sinne einer Revisibilität auch des ausländischen Rechts oder die Erwartung, daß der Bundesgerichtshof die von ihm gemachten Ausnahmen wesentlich erweitern werde, in Anbetracht der Arbeitsüberlastung des Gerichts gegenwärtig als Illusion. *Zweigert* bemerkte dazu, der deutsche Bundesgerichtshof sei überlastet, weil er sich infolge der mechanischen Abgrenzung nach dem Streitwert großenteils mit revisionsunwürdigen Sachen beschäftigen müsse. Daß die Arbeitsüberlastung Folge eines falschen Revisionsrechts sei, bestätigte *Mormann* mit dem Hinweis, daß in dem Senat, dem er angehöre, höchstens ein Drittel der zu entscheidenden Fälle wirklich revisionswürdig sei und zu leitsatzfähigen Entscheidungen führe. *Rheinstein,* dem *Hay* zustimmte, wies darauf hin, daß weder der Supreme Court der Vereinigten Staaten noch das höchste Gericht eines amerikanischen Einzelstaates jemals einen Fall zur Entscheidung annehmen würde, in dem es um die richtige Anwendung ausländischen Rechts gehe. Hieran anknüpfend erklärte *von Schwind,* die Frage der Revisibilität hänge weitgehend von der Funktion des höchsten Gerichts ab. Wenn man dem höchsten Gericht die Funktion zuweise, auch die Gerechtigkeit im Einzelfall zu verwirklichen, werde man die Revisibiltät des ausländischen Rechts bejahen müssen, wie es z. B. der österreichische Oberste Gerichtshof tue.

Zu der These, die fehlerhafte Anwendung ausländischen Rechts sei ebenso eine Verletzung der inländischen Kollisionsnorm wie die Nichtanwendung, bemerkte *Neuhaus,* mit diesem Argument könne man auch eine falsche Tatsachenermittlung als Verletzung des Gebots richtiger Tatsachenfeststellung bezeichnen und so jede Unterscheidung von revisiblen und irrevisiblen Fehlurteilen aufheben. *Zajtay* räumte ein, daß man aus praktischen Gründen eine Grenze ziehen müsse, jedoch sei logisch die unterschiedliche Behandlung von Nichtanwendung und Fehlanwendung nicht zu rechtfertigen.

Der Lehre von der „dénaturation" hielt *Liesecke* entgegen, daß sie eine gewisse Kenntnis des fremden Rechts voraussetze und insofern dem Revisionsgericht nicht viel Arbeit spare. Außerdem befürchtete er – wie auch *Dölle* –, daß eine solche Generalklausel zur Rechtsunsicherheit führen könne. Demgegenüber betonte *Zajtay,* daß die Cour de cassation seit 1876 nur in zwei Fällen eine Entscheidung wegen dénaturation ausländischen Rechts aufgehoben habe. *Zweigert* erklärte, eine übermäßige Anwendung der Lehre von der dénaturation sei schon deshalb nicht zu befürchten, weil sie die Gerichte belaste. Träte sie aber wirklich ein, so führe sie zu einer idealen Verwirklichung des IPR. Eine Gefahr vermöge er daher nicht zu sehen. *Mormann* wies darauf hin, daß man im deutschen Recht über die Verfahrensrügen der Verletzung von §§ 293 oder 286 ZPO zum selben Ergebnis kommen könne. Er selbst halte allerdings den Gedanken der „dénaturation" für eleganter, weil er schärfere Konturen habe. Dagegen gab *Rheinstein* der deutschen Lösung den Vorzug. Entscheidend sei ja nicht, ob das ausländische Recht richtig oder falsch angewandt worden sei, sondern die Sorge um die Integrität des eigenen nationalen Richters; eine Entscheidung sei aufzuheben, wenn der Richter gegen Grundregeln des guten richterlichen Verhaltens verstoßen habe. Dem widersprach *Dölle:* Es sei nicht die Aufgabe des Revisionsgerichts, das richterliche Verhalten der Tatrichter zu rügen und zu korrigieren, sondern die Einheitlichkeit der Rechtsprechung zu wahren und im Interesse der Parteien für die gerechte Lösung des einzelnen Falles zu sorgen. Dieser Auffassung schloß sich *Neuhaus* an; die Revision z. B. einer durch Unkenntnis eines ganz neuen ausländischen Gesetzes bedingten Fehlentscheidung sei dringender als die Korrektur eines sehr unsorgfältigen, aber im Ergebnis richtigen Urteils. Auch *Kegel* stimmte Dölle zu. Er bemerkte, die deutsche und die französische Lösung lägen auf verschiedenen Ebenen. Die deutsche sei eine prozessuale, die französische eine materiale Lösung, jene stelle mehr auf Handlungsunrecht, diese auf ein Erfolgsunrecht ab.

Für Fälle von allgemeiner Bedeutung begründete *Neuhaus* die Revisibilität ausländischen Rechts aus der Anleitfunktion des obersten Gerichts; hier ergebe sich die Pflicht, der Gefahr einer inländischen Fehlentwicklung vorzubeugen. *Mormann* wies darauf hin, daß nach der Rechtsprechung des Reichsgerichts und des Bundesgerichtshofs die Entscheidung über die Verbürgung der Gegenseitigkeit bei der Anerkennung und Vollstreckung von Urteilen revisibel sei. Diese Ausnahme vom Grundsatz der Irrevisibilität ausländischen Rechts sei notwendig, weil die Frage im Verhältnis zu einem bestimmten ausländischen Staat nur ein für allemal entschieden werden könne.

Neben der Wahrung des internen Entscheidungseinklangs auch die Förderung der internationalen Entscheidungsharmonie im Auge zu behalten, forderte *Spreen*. Auch *Liesecke* hielt den Gedanken der internationalen Rechtsharmonie für wichtig. De lege ferenda sei daher die Revisibilität ausländischen Rechts auch dann zuzulassen, wenn es sich um international vereinheitlichtes Recht, um droit uniforme handelt.

ANHANG:

TEILNEHMER AM KOLLOQUIUM:

Oberlandesgerichtspräsident Prof. Dr. Karl Arndt	Bremen
Amtsgerichtsrat Dr. Egon Arnold	Hamburg
Prof. Dr. Bernhard Aubin	Saarbrücken
Rechtsanwalt Dr. Heinz Binder	Warmbronn
Prof. Dr. Mauro Cappelletti	Florenz
Prof. Dr. Dr. Hans Dölle	Hamburg
Dr. Peter Dopffel	Hamburg
Prof. Dr. Peter Hay	Champaign/Ill.
Prof. Dr. Andreas Heldrich	Münster
Senatspräsident Paul Jansen	Berlin
Dr. Jörg Käser	Brüssel
Prof. Dr. Gerhard Kegel	Köln
Prof. Dr. Friedrich Korkisch	Hamburg
Prof. Dr. Ole Lando	Kopenhagen
Senatspräsident Prof. Dr. Wolfgang Lauterbach	Lübeck
Bundesrichter Rudolf Liesecke	Karlsruhe
Prof. Dr. Gerhard Luther	Hamburg
Prof. Dr. Alexander Makarov	Heidelberg
Ministerialrat Dr. Gerhard Marquordt	Bonn
Bundesrichter Josef Mormann	Karlsruhe
Ass. Dierk Müller	Hamburg
Prof. Dr. Dr. Paul Heinrich Neuhaus	Hamburg
Lit jur. Lennart Pålsson	Lund
Ass. Hans Rau	Hamburg
Prof. Dr. Max Rheinstein	Chicago
Prof. Dr. Clive M. Schmitthoff	London
Prof. Dr. Frhr. von Schwind	Wien
Ass. Gerd Spreen	Hamburg
Prof. Dr. Hans Stoll	Freiburg
Dr. Walter Strauß	Luxemburg
Prof. Dr. Dr. Imre Zajtay	Paris
Prof. Dr. Konrad Zweigert	Hamburg

sowie die übrigen Referenten am Institut.

Kolibri 360 GmbH
Ferdinand-Jühlke-Straße 7
99095 Erfurt, Deutschland
produktsicherheit@kolibri360.de